当代中国的城市化道路
与群体命运

The Politics of Migration:
Urbanization and Life Chances
in Contemporary China

移民政治

熊易寒 著

复旦大学出版社

本书系国家社会科学规划基金资助项目"大中城市新移民的社会融合与政治心理抽样调查研究"的最终研究成果（项目批准号：10CZZ005；结项证书号：20150385）。

目 录

导　言

移民政治：身份、权利与梦想

一、生产梦想的国度

改革开放 40 年，"中国制造"已经取得了举世瞩目的成就：不仅使地球上四分之一的人口实现了温饱，走上了脱贫致富的快车道；而且让世界上另外四分之三的人离开"中国制造"便无法生活，不相信的话，可以看看一个美国家庭离开中国制造的一年（*A Year Without "Made in China"*）[1]，的确挺难熬的。

然而，对比"美国制造"，我们依然存在差距。也许在人们印象中，最风靡国际市场的"美国制造"莫过于军火、伟哥、苹果手机和好莱坞大片。但是，在我看来，美国真正的拳头产品只有两个：一个是标准，从经济领域的市场经济地位、世界货币、金融创新，到政治领域的所谓西方式的自由、民主、人权，再到科学文化领域的 SCI、SSCI，通过制定标准，美国确立了自己在生产、消费、政治、科技、文化诸领域的全方位霸权；另一个产品则是梦想，美国在全球范围内生产和推销"美国梦"，让人们相信，在美国，而且只有在美国，"一切皆有可能"，正是通过梦想的生产，美国才成为全球最大的移民国家，汇天下英才而用之。

简言之，"为世界制定规则"和"向世界推销梦想"，这是

---

① 参见［美］萨拉·邦焦尔尼：《离开中国制造的一年：一个美国家庭的生活历险》，闫佳译，机械工业出版社 2008 年版。

美国最重要的"软实力"（soft power），也是超级大国与一般强国的区别所在。人们常常把"软实力"等同于文化方面的竞争力，而把经济、军事、政治的竞争力称为硬实力；其实不然，"软实力"并不局限于文化领域，而是跨越政治、经济、文化诸领域的，是不战而屈人之兵，是制定游戏规则的能力，是催生梦想、延揽人才的能力。

如果说标准的生产造就了一个强大的美国，那么，支撑美国霸权地位的就是一个个生动而具体的"美国梦"。个人的梦想汇聚在一起，就是最大的国民财富。一个没有梦想的国家，可能强大，但不可能伟大。

我们不要一味地去数 GDP，在 GDP 的长跑中，我们已经先后将英法德日甩在身后，在不久的未来，或许还将超过美国。但，切莫忘记，一个伟大的国家，除了要创造物质财富，还需要生产梦想，要让每个普通人都拥有属于自己的梦想，要让每个普通人都有机会去实现自己的梦想。

从这个角度看，我愿意将移民理解为追逐梦想的人。这是一个极具活力的社会群体。在现代社会，机会与流动紧密相连，为了生存或成功，人们开始抛弃安土重迁的观念，怀揣梦想奔向他乡。

梦想不等于机会。但梦想与机会高度相关。机会越是平等，梦想越是普及。随着美国社会结构的日益固化，加上风险社会的形成，中产阶级变得越来越脆弱不堪，社会流动呈现阻塞迹象，美国梦也开始面临"破产"之虞[1]。

---

[1] ［美］厄尔·怀松、罗伯特·佩卢奇、大卫·赖特：《新阶级社会：美国梦的终结？》，张海东等译，社会科学文献出版社 2019 年版。

以往的社会科学研究主要关注"自由"（政治哲学、经济学）和"机会"（政治科学、社会学），而把"梦想"与"命运"这一类的主题交付文学和艺术。因为"梦想"和"命运"不易观察，也不容易控制，无法成为一个清晰的变量。而本书则试图把"梦想"和"命运"引入政治学的叙事框架，在笔者看来：一个不能激发和实现个人梦想的国家，不能成其为一个伟大的国家；一个无视个体命运的社会，不是一个健全的社会。不理解政治，我们就难以真正理解命运；不关注命运，政治学就缺乏震撼人心的力量。

只有成为一个生产梦想的国度，我们才能对"美国梦"进行"反倾销"。中国才能真正成为一个大国、强国。这或许就是为什么习近平总书记要提出"中国梦"的构想，因为"中国梦"可以将个体与集体有效地连接起来，普通中国人实现梦想的机会越多，中华民族的伟大复兴也就越近；中华民族的伟大复兴也是由一个个普通人的梦想托举而成的。

二、城市化与移民政治

城市的道路越来越拥挤，工作越来越难找，房价越来越离谱，治安越来越糟糕，这是外地人的错吗？外来务工人员挤占了城里人的生存空间吗？增加了城市政府的财政负担吗？

农民工的工资过于廉价且不一定能拿到手，农民工的子女入学难、成绩好也未必能升学，城里人既贪图小摊小贩的价廉物美，又担心他们让城市看起来不那么美好。这些可以归咎于本地人吗？

新移民与本地城市居民，究竟谁动了谁的奶酪？这恐怕不是一个可以用计量方法解决的经济学问题，而是一个涵盖阶层与身份、权利与利益、机会与秩序的政治问题。或许我们更应该追问的是，为什么在新移民与本地城市居民的互动中，双方都感到自己是一个利益受损者？这难道是一场没有赢家的负和博弈吗？

回顾改革开放 40 年，最为惹眼的自是被称为"中国奇迹"的经济持续高增长，殊不知在"奇迹"的光环之下，有多少中国人为之投入了青春、热血乃至生命；有多少中国人背井离乡，从农村到城市，从小城镇到大都市，正是他们作为一种生产要素的参与，为中国经济的起飞提供了源源不断的动力，才成就了世界工厂与"中国制造"的神话。如是之故，要全面认识当代中国的政治、经济与社会，要深刻把握中国社会发展之脉络和前景，一个不容回避的主题便是城市移民。

本书之所谓"移民政治"，便是从政治学的角度，反思城市移民的命运是如何由一个既定的政治体制、社会结构以及群体间的利益博弈所"制作"出来的，反过来，城市移民又对当代中国的政治与社会产生了什么样的影响。

移民政治主要围绕三组关系展开。一是权力与权利的关系。城市居民与新移民作为权利主体，当两者的利益发生冲突时，作为权力主体的城市政府如何处理。二是身份与秩序的关系。城市新移民的身份如何定义，是作为过客的"流动人口"，还是长期定居的"新市民"。移民的人数下降，意味着城市竞争力和吸引力不足；移民涌入的速度太快，城市又似乎不堪重荷，既有的秩序受到冲击。在活力与秩序之间，城市政府应该如何平衡。三是分配与命运的关系。城市的公共资源如何分配，这在一定程度上会影响到城市中每一个人的命运。

对于上述三组关系，公民权的配置至关重要。而公民权的配置是由公民权体制（citizenship regime）规定的。简·杰森（Jane Jenson）和马丁·帕比伦（Martin Papillon）认为，公民权体制包含四个维度：

> 一是通过对特定权利的正式确认来形成政治共同体的边界，这一边界具有包容和排斥的功能，选择性地让一部分人获得特定的权利；
>
> 二是规定民主的游戏规则；
>
> 三是承认个人的正式地位，以及运用文化和历史的坐标（cultural and historical references）来确认一个共同体，从而有助于界定一个民族（包括国籍和身份认同）；
>
> 四是设定政治共同体的地理边界，赋予国与国之间边境以意义[①]。

中国公民权体制的特殊之处在于：公民资格不是在民族国家的框架下，而是在地方政府层面进行配置。所谓地方性公民权（local citizenship），就是在地方层面而不是国家的框架内

---

① Jane Jenson and Martin Papillon, "Challenging the Citizenship Regime: James Bay Cree and Transnational Action", *Politics and Society*, 2000, 28（2），pp. 245-264.

进行权利配置与社会排斥（entitlement and exclusion）[①]。有学者指出：中国现行的公民身份制度将公民参与、社会福利享有权与个人的户口所在地联系在一起，个人的公民身份依附于一个特定的地方和集体组织[②]。地方性公民权在城市表现为城市户籍，本质上是对新移民具有排他性的公共服务；在农村则表现为村民资格，表现为排他性的集体资产分红和福利。

城市政府对于辖区公共物品的提供，通常是以户籍人口为依据的，譬如，警力的配备，公务员的数量，学校、医院等公共设施、公共财政的投入，都是与户籍人口挂钩的。进入城市（包括郊区）就业与生活的农村移民并不能与城镇居民平等享受住房、医疗、子女教育等公共福利，在城市没有选举权和被选举权等政治权利。农民工及其子女被排除在城市政治和公共服务体系之外，既缺乏权利资格，也没有福利保障。

在当代中国，地方性公民权主要通过先赋身份（主要是血缘）获得，即你的父母拥有本地户籍，你也自动获得户籍，享受当地的公民资格及相关的福利待遇；其次是通过地方政府的接纳（行政审批）来获得公民资格，各个城市往往会制定严格的落户门槛，积分制就是一种典型的实施方式，根据申请者的学历、专业、毕业院校、工作单位、技术职称等一系列条件进

---

①　Alan Smart and George C. S. Lin, "Local Capitalisms, Local Citizenship and Translocality: Rescaling from Below in the Pearl River Delta Region, China", *International Journal of Urban and Regional Research*, 2007, 31（2），pp. 280-302；熊易寒：《半城市化对中国乡村民主的挑战》，《华中师范大学学报》2012年第1期。

②　Woodman Sophia, "Local Politics, Local Citizenship? Socialized Governance in Contemporary China", *The China Quarterly*, 2016, No. 226, pp. 342-362.

行打分，筛选出本地需要的人才，给予落户资格。先赋身份为主，决定了地方性公民权是一个高度封闭的资格体系；地方政府审批为辅，决定了地方性公民权是一个有限开放、具有计划经济特征的身份体系，因为你是否是人才，不是由市场说了算，而是由行政权力来认定。

在城乡二元结构和缺乏人口流动的前提下，地方性公民权不构成一个问题，而伴随着快速城市化和大规模人口流动，地方性公民权的正当性开始遭遇质疑和挑战。

三、城市新移民与公民权政治的兴起

在湖南耒阳，有一个特殊的伤残农民工群体：他们在深圳从事风钻工作期间，由于缺乏必要的劳动保护，不幸罹患尘肺病。2009 年 5—9 月，湖南省耒阳市导子乡共 176 人去深圳市职业病防治院进行检查，结果发现，有 102 人患上了不同程度的职业病——尘肺病，其中被确诊尘肺病三期的有 37 人，二期 20 人，一期 43 人。而在此前，因尘肺病死亡的已有 20 多人。尘肺病是一种极其严重的职业病，无法根治，不可逆转。患上尘肺病，轻则咳嗽不已、呼吸困难，重则死亡。患病初期，病人还能行动自如，继续劳动。可是到了尘肺二期、三期，病人基本上完全丧失劳动能力，无法自由行走，呼吸困难，需要借助氧气机，严重者甚至要在肺上打孔以便呼吸。

据国家卫计委发布的《2014 年全国职业病报告》，2014 年全国共报告职业病 29 972 例，其中尘肺病占 89.66%。截至

2014 年年底，全国累计报告尘肺病超过 77 万例，而根据大爱清尘基金会的估计，全国尘肺病人总数超过 600 万。尘肺病造成巨大的经济损失和社会影响，有学者估算，尘肺病一年所造成的直接经济损失为 250 亿元人民币，间接经济损失为 1 595 亿元人民币，总损失是 1 845 亿元人民币[①]。

研究尘肺病问题的政治学者刘乐明指出："总体来看，（尘肺病患者）致病地和户籍地不一致的情况要远远多于一致的情况，致病地可能是经济发展较好的地方，而户籍地则肯定是贫困的地方。但是一旦农民工患上尘肺病，这些农民工只能回到贫困的农村。即使尘肺病农民工的致病地不是在城市，他们也是为工业化和城市化生产原材料，因而（一些）城市飞速发展的代价是农民工身体的日渐羸弱和农村的贫困，经济发展、工业化、城市化的代价通过尘肺病转移到了农村，尘肺病成为城市发展代价向农村转移的另一种形式。"[②]

改革开放前，虽然在国家层面还未建立起完善的尘肺病等职业病防治的法律体系，但是"工人是国家的主人"及其类似的阶级话语为尘肺病的防治提供了有力的武器。当时的工矿企业一般都为国有企业或集体企业，这些单位有给工人提供福利与劳动保障的责任，因此在粉尘防控不利和尘肺病的救治上有不可推卸的责任，加之在政治挂帅的引导下，因而这些单位

---

① 张家敏：《关于建立尘肺病全覆盖保障机制的提案》（2016 年 3 月 6 日），破土网，http://www.wyzxwk.com/Article/shidai/2016/03/359821.html，最后浏览日期：2019 年 7 月 1 日。

② 刘乐明：《公民权理论视野下的工人职业健康问题研究——以工人尘肺病为分析对象》，复旦大学国际关系与公共事务学院博士学位论文，2015 年。

在防治尘肺病工作上的积极性比较高①。得益于此，在计划经济时代，虽然采矿、化工等行业也有尘肺病，但由于作业时有一定的防护措施，有定期的休息和疗养，那时的尘肺病患者往往是工作二三十年的老工人。而深圳的风钻工人通常在工作数年甚至数月之后便罹患尘肺病，通常因为为了赶工期，施工单位不愿意采取对工人伤害较小的注水作业，也缺乏最基本的防护措施。事实上深圳风钻工人只是一个典型样本，全国的情况都大同小异。"大爱清尘"基金会发布的《中国尘肺病农民工生存状况调查报告（2014）》指出："62.67％的尘肺病农民工在工作中没有戴防护面具，戴一段时间的占25.34％，全程戴防护面具的仅有11.31％，且一同干活的其他工人也是如此。这些没有戴防护面具的尘肺病农民工中，74.16％的人是由于用工单位没有提供，14.23％的人认为戴不戴没关系，还有11.51％的人觉得难受和不方便。在接受调查的农民工中，只有10.26％的人指出用工单位经常提供防护面具，18.18％的人指出用工单位只是偶尔提供防护面具，71.56％的人指出用工单位根本没有提供给工人防护面具。"② 工人们在罹患尘肺病之后，由于没有签订劳动合同，他们往往求告无门；更为荒唐的情形是，他们无法"证明"自己得了"职业病"。

①　刘乐明：《公民权理论视野下的工人职业健康问题研究——以工人尘肺病为分析对象》，复旦大学国际关系与公共事务学院博士学位论文，2015年。
②　2013年9月至2014年6月，中华社会救助基金会"大爱清尘"基金采取典型抽样方法，在安徽、甘肃、湖北、湖南、四川、云南、陕西等8个省份抽取了20个村庄，就尘肺病农民工的个人信息、家庭经济现状、以往务工状况、救助与获赔情况、困难与期望等方面开展问卷调查。该调查由北京大学社会学教授卢晖临主持，是目前中国关于农民工尘肺病最全面与权威的调查报告。

　　在笔者看来，尘肺病实际上折射出这样一种不健康的劳工与市场关系：对于建筑业市场而言，劳动力就是单纯的商品，只要劳资双方出于自愿，劳动过程中的风险由劳方自行承担，企业只需要考虑利润问题，而不需要承担社会责任。

　　其实，我们每个社会成员都有三重身份：第一层次是作为人，要求的是尊严；第二层次是作为公民，要求的是权利；第三层次是劳动者，要求的是收入和福利。农民工也不例外。当前我国"经济吸纳，社会排斥"的城市化模式导致了劳动力的过度商品化，忽视了劳动力作为人和公民的需求。卡尔·波兰尼指出，劳动力只能是一种虚拟商品，劳动只是人类活动的另一个名称，人类活动与生活本身同在，劳动力反过来说并不是生产出来供销售的，而是为了完全不同的原因，人类活动也不能与生活的其余部分相分离、不能储存或移动①。从这个意义上讲，劳动力不仅仅是一种生产要素，劳动力的商品属性必须从属于劳动者的公民身份；换言之，作为公民的劳动者优先于作为商品的劳动力，否则，不仅会导致劳动者的异化，更会让"自由市场"摆脱社会与政治的羁绊，造成灾难性的社会后果。

　　对于公民劳动者而言，尊严、权利与梦想，一个都不能少。

　　所谓尊严，首先是指免受歧视和伤害，其次是指体面劳动。农民工在城市从事"3D"职业，即难（difficult）、脏（dirty）、险（dangerous）的工作，工资收入远远低于城市职

---

① 参见［匈牙利］卡尔·波兰尼：《大转型：我们时代的政治与经济起源》，冯钢、刘阳译，浙江人民出版社2007年版。

工平均工资水平；农民工不仅在日常生活中饱受歧视与偏见，而且在就业、医疗、教育和社会保障等领域面临制度性歧视。在人际交往层面，"民工"几成"低素质"的代名词，常常无端遭受他人的白眼；在劳资关系层面，农民工面临欠薪、伤残等风险；在社会生活层面，微薄的收入让他们无法获得体面的生活，不得不忍受与家人分居两地的痛苦。

　　所谓权利，用马歇尔的话来说，包含民事权利（civil rights）、政治权利（political rights）和社会权利（social rights）三个层次①。民事权利由个人自由所必需的各种权利组成：包括人身自由，言论、思想和信仰自由，占有财产和签署有效契约的权利以及寻求正义的权利。政治权利指的是作为政治机构的成员或选举者参与行使政治权力的权利。社会权利指的是享受一定的经济福利和安全保障，并按照社会通行标准享受文明生活的权利。简言之，民事权利的核心是自由，政治权利的核心是选票，社会权利的核心是福利。在当代中国，公民权与户籍紧密联系在一起。一个公民一旦离开了户籍所在地，而在另一个地方长期居住，就意味着其地方性公民权的丧失。在城乡二元结构和缺乏人口流动的前提下，地方性公民权不构成一个问题，而伴随着快速城市化和大规模人口流动，地方性公民权的正当性开始遭遇质疑和挑战。

　　所谓梦想，指的是机会平等，农民工与其他社会群体一样拥有向上流动的机会，他们的孩子有通过自身努力改变命运的机会。最近这段时间，"中国梦"是一个非常流行的词汇。在

---

① 参见［英］T. H. 马歇尔等：《公民身份与社会阶级》，郭忠华、刘训练译，江苏人民出版社 2007 年版。

笔者看来，"中国梦"往大了说是中华民族的伟大复兴，往小了说是每个普通人都有实现梦想、向上流动的可能性。农民工作为城市社会的底层，他们能否实现梦想，在很大程度上决定了"中国梦"的包容性与真实性。

四、从生产政治到公民权政治

20 世纪 90 年代以来，农民工问题成为中国社会科学界的一大热点，经济学、政治学、社会学、人口学、人类学等学科均对这一主题产生浓厚的研究兴趣。对农民工问题的研究主要有以下四大理论视角。

一是"流动人口"或"移民"研究的视角。这一视角主要关注新移民/流动人口的社会融合、社会保障、社会资本和维权行动，以及农民工子女的教育问题，其核心的理论关怀是城市新移民对中国社会稳定与社会和谐的影响[1]。上述研究表

---

① 赵树凯：《纵横城乡——农民流动的观察与研究》，中国农业出版社 1998 年版；王春光：《农村流动人口的"半城市化"问题研究》，《社会学研究》2006 年第 5 期；李培林、李炜：《农民工在中国转型中的经济地位和社会态度》，《社会学研究》2007 年第 3 期；张文宏、雷开春：《城市新移民社会融合的结构、现状与影响因素分析》，《社会学研究》2008 年第 5 期；蔡禾、刘林平、万向东：《城市化进程中的农民工：来自珠江三角洲的研究》，社会科学文献出版社 2009 年版；蔡禾、王进：《"农民工"永久迁移意愿研究》，《社会学研究》2007 年第 6 期；Fan Cindy，*China on the Move: Migration，the State，and the Household*，Routledge，2008；Kam-wing Chan，*Cities with Invisible Walls*，Oxford University Press，1994；Kam-wing Chan，"The Global Financial Crisis and Migrant Workers in China：There is No Future as a Laborer；Returning to the Village Has no Meaning"，*International Journal of Urban and Regional Research*，2010，July，pp. 1-19。

明，由于农民工/流动人口受到城市社会的系统排斥，其个人的社会资本、文化资本又相对薄弱，组织化程度低，导致其合法权益无法得到充分保障。

二是社会分层的视角。这一视角将农民工视为一个新的社会阶层，关注农民工的就业、收入和职业声望，以及劳动力市场的分割问题（就业歧视、同工不同酬等），其讨论的焦点是二元社会结构对农民工生活机遇与社会经济地位的影响，或者说户籍身份所导致的社会不平等[①]。

三是阶级分析的视角。这一研究视角受到马克思主义尤其是马克思主义社会学的深刻影响，将农民工视为中国工人阶级的一个新的组成部分，关注阶级结构的变迁、工人阶级意识的形成，以及劳动过程中的控制与反抗。"阶级"和"工厂政体"（factory regime）成为核心的分析工具[②]。陈敬慈（Chris King-Chi Chan）认为，农民工的抗争是根植于生产政体之中的，是正在兴起的阶级冲突的重要构成部分[③]。沈原、闻翔和周潇、汪仕凯、刘建洲等学者对西方劳动过程理论进行

---

① 李强：《农民工与中国社会分层》，社会科学文献出版社 2004 年版；田丰：《城市工人与农民工的收入差距研究》，《社会学研究》2010 年第 2 期；张卓妮、吴晓刚：《农村劳动力迁移与中国工资收入不平等的地区差异：来自 2005 年全国人口抽样调查的证据》，《人口与发展》2010 年第 1 期；Xiaogang Wu and Treiman Donald, "Inequality and Equality under Chinese Socialism: The Hukou System and Intergenerational Occupational Mobility", *American Journal of Sociology*, 2007, 113（2），pp. 415-445。

② Michael Burawoy, *The Politics of Production: Factory Regimes under Capitalism and Socialism*, Verso, 1985; Ngai Pun and Huilin Lu, "Unfinished Proletarianization: Self, Anger, and Class Action among the Second Generation of Peasant-workers in Present-day China", *Modern China*, 36（5），pp. 493-519.

③ Chris King-Chi Chan, "Class or Citizenship? Debating Workplace Conflict in China", *Journal of Contemporary Asia*, 2012, 42（2），pp. 308-327.

了系统的梳理①；实证研究则包括：潘毅、任焰等学者对"宿舍劳动体制"和劳动力再生产过程的研究②，沈原、周潇对建筑业"关系霸权"的阐释③，郑广怀对劳动权益与国家角色的研究④。

四是公民权（citizenship）的视角。20世纪80年代以来，受后结构主义和"话语转向"（discourse turn）的影响，公民权成为移民研究和劳工研究的关键议题⑤。马歇尔这样界定公民权："公民权是授予共同体所有成员的一种地位，所有拥有这种地位的人，在这种地位所授予的权利与义务上是平等的。"⑥

以马歇尔的公民权理论为基础，有学者对工业公民权进行了进一步的实证研究。陈峰指出："工业公民权是一般公民权在工人阶级这个特定群体中的延伸，也可以说是对这个阶级的

---

① 沈原：《社会转型与工人阶级的再形成》，《社会学研究》2006年第2期；沈原、闻翔：《转型社会学视野下的劳工研究》，《中国工人》2014年第5期；闻翔、周潇：《西方劳动过程理论与中国经验：一个批判性的述评》，《中国社会科学》2007年第3期；汪仕凯：《生产政治理论及其争论》，《开放时代》2010年第5期；刘建洲：《农民工的抗争行动及其对阶级形成的意义——一个类型学的分析》，《青年研究》2011年第1期。
② 潘毅、任焰：《宿舍劳动体制：劳动控制与抗争的另类空间》，《开放时代》2006年第3期。
③ 沈原：《市场、阶级与社会：转型社会学的关键议题》，社会科学文献出版社2007年版；周潇：《关系霸权：建筑工地的控制与反抗》，载《北大清华人大社会学硕士论文选编》，山东人民出版社2007年版。
④ 郑广怀：《劳工权益与安抚型国家——以珠江三角洲农民工为例》，《开放时代》2010年第5期。
⑤ Ruud Koopmans, *Contested Citizenship: Immigration And Cultural Diversity in Europe*, University of Minnesota Press, 2005.
⑥ ［英］T. H. 马歇尔等：《公民身份与社会阶级》，郭忠华、刘训练译，江苏人民出版社2007年版。

一种特殊的权利安排，是对资本主义劳动契约关系的形式上平等的重要矫正；"制度化的工人集体权利（工业公民权）是国家、劳工和资本关系平衡和稳定的基础。"① 公民权分为消极的公民权与积极的公民权，民事权利和社会权利是消极的公民权，政治权利和工业公民权是积极的公民权。消极公民权具有防御性，对公民起到基本的保护作用；积极公民权具有进取性，公民可以用来影响政府与资本家的决策，并以此争取新的权益。消极公民权与积极公民权是相互支撑的。

　　有别于阶级分析的视角，公民权视角下的劳工研究认为，阶级只是工人的一个"身份认同"（identities）而已。李静君（Ching Kwan Lee）认为，与国企下岗工人相比，农民工的阶级意识较为淡薄，华南地区农民工的抗争实际上是公民权运动的一个组成部分②。陈峰认为，西方多数国家是在已经存在基本公民权的基础上，通过工人运动争取到了集体权利或工业公民权（即工人的组织权、罢工权和集体谈判权），工人集体权利是一般公民权利的延伸和扩展。中国则代表了一种完全不同的模式，即国家为劳动者个人权利积极立法，但在集体权利的立法上持谨慎态度③。郭于华等学者指出，"要改变极不均衡的劳资关系，必须向工人赋权，包括'劳工三权'的逐步合法化与真正落实，即工人享有团结权、谈判权与集体行动权。如此才能有可能建立起劳资双方的利益博弈机制，使工人有能力

① 陈峰：《罢工潮与工人集体权利的建构》，《二十一世纪》2011 年 4 月号。
② Ching Kwan Lee, *Against the Law: Labor Protests in China's Rustbelt and Sunbelt*, University of California Press, 2007.
③ 陈峰：《罢工潮与工人集体权利的建构》，《二十一世纪》2011 年 4 月号。

参与工资共决、集体谈判等保护自身权益的过程"①。

公民权的研究视角又可以分为两个进路。一种关注"生产政治"。刘乐明以工业公民权制度为切入点，分析公民权、劳动关系与工人职业健康之间的关系②。另一种关注"生活政治"。汪建华和孟泉指出：在生产政体本身的规制作用之外，新生代农民工独特的生活经历和社会特征重塑了其对不同生产政体的体验，并在与各种生产政体的结合中形成了独特的生活形态、团结纽带和动员方式③。

公民权的研究取向较为强调农民工与市民在权利配置上的差异，认为农民工的弱势地位主要源于权利的缺失。农民工进入城市之后，实际上成为"体制性边缘人"，被排斥在城市的公共政治生活之外，政治权利、社会保障缺失④。因此，关键在于对户籍制度进行改革，对农民工进行赋权（empower），通过"市民化"来解决农民工问题⑤。

---

① 郭于华、沈原、潘毅、卢晖临：《当代农民工的抗争与中国劳资关系转型》，《二十一世纪》2011 年 4 月号。
② 刘乐明：《公民权理论视野下的工人职业健康问题研究——以工人尘肺病为分析对象》，复旦大学国际关系与公共事务学院博士学位论文，2015 年。
③ 汪建华、孟泉：《新生代农民工的集体抗争模式：从生产政治到生活政治》，《开放时代》2013 年第 1 期。
④ 徐增阳、黄辉祥：《武汉市农民工政治参与状况调查》，《战略与管理》2002 年第 6 期；徐勇、徐增阳：《流动中的乡村治理》，中国社会科学出版社 2003 年版；李景治、熊光清：《中国城市新移民的政治排斥问题分析》，《文史哲》2007 年第 4 期；〔美〕苏黛瑞：《在中国城市中争取公民权》，王春光、单丽卿译，浙江人民出版社 2009 年版。
⑤ 钱文荣、黄祖辉：《转型时期的中国农民工——长江三角洲十六城市农民工市民化问题调查》，中国社会科学出版社 2007 年版；王小章：《走向承认——浙江城市农民工公民权发展的社会学研究》，浙江大学出版社 2009 年版；Jiehmin Wu, *Rural Migrant Workers and China's Differential Citizenship: A Comparative-Institutional Analysis*, Martin, 2010。

　　近年来，上述理论视角都不约而同地关注到农民工的代际差异，"新生代农民工"或者"第二代移民"迅速成为国内学术界的研究热点。这一方面是基于越来越多的 80 后、90 后农民工进入城市劳动力市场这一现实。据统计，2010 年，全国农民工总数为 2.42 亿，其中 16—30 岁的新生代农民工约占 60％，人数达到 1 亿人，此外还有超过 2 000 万农民工随迁子女[①]。这一群体的生存与发展开始受到社会各界的广泛关注。2010 年中央一号文件《关于加大统筹城乡发展力度进一步夯实农业农村发展基础的若干意见》明确要求采取有针对性的措施，着力解决新生代农民工问题。

　　另一方面则是基于西方学界的经验。以往的大量实证研究发现：尽管这些（第一代）移民的收入水平、生活质量、经济社会地位与原城市居民有一定差距，但他们通常不会做社会的横向利益比较，而是做自身的纵向利益比较，因此他们通常有比较积极的社会态度[②]。第一代移民由于有迁出地境况的比较，对于迁入地的社会不公平和歧视往往比较容易接受，一般并不预期与迁入地的居民有完全相同的权利地位。第二代移民则不然，他们缺乏农村生活的体验，他们对于生活满意程度的参照主要是城市居民的生活，一方面具有更强的被剥夺感，另一方面强烈地要求自身权利地位的垂直上升。在这种心理预期下，第二代移民对于不平等缺乏忍耐，在成长过程中往往采取

---

① 中华人民共和国国家统计局：《2010 年第六次全国人口普查主要数据公报》（第 1 号），2011 年 4 月 28 日。
② 李培林、李炜：《农民工在中国转型中的经济地位和社会态度》，《社会学研究》2007 年第 3 期。

一些比较激烈的对抗性行为，来直接或间接地表达他们的不满或平等诉求①。

不同于父辈，相当一部分新生代农民工是"回不去的一代"，他们与乡土社会缺乏文化纽带和情感联系，倾向于在城市长期定居②。有调查显示，50 岁以上的农民工只有 15％的人想定居城市，40—50 岁的为 21％，30—40 岁的为 37％，20—30 岁的为 45％，20 岁以下的高达 61％③。如果数以千万计的新生代农民工无法融入城市社会，那么必然会成为影响国家长治久安的全局性政治问题。

农民工的社会融入是一个系统工程，包括经济融入、文化融入、社区融入、心理融入等多个维度。但以往的调查研究主要关注他们的经济融入、社区融入和心理融入，对农民工的文化融入缺乏关注④。而事实上，对于新生代农民工而言，精神文化生活的重要性并不亚于经济物质生活；与父辈相比，他们更加注重情感交流、休闲娱乐、社会交往和自我实现等价值，而不仅仅满足于增加收入、养家糊口，他们不再局限于"经济人"的角色，而渴望在文化层面融入城市社会。2010 年轰动一时的富士康员工跳楼自杀事件，以极端的方式反映了新生代

① Samuel P. Huntington，*Who Are We? The Challenges to America's National Identity*，Simon & Schuster，2004；于建嵘：《法国骚乱提示中国未雨绸缪》，《南方周末》，2007 年 4 月 24 日。
② 熊易寒：《城市化的孩子：农民工子女的身份生产与政治社会化》，上海人民出版社 2010 年版。
③ 叶榆：《新生代农民工，"无根的一代"?》，《南方周末》，2011 年 6 月 2 日。
④ 对农民工精神文化生活的研究相对少见，代表性的研究可参见刘林平、郑广怀、孙中伟：《劳动权益与精神健康：基于对长三角和珠三角外来工的问卷调查》，《社会学研究》2011 年第 4 期。

农民工精神文化生活和社会交往的缺失以及由此带来的痛苦。

现有研究大多将新生代农民工定位为"劳工"或"流动人口"，主要关注生产领域和劳动过程中的农民工。但是，新生代农民工究竟"新"在哪里？他们区别于父辈的特性是什么？他们对中国未来的社会发展和政治稳定有何影响？要回答上述问题，不能仅仅着眼于生产关系和劳动过程，必须超越"生产政治"的视野，进一步关注农民工的日常生活。迈克尔·布若威（Michael Burawoy）的"生产政治"理论虽然也注意到"国家之外的政治"，强调国家干预、劳动力的再生产，但其理论视线主要集中于车间政治。在当代中国，农民工的生活机遇不仅取决于劳资关系，也取决于地方政府对于外来人口的管理政策和权利配置。在"生产政治"之外，还存在"生活政治"的空间，包括农民工如何安排闲暇时间，如何建构社会关系网络，如何与城市其他社会群体进行互动。有学者指出：休闲是个人兴趣爱好的一种展现，常常可以反映出更为深层的社会文化价值观念。无论是对个人、社区还是对国家而言，休闲都为其追求美好的生活拓展出了广阔的可能性空间[1]。在政治学看来，闲暇实际上是国家与社会的较力场，国家试图对公民的闲暇模式进行塑造，而个人也会通过对闲暇的支配进行自我表达，闲暇或者说私人时间对应的是私人领域[2]。

如果说在生产领域，我们看到的是农民工被支配、被控制

---

[1]　[美] 克里斯多夫·爱丁顿：《休闲：一种转变的力量》，陈彼得、李一译，浙江大学出版社 2009 年版。

[2]　王绍光：《私人时间与政治：中国城市闲暇模式的变化》，《中国社会科学辑刊》1995 年夏季卷。

的一面，那么，通过对新生代农民工日常生活的考察，我们可以看到农民工对自我、时间和收入的支配，他们的政治观念和阶级意识、他们的主体性可以得到更好的呈现。如果说"生产政治"关注的是"物质的生产"（即创造财富的过程）与"关系的生产"（即权力与支配的过程），那么"生活政治"关注的是"意义的生产"（即价值观、政治态度与阶级意识的形成过程）。对"生活政治"的关注意味着我们的研究视野从工厂转向了更为广阔的城市生活场景——城市新移民与制度体系的互动，他们如何向国家表达利益诉求和权利主张，国家又是如何回应他们的。需要说明的是，对"生活政治"的研究不是要否定"生产政治"的重要性。毕竟生活方式在很大程度上取决于个人的社会经济地位。

本书所用的"地方性公民权"分析框架，试图融合移民、阶层与公民权的视角，将生产过程与生产政体中的"农民工"拉到城市生活的场景中，帮助我们理解当代中国的城市化及其对于"人"的影响。

五、新型城镇化：以人为中心的
城市化模式

在笔者看来，城市化的本质就是人力资本、就业机会和公共资源的重新匹配，这种重新匹配是空间意义上的，是城市与乡村之间的资源重组。由于工业和服务业集中于城市，城市必然需要更加丰富和密集的人力资本，城市在吸引更多劳动力的

同时必须为其提供一定的公共资源。就业机会由市场提供，公共资源由政府提供。在理想状态下，就业机会和公共资源对人力资本的拉动作用应该是一致的，也就是说，人力资本流动到哪里，公共资源也应该投放到哪里。然而，在当下的中国，却是另一番景象：市场鼓励人们流动，因为流动可以带来更高的收入和更多的发展机会；公共服务体系却在对流动人口进行"惩罚"，因为流动会导致部分公民权利的丧失。

面对越来越多的新移民，面对市民对于移民潮的反对声，城市政府应当如何应对？是继续严格控制外来人口，将其排斥在公民权和公共服务体系之外，还是将外来人口视为城市新移民予以接纳？

正是在这样一种背景下，李克强总理在十二届全国人大二次会议上作政府工作报告时指出，要推进以人为核心的新型城镇化。坚持走以人为本、四化（工业化、信息化、城镇化和农业现代化）同步、优化布局、生态文明、传承文化的新型城镇化道路，遵循发展规律，积极稳妥推进，着力提升质量。新型城镇化要有序推进农业转移人口市民化，推动户籍制度改革，实行不同规模城市差别化落户政策，把有能力、有意愿并长期在城镇务工经商的农民工及其家属逐步转为城镇居民；对未落户的农业转移人口，建立居住证制度；使更多进城务工人员随迁子女纳入城镇教育、实现异地升学，实施农民工职业技能提升计划。稳步推进城镇基本公共服务常住人口全覆盖，使农业转移人口和城镇居民共建共享城市现代文明。

2016年的十二届全国人大四次会议，李克强在政府工作报告中表示，城镇化是现代化的必由之路，是我国最大的内需潜力和发展动能所在，要加快农业转移人口市民化。深化户籍制度改革，放宽城镇落户条件，建立健全"人地钱"挂钩政策。扩大新型城镇化综合试点范围。居住证具有很高的含金量，要加快覆盖未落户的城镇常住人口，使他们依法亨有居住地义务教育、就业、医疗等基本公共服务。发展中西部地区中小城市和小城镇，容纳更多的农民工就近就业创业，让他们挣钱顾家两不误。

新型城镇化意味着中央层面已经开始调整城市化的战略，从制度和政策层面重新定义新移民在城市社会中的地位。以人为核心的新型城镇化，不仅是中国城市化道路的升级版本，也是中央政府施政理念的更新换代，为解决农民工问题提供了广阔的制度空间。

新型城镇化究竟新在哪里？在笔者看来，就是以土地和资本为核心的城市化模式让位于以人为核心的城市化模式。人口的集聚与空间的扩张是城市化的显著特征。在城市化的过程中，资本、移民与土地构成了核心要素，缺一不可。然而，我们以往的城市化模式，却是以资本积累和土地开发为中心的，移民在城市发展中的作用未得到充分重视：来自农村的打工者只是被吸收到城市的经济系统中，却没有被城市社会所接纳，无法参与城市公共政治生活。也就是说，城市把农民工作为劳动力、消费者或者一个生产要素，而不是一个移民或市民，在经济层面加以吸纳，在社会层面加以排斥。

劳动力移民兼具"人""公民"和"劳动者"三重属性，城市化进程应当兼顾人对尊严的需求、公民对权利的需求和劳动者对收入的需求；而土地也兼具自然属性、社会属性和经济属性，是自然环境、人居空间和生产资料的集合体。以往的城市化忽视了劳动力移民作为人和公民的需求，低估了土地的自然价值和社会价值，由此导致劳动力和土地的过度商品化。这种以生产要素为中心的城市化模式无疑是一种单向度的城市化，虽然一度有利于城市的资本积累和经济增长，但近年来其弊端日益彰显——导致了劳动力与土地的过度商品化，加剧了城乡对立、社会冲突和环境危机。当务之急是调整移民、土地与城市化之间的关系，迈向以人为本、集约开发的城市化道路。正是在这样一种背景下，"新型城镇化"被中央政府提上议事日程。

在笔者看来，新型城镇化的首要意义不是创造一个新的经济增长点，拉动投资和内需，而是一种全新的城市化战略：重新调整人（包括移民在内的市民）与城市、土地与城市、农村与城市之间的关系。新型城镇化不再将农民工视为外来人口拒之门外，而是积极推动新移民融入城市社会；新型城镇化不是无节制地开发"土地财政"，而是从环保、宜居的角度集约化地利用土地资源；新型城镇化不是以城市为本位的发展，而是强调城乡良性互动、均衡发展。只有协调好人口、土地与资本的关系，才能真正突破旧有的城市化模式，让农民工作为"公民劳动者"逐步融入城市，拥有尊严、权利和梦想，也才能实现中国经济的持续增长、中国社会的长治久安。

但是，在政策实践层面，新型城镇化却面临"理想很丰满，现实很骨感"的窘境。简单来说，当前新型城镇化在政策层面可以表述为"全面放开小城镇落户，有序放开中等城市落户，合理确定大城市落户条件，严格控制特大城市人口规模"。

从中央政府的角度来看，这是一个稳妥、渐进、操作性强的方案，在对城市进行分级分类的基础上，分别采取不同的外来人口管理政策。然而，从农民工的角度来看，这个新型城镇化的方案与其说是对现实的改革与纠偏，不如说是对现状的妥协与默认。因为中国小城镇的农民工问题和"土客矛盾"不那么严重，一方面，大多数小城镇的外来人口比重并不高，本地人和外地人的社会边界不显著，另一方面，大多数小城镇的社会福利水准不高，公共服务体系相对不健全，城乡差距不明显。这就使得小城镇的户籍对农民工缺乏足够的吸引力，因为与农村土地的收益和潜在溢价相比，小城镇的"户籍红利"过于微薄。他们宁可将农村土地作为一种非正式的社会保障，而不愿放弃土地成为一名城里人。因此，全面放开小城镇，只是"看上去很美"，却得不到农民工的积极响应。相反，在农民工比重最大的特大城市，由于一些城市片面地理解"严格控制特大城市人口规模"的政策导向，将"控制人口增长"等同于"不增长"，在执行层面进一步强化了对外来人口的排斥，在基本公共服务的均等化方面缺乏实质性进展。

本书的核心观点可以概括为以下几点。

第一，移民的多寡是衡量城市发展的一个重要指标。一座城市的包容性越高，经济活力越强，其移民占总人口的比例往往也越大。如果一座城市的人口大量移出而不是移入，这往往意味着城市经济社会发展的衰落，正如我们在美国底特律和我国鄂尔多斯康巴什新区看到的那样。对于经济发展势头良好的城市而言，人口不是公共服务的负担，而是公共财政的支柱。诚如黄文政、梁建章所言："没有任何一个城市曾被人口压垮。

相反，城市的兴盛往往表现为人口增长，而衰败才恰恰表现为人口萎缩。北京的市区人口在 1984 年仅 500 万人，那时的人们很难想象 1 800 万人的北京。但 30 年来，市区人口从 500 万人增至 1 800 万人，北京并没有被压垮，而是变得更好：人均住宅面积从不到 7 平方米增至近 30 平方米，地铁线路从 2 条增至 14 条，机场年客流量从 100 多万人次增至 8 500 万人次，去上海的航班从每天几班增至上百班。在 30 年前，从北大乘公交车到王府井要近 2 小时，而现在乘地铁不到 1 小时。当然，这些进步很大程度是得益于经济发展。但如果北京这 30 年成功地把市区人口控制在 900 万人以内，即便全国经济发展水平与现在一样，北京会比现在更好吗？可料想的是，北京的财政收入会不到现在的一半；公共福利和社会保障会因为人口更老化而更差；地铁里程会因为财力和需求较小可能不到现在的一半，平均行车间隔时间更长；北京不会拥有现在客流量全球第二的机场，去外地的航班密度会低一半多；空气质量也未必更好，事实上，建成区人口仅北京 1/6 的石家庄的空气污染就超过北京。"①

第二，一个城市的人口规模主要由市场决定。企业的经营者比负责户籍审批的官员更清楚自己需要什么样的人才。绝大多数情况下，人口的流动都不是盲目的，如果没有更高的收入、更好的工作机会，人们不会背井离乡奔赴一座陌生的城市。当一座城市出现人口的长期的大规模集聚，其背后一定有

---

① 黄文政、梁建章：《城市发展——北京该不该严控人口》（2014 年 6 月 6 日），财新网，http://opinion.caixin.com/2014-06-06/100687087_all.html#page4，最后浏览日期：2019 年 7 月 13 日。

产业的发展作为基础。人口是一个生态系统，不仅需要高端的投资移民和技术移民，也需要相对低技能的劳动力移民。事实上，每一个高技能人才都需要若干低技能劳动者为其服务，譬如，司机、保姆、保安等。而地方政府制定的落户门槛，往往只青睐所谓的高端人才，而不愿向低技能人群开放。这种排斥劳动力移民的福利体制并不会如地方政府所愿起到"挤出"外来人口的作用，因为外来人口首先是因为工作机会和收入而移民到城市；相反，外来人口还是在城市定居下来，只是他们与城市居民之间存在一条难以逾越的福利鸿沟。这一福利鸿沟是地方性公民权的社会后果，表面上看，城市政府因此"节约"了一大笔福利开支，而实际上，由此带来的社会成本不容忽视，包括人为扩大的社会不平等、社会不稳定，等等。

第三，政府为城市新移民提供公共服务不是一种净支出，而是可以培育人力资本、促进经济消费。任远指出："中国的城镇化水平已经达到 53.7%，但是用户籍口径来衡量的城镇化水平只有 35.2%。市民化不足和城乡制度性壁垒扩大了城乡差异，扩大了城市内部分化。同时，由于市民化不足带来储蓄率较高、消费率不足。市民化不足也同时带来企业和劳动者自身的人力资本投资不足，不仅企业缺乏动力对流动性的劳动者进行投资，缺乏稳定市民化预期的劳动者也不愿意增强自身人力资本投资。"[①]

最后，城市最大的美德是包容，而地方性公民权本质上是对移民的制度性排斥。美国学者理查德·佛罗里达（Richard

---

① 任远：《新型城镇化升级的五个任务》，《东方早报》，2014 年 5 月 21 日。

Florida）在进行关于美国高科技产业分布的研究时，意外发现高科技产业发达的美国城市与同性恋人口密集的城市高度重合。换句话说，高科技产业发达的地区，男女"同志"们相对也比较多。宽容吸引人才，人才创造科技，这就是佛罗里达在他的成名之作《创意阶层的崛起》（*The Rise of Creative Class*）中提出的"三T理论"（talent, technology, tolerance）[①]。以往主流的区域经济理论强调城市吸引企业的重要性。只有企业在某地投资会创造就业机会，吸引人们前来就业定居，该地区才会蓬勃发展。佛罗里达则强调包容的重要性。在"创意经济"时代，城市需要致力于吸引和保留大量"创意阶层"，这些人拥有可以创造巨大财富的创意，他们的创业行为会拉动就业和经济增长。那么如何才能吸引人才？佛罗里达认为，高工资和低物价并不是首要的，创意阶层更看重新鲜惬意的城市体验。他们宁愿为这种生活方式支付高额代价，也不愿意搬到廉价而乏味的地区。此外，创意阶层往往特立独行、个性张扬，他们更喜欢居住在宽容、自由的环境之中。

佛罗里达的这项研究启示我们：制度性歧视不仅损害歧视对象的福利，还会损害社会的总福利。地方性公民权实际上是用计划经济时代的"用人指标"思维来管理市场经济时代的人口流动。然而，户口并不是调节人口流量与流向的有效工具。因为在市场经济条件下，人口流动主要取决于产业布局，而不是跟随政府的指挥棒。户籍制度之于人口流动，不是一个"调节阀"，而是一项"约束机制"。那些被市场所需要却达不到城

---

① ［美］理查德·佛罗里达：《创意阶层的崛起》，司徒爱勤译，中信出版社 2010年版。

市落户门槛的劳动者，他们实际上受到城市公共服务体系的变相限制——他们为城市的繁荣发展贡献了自己的力量，却没有从公共服务体系中获得相应的回报。

从一些地方政府的视角来看："既然市场回报就是让移民流向本地，我们为什么还要为他们提供公共服务呢?"这种观点忽视了包容性发展是惠及整个社会的公共品。包容既是价值性的，也是功能性的。德隆·阿西莫格鲁（Daron Acemoglu）和詹姆斯·罗宾逊（James Robinson）的研究表明：包容性制度才能促进长期经济增长。包容性制度允许并鼓励全体社会成员在经济活动中充分发挥自己的才能，个人能够相对自主地选择生活方式，进行个体决策①。

---

① ［美］德隆·阿西莫格鲁、詹姆斯·罗宾逊：《国家为什么会失败》，李增刚译，湖南科学技术出版社 2015 年版。

第一章
地方性公民权：
作为基础性制度的户籍制度

对于当代中国社会的观察者而言，户籍制度无疑是一扇视角绝佳的窗口。因为户籍制度不是一个孤立的制度，而是与其他制度勾连在一起，构成了一项基础性的制度安排。换言之，中国的诸多制度都建立在户籍制度之上，户籍制度构建了中国社会最为重要的身份系统，而这一身份系统成为国家在进行权利配置和资源分配时的主要标准。陆益龙指出：以户口登记和管理为中心的户籍制度，不仅是中国的一项基本社会管理体制，也是一项与资源配置和利益分配密切相连的制度。人们日常生活中的衣食住行、生老病死、入学就业、福利保障，在一定程度上都采用了户口标准。户籍制度的核心内容包括将公民分为农业户口和非农业户口的二元身份制；同时根据户口辖地管理原则，对异地间户口迁移实行严格的行政控制，这一制度安排通过对身份转换和自主迁徙的控制，对中国社会城乡二分结构的形成，以及城市等级差别现象的出现产生了重要影响①。

---

① 陆益龙：《户口还起作用吗——户籍制度与社会分层和流动》，《中国社会科学》2008 年第 1 期。

一、"超大城市"：城市规模的政治学

2013 年 11 月，中共十八届三中全会通过《中共中央关于全面深化改革若干重大问题的决定》（以下简称"《决定》"）。《决定》提出，推进农业转移人口市民化，逐步把符合条件的农业转移人口转为城镇居民，创新人口管理，加快户籍制度改革，全面放开建制镇和小城市落户限制，有序放开中等城市落户限制，合理确定大城市落户条件，严格控制特大城市人口规模。此后，"严格控制特大城市人口规模"成为北京、上海、广州等一线城市外来人口管理政策的指导思想。

与这一控制特大城市人口规模的思路一脉相承，国务院于 2014 年 11 月发布《关于调整城市规模划分标准的通知》，城区常住人口 1 000 万人以上的城市为超大城市。而按照旧的城市规模划分标准，中国城市的最大量级是特大城市。从"特大城市"到"超大城市"，反映了国家对于城市规模的态度转变："大"不再是衡量城市发达程度的首要标准，鉴于过犹不及，"超大城市"的规模必须得到控制。根据该标准，截至 2014 年年底，中国有六座城市为超大城市：北京、上海、天津、重庆、广州、深圳。这就意味着上述城市将加强对外来人口数量增长的控制。

2015 年 12 月，时任上海市委书记韩正指出，上海要"守住常住人口规模底线，把常住人口不超过 2 500 万作为长期调控目标"[①]。诚然，任何一个城市都存在一个规模的限度。但

[①]《韩正：十三五上海常住人口不超过 2 500 万》，《新闻晨报》，2015 年 12 月 17 日。

是，超大城市的人口极限到底在哪里？是政府的规划和干预可以决定的，还是应该由市场来做出选择？地方政府习惯于用静态的观点来看待城市的承载力，忽略了移民给城市带来的经济效益；更为糟糕的是，在控制人口的思维下，城市公共服务和公共设施的供给注定跟不上人口增长的步伐，而资源和环境的紧张又为严格控制外来人口增长提供了新的依据。于是，政府的外来人口管理政策就被锁定在这样一个恶性循环当中：政府试图控制外来人口增长但收效甚微，公共服务供给不足导致资源紧张，资源紧张进一步要求收缩外来人口增长。

不难发现，地方政府划定的人口控制红线其实很武断。按照规划，北京、上海、深圳分别将 2020 年的常住人口规模设定在 2 300 万人、2 500 万人和 1 100 万人。实际上，这样一种主观性很强、无视城市发展规律的政策目标总是一再被市场轻松打破。譬如，2005 年通过的《北京城市总体规划》提出，到 2020 年，北京市总人口规模规划要控制在 1 800 万人左右，可实际情况却大大超过预期，2014 年北京市常住人口已达 2 152 万人。2015 年北京市不得不将人口控制红线调整为 2 300 万人。也就是说，政府划定的红线不是基于科学的预测和前瞻，而是现实的人口数字倒逼出来的结果。政府守不住原来的红线，就倒退几步，画一条新的红线，过几年再倒退几步。

根据《2015 年上海市国民经济和社会发展统计公报》，至 2015 年年末，全市常住人口总数为 2 415.27 万人。其中，户籍常住人口 1 433.62 万人；外来常住人口 981.65 万人，较上一年的 996.42 万人下降了 14.77 万人。上海外来常住人口出现了负增长，同比下降 1.5%，这是十五年来的首次①。此后，上海市外来常住人口每年下跌，跌幅连续两年维持在 0.10% 左右。另外，上海常住人口自然增长率为 2.45‰，户籍常住人口自然增长率为－0.78‰。从 1995 年到 2014 年的 20 年里，上海户籍人口自然增长率只有两年是正的。其中 1998 年和 2003 年都突破了－3‰。换言之，上海最近 20 年的人口增长完全是靠移民。

那么，上海减少的常住人口到底是哪些人呢？有研究者根据稳定的通勤人口（白领通勤人口不变）、萎缩的用水量（总人口略微减少）以及多个部门的工业产值减少这三个因素，进行推断，这次上海市人口可能真的在减少。这批减少的人口，主要是上海的产业工人（也许还包括一些外来农民工和建筑工人），他们原本生活在宝山、青浦、金山等上海郊区的工厂里，吃住都在工厂，平时并不会进入我们的视野。当这些工厂倒闭关停，减少生产，他们也选择了离开上海②。也就是说，上海常住人口的减少很可能是产业转型发展的结果，不是外来人口管理政策的后果。严厉的政策或许有一定的挤出效应，但作用不大。

据笔者的调查，当前地方政府控制外来人口的办法不外乎"三板斧"。

一是"拆违"。大量的农民工栖身于租金低廉的违法建筑内，这些违法建筑大多位于城乡接合部，基层政府最初对此睁

---

① 臧鸣：《沪常住人口去年下降 10.41 万》，《东方早报》，2016 年 3 月 1 日。
② 《数据帝：上海减少的外来常住人口是哪些人?》，"澎湃研究所"微信公众号，2016 年 3 月 2 日。

一只眼闭一只眼，因为租金收入是当地农民的重要收入来源，但随着土地资源的日益稀缺，加上对外来人口增长的限制趋于严格，基层政府开始加大拆违的力度，各个街镇都有明确的"拆违"指标和"减人"指标，通常由党政一把手负总责。2015 年和 2016 年，上海市"拆违"面积总计超过 6 392 万平方米。但是，"拆违"并没有将外来人口驱离城市，只是将他们从近郊赶往远郊，因为市场需求并没有消失，"拆违"只是增加了外来人口的通勤成本，也间接提高了企业和雇主的用工成本。

二是整治群租。由于农民工的收入较低，而大城市的房租高昂，他们往往会选择多人合租一套住房，尤其是在中心城区上班的服务业从业人员。2014 年 5 月，上海市政府出台《关于修改〈上海市居住房屋租赁管理办法〉的决定》，明确规定出租居住房屋，每个房间的居住人数不得超过 2 人（有法定赡养、抚养、扶养义务关系的除外），且居住使用人的人均居住面积不得低于 5 平方米。《办法》还进一步加大了对违反"群租"规定行为的处罚力度。针对租赁当事人违反"群租"规定的行为，将罚款幅度由"5 000 元以上 3 万元以下"提高至"1万元以上 10 万元以下"；针对房地产经纪机构违反"群租"等相关规定的行为，将罚款幅度由"3 000 元以上 3 万元以下"提高至"3 万元以上 10 万元以下"。这一规定不可谓不严厉，但执行的成本极高，政府很难对数量巨大且分散的出租房进行有效监管，况且"群租"是中低收入外来务工者（如餐饮业服务员、房地产中介、家政人员、"蚁族"大学毕业生）解决住房问题的主要途径。如果这部分务工者无法"群租"，那么必然带来生活成本的上升，直接推动城市工资水平的增长，而这又会在一定程度上影响城市居民的利益。

三是提高农民工子女的入学门槛。2008 年之前，由于上海市户籍人口的学龄儿童大幅减少，义务教育资源出现一定富余，这就为农民工子女接受义务教育提供了一个机会窗口①。自 2008 年起降低了农民工子女进入公办学校就读的条件，从原来需要"五证"变为"两证"，即提供父母的农民身份证明、上海市居住证或就业证明就可以入读公办学校。如果已经在上海的农民工子弟学校就读，一旦该校被取缔，学生原则上可以全部转入当地公办学校。近年来，上海新生儿数量日益增多，教育资源再度紧张，农民工子女的入学条件也越来越苛刻。"五证"缺一不可，在居住地报名登记时，由其父母或父母一方持 1 年及以上有效的居住证件、务工证明〔以 1 年及以上社会保险缴费记录为准；暂未列入保险范围的外来务工人员，需按照本市《关于对"医院外来护工"等四类来沪从业人员试行开展灵活就业登记的通知》（沪人社就发〔2013〕13 号）规定②，提供《就业失业登记证》，或街道、乡镇开具的从事 1 年及以上就业证明〕，以及同住适龄儿童或少年的居住证件、

---

① 上海小学生人数在 1993 年达到顶峰，总人数在 116.7 万人。随后因为计划生育而逐年递减，2000 年为 78.86 万。2004—2007 年稳定在 53 万人左右，上海的小学教育资源出现较大富余，在这种情况下，公办学校向农民工子女开放的力度加大。随后，上海小学生人数强劲增长，其中 2008 年和 2009 年的增速达到了惊人的 10.7％和 13.6％。2008—2014 上海小学生在校人数分别为 59.06 万、67.12 万、70.16 万、73.11 万、76.04 万、79.25 万、80.30 万。2013 年，小学生人数已超过了 2000 年的水平。在这种背景下，教育部门再度提高了流动儿童的入学门槛，近年来小学生人数的增幅已明显放缓。

② 该通知的最新版本为《关于对"医院外来护工"等五类来沪从业人员开展灵活就业登记的通知》（沪人社规〔2018〕4 号），上海市人力保障局官网，http://www.12333sh.gov.cn/201712333/xxgk/flfg/gfxwj/jygl/01/201803/t20180323_1280270.shtml，最后浏览日期：2018 年 12 月 5 日。

预防接种卡、入学告知书办理入学手续，由区县教育行政部门统筹安排就读。"五证"要求农民工子女家庭在上海有稳定的工作、稳定的住处，而实际上这些家庭在城市内部仍然具有较大的流动性，有一部分家长属于非正规就业，住所更是经常变换。笔者的研究发现，不少农民工子女一年当中多次搬家，因为他们的住所要么位于破败的城中村，是旧城改造的对象；要么是城郊接合部的危房和违法建筑，在城市化过程中是被拆迁的对象。这样一来，"五证"齐全对于很多农民工家庭而言，就成了一种可望而不可即的奢望，近年来上海农民工子弟学校的学生每年减少 1.5 万人。上海闵行信息统计网 2014 的调查问卷显示，当地 34.3％的外来农民工子女未能随迁的原因是在上海无法进入公办学校，28.4％的是因为无法在上海高考①。

在外来人口的控制方面，作为首都的北京面临更大的压力。按照《北京城市总体规划（2004—2020 年）》，北京到2020 年必须把户籍人口控制在 1 350 万人以内，然而 2014 年年末北京市常住人口为 2 151.6 万人，户籍人口 1 333.4 万人。2010 年 8 月，北京市发布《首都中长期人才发展规划纲要（2010—2020 年）》，其中提出到 2020 年，首都人才发展的战略目标是成为世界一流的"人才之都"。该《纲要》还提出具体指标：主要劳动年龄人口中受过高等教育的比例达到 42％。每万名劳动力中研发人员达到 260 人。人力资本对经济增长的

①　转引自吴静宜：《不是父母不管，大城市从来没给留守儿童留过位置》（2016 年7 月 14 日），网易网，http://view.163.com/special/resound/leftbehindchildren 20160714.html，最后浏览日期：2016 年 8 月 24 日。

贡献率达到 45％，人才贡献率达到 60％。也就是说，当前北京的户籍指标已经接近饱和，有限的增长空间还要用于引进高端人才，北京市政府"腾笼换鸟"的意愿非常强烈。在这样一种背景下，北京市政府自然要想尽办法使外来人口向外地转移。所以，在中国一线城市中，北京是控制外来人口增长的先行者，其控制措施也最为系统，大致包括"以业控人""以房管人"和"以证控人"。

一是"以业控人"。2011 年 1 月 4 日，北京市副市长程红在"2011 年北京市工商行政管理工作会议"上表示，控制人口，根在于"业"。程红具体提到，北京将对小百货、小食杂店等 17 类业态提升审批准入，约涉及 30 万户商业主体、100 万名流动人口。此外，各区县对于在违法建筑内从事经营活动的，要严格审查，以避免办理"违法的营业执照"。她还表示，北京市将探索根据经营住所使用期限、居住期限等条件设定营业执照有效期制度，对于纳入拆迁范围的，则停止申办营业执照①。

二是"以房管人"。2010 年 4 月，北京南郊的大兴区委、区政府启动了以西红门镇 16 个村为试点的社区化管理工作。所谓"村庄社区化管理"就是在村庄引入城市社区建设理念，借鉴城市社区管理经验，对行政村、自然村实行社区化管理②。其实，作为离市区最近、经济相对落后的远郊区，大兴

---

① 《北京提出"以业控人"思路》（2011 年 2 月 16 日），新浪网，http：//city. sina. com. cn/focus/t/2011‐02‐16/102214082 _ 2. html，最后浏览日期：2019 年 7 月 13 日；左颖：《"以业控人"的北京实践》，《北京晚报》，2014 年 6 月 16 日。

② 甘浩、朱开云：《大兴区回应村庄"封闭管理"质疑》，《新京报》，2010 年 4 月 30 日；庄庆鸿、李运猛：《北京大兴"社区化管理村庄"实地探访》，《中国青年报》，2010 年 9 月 17 日。

区一度对外来人口张开双臂，当朝阳、海淀等中心城区取缔农民工子弟学校、整顿各类低端市场的时候，一大批农民工子弟学校、低端专业市场和小微企业搬迁到了大兴区，这一地区的外来人口迅速增长。但处于"价值洼地"的大兴很快迎来新的发展机遇，北京市"十二五"规划中将大兴区和北京经济技术开发区列为北京市南部高技术制造业和战略性新兴产业发展带，大兴区与北京经济技术开发区一体发展，共建一体化、高端化、国际化新区，产业升级需要"腾笼换鸟"。与此同时，迅速增长的人口也给大兴的社会管理带来了巨大压力。特别是位于北部城乡接合部地区的西红门、黄村、旧宫、瀛海和亦庄五镇，聚集了近50万的流动人口，一度在全区形成92个流动人口与户籍人口比例为10∶1甚至15∶1的"倒挂村"。村庄社区化实际上就是对村庄进行封闭式管理，一方面提高外来人口的租房成本，另一方面也加强对外来人口的监控。

三是"以证管人"。居住证原本是一部分城市在不改变户籍制度的前提下，借鉴发达国家"绿卡"制度进行的增量改革。持居住证者，在工作、生活、社会保障等方面可享受市民待遇，达到一定积分，还可以转为居民户籍。但是，在"以证管人"的思路下，居住证制度首先不是为了推动基本公共服务的均等化，而是为了强化对外来人口的管理和限制。积分落户制也具有明显的高学历高技能偏好，绝大多数的外来人口只能办理临时居住证，他们在就业、教育、医疗等方面仍然面临制度性歧视的问题。

以农民工子女教育为例，《北京市教育委员会关于加强中小学接收借读生管理的通知》规定，农民工子弟要想入读公办校，家长必须要提供包括在京暂住证、在京实际住所居住证明、在京务工就业证明、户口所在地乡镇政府出具的在当地没有监护条件的证明、全家户口簿在内的五份证明文件，之后还要凭借这些去街道办理《来京务工就业农民子女在京中小学生借读证明》才能获得入学资格①。

事实上，远远不止"五证"那么简单。非京籍生源需要通过居委会、街道办事处和"五证"联审小组三个审查环节②，但每一个环节都需要开具不同的证明，其中的大部分证明都是事关"这个孩子真的是我的孩子""老家真的没有人来监护孩子"等内容。据记者了解，京籍幼升小的生源可直接登录北京市义务教育入学服务平台填写信息，系统审核通过后打印采集表等待进入学校审核这一环节，而非京籍的孩子则需通过以上三个审查环节后方可登录平台进行信息登记，待系统审核后进入学校审核这一环节。根据 2015 年年初北京市发布的《北京市教育委员会关于 2015 年义务教育入学工作的意见》，非京籍

---

① 不可否认，北京市的教育资源确实存在缺口。截至 2014 年年底，北京市义务教育阶段在校学生为 112.8 万人，其中，义务教育阶段非京籍在校生共有 47.08 万人，占全市义务教育在校生总数的 41.74%，同时，2010 年以来，北京市适龄儿童少年人数每年平均递增 2 万人，年均增长为 20%。也就是说，按此速度发展，北京市的小学、初中都将持续迎来入学的高峰。但是，无论是北京还是上海，与历史上学龄儿童的峰值相比，当前的常住人口学龄儿童并不算多。解决流动儿童教育问题，首要的障碍并非能力或资源不足。

② 非京籍生源因父母或其他法定监护人在北京某区工作或居住，需要在该区接受义务教育的，参加信息注册后，申请人须准备好"五证"，按流程提交审核。经过居委会和街道办事处的资格审核之后，各街道办事处（镇政府）牵头成立非本市户籍适龄儿童在该区接受义务教育证明证件材料联合审核工作小组，由街道办事处（镇政府）统筹，区教委、公安分局、区住房城乡建设委（区房管局）、区卫计委、区人力社保局、工商分局等单位抽调专员参与，对申请在该区就读的非本市户籍适龄儿童少年的证明证件材料进行联合审核。在三个审查环节中，最严格也最关键的是第三个"联审"环节。

儿童入学提供"五证"的政策基本不变，具体细则由各区县结合实际制定。而就是这么一个"结合实际制定"，让看似仅有的五个证件最终衍生出近 30 个证件、证明①。

除了提高入学门槛，北京市政府还通过各种方式取缔或拆迁农民工子弟学校（打工子弟学校）。据公益组织新公民计划的统计显示，2006—2014 年，打工子弟学校的数量从超过 300 所减少到 127 所，而 2014—2018 年，这一数据则由 127 所减少到 111 所。与此同时，过去的四年里，打工子弟学校的在校学生人数从接近 10 万人下降到 5 万多人②。

二、严苛的外来人口管理政策
究竟限制了什么？

"以业控人、以房管人、以证管人"，三管齐下。北京的外来人口增长真的被管住了吗？严苛的外来人口管理也许赶走了一部分外来务工者，但并不能达到政策制定者的预期目标。2015 年，北京市常住外来人口为 822.6 万人，比上年增加 3.9 万人，增长 0.5％。就"以业控人"而言，高能耗、重污染企业的外迁，可能会使一部分从业人员离开北京；但小摊贩、小菜场、小百货的搬迁，则是"野火烧不尽，春风吹又生"，因

---

① 王晓慧：《由"五证"衍生至近 30 个证件、证明　非京籍儿童入学有多难？》，《华夏时报》，2015 年 5 月 29 日。
② 赵晗、魏佳羽：《北京义务教育阶段流动儿童现状》，载杨东平主编：《中国流动儿童教育发展报告（2016）》，社会科学文献出版社 2017 年版。

为北京广大的低收入人群（包括相当一部分户籍人口）对此有需求。"以房管人"则缺乏现实操作性，对"群租"行为的监管成本太高以至于无法落实，村庄社区化也并未大规模推广。"以证管人"对流动人口的影响最大，但没有真正影响他们的去留，而主要是限制了他们接近公共服务和公共资源。"以证管人"对外来人口的最大影响是子女教育，通过提高流动儿童在城市接受教育的门槛来限制人口增长，这一做法在舆论上广受诟病，在现实中却愈演愈烈。

　　随着北京提高了小学入学门槛，数以万计的非京籍适龄儿童被挡在北京的校门外。一些父母无法辞职、老家无人依靠的非京籍学生，最后选择了"坐"在北京的门槛上读书，并形成了一条以三河、廊坊、香河、大厂、衡水等河北市县为主的"环北京教育带"。原因很简单：大人不用抛弃在北京的工作，和孩子仍可每个月见面，最重要的是，根据河北2013年公布的异地高考政策，只要学生具有两年以上在河北的高中学籍，家长有《就业/失业登记证明》及本地居住证明，异地生源就可以在河北报名参加高考。受此政策影响，燕郊、廊坊、香河、固安等距离北京较近的河北市县，一下子涌入了大量新增入学生源。比如，据廊坊市统计局数据，2014年，廊坊市中小学在校生人数分别比2013年增加了1.1万人和2.3万人；而据《三河市2014年国民经济和社会发展统计公报》，三河全市在校小学生2014年比2013年增长了9.8%。

　　廊坊市一位不愿透露姓名的中学校长对《中国新闻周

刊》"感慨"：她所在学校今年招生人数 1 200 人，真正属
于学校片区并且是廊坊户籍的，只有 600 人，剩下的，都
是外地到廊坊务工人员的子女，以及在北京不能入学最后
被迫转学的孩子。

许多家长为了照顾孩子，换了工作；还有人每日奔波
上百千米，以保证家和工作两不耽误；有些家长为了能够
在廊坊入学，甚至通过中介买一份假的购房协议。"好多
学生都搞不清楚是哪来的，"这位校长说，"看着这些家
长，实在是让人觉得又可怜又可怕。"①

从媒体的报道不难发现，绝大多数的外来人口并非高考移
民，优质的教育资源不是吸引他们进入城市的主要动因，他们
之所以在北京定居，最重要的动力还是就业岗位和发展机会。
孩子随迁的首要原因是为了家庭团聚，而不是为了"抢占"北
京的教育资源。

围绕"高考"问题而形成的社会争议越来越大：一方面，
社会上要求向流动人口子女开放"初中后"教育的呼声很高，
中央电视台、人民日报、东方卫视等主流媒体一边倒地为流动
儿童教育权利进行呼吁，"异地高考"成为舆论主流，占据了
道德优势；另一方面，来自本地居民的阻力和现实的困难也非
比寻常，城市主流社会已经是户籍制度的既得利益者，他们或
考虑到公共财政和教育资源承受力，或担心开放高考减少本地
孩子的优质教育机会。一方拥有公共舆论场域内的话语权，反

---

① 杨迪、刘子倩、高敏：《环北京教育带调查——坐在北京门槛上读书》，《中国
新闻周刊》2015 年第 47 期。

对"异地高考"的人只能通过微博、微信、社交论坛等非正式媒体发声；另一方则掌握公共政策场域内的决策权，"异地高考"的政策倡议很难进入决策议程。教育行政部门处于舆论争议的焦点，面临巨大的社会压力。

2010年2月，一部分北京流动儿童家长为争取随迁子女"小升初"过程中享受同城待遇的建议征集签名，共征集了2 200多个签名，家长志愿者先后8次到北京市和海淀区教委递交建议书。同年6月，流动儿童家长开始积极呼吁"异地高考"，要求取消高考的户籍限制。他们以"我要高考网"（www. inpeking. net）为平台，征集家长的支持签名。从2010年到2012年，家长志愿者多次去教育部上访，递交呼吁书和建议书，网络上的签名支持者超过5万人。2011年10月，张千帆等15名学者联名提请国务院，呼吁取消高考和招生工作中的考生户籍限制。这遭到了相当一部分本地居民的强烈抵制，异地高考的支持者被称为"异闹"，外来人口及其随迁子女被称为"蝗虫"。双方在网络上激烈争论，恶语相向。

2011年，以"我要高考网"为平台组织起来的流动儿童家长以"教育平等公民联合行动志愿者"的名义，提出了一个"随迁子女输入地高考方案"。在这一方案中，他们提出：

> 孩子随父母生活天经地义，以户籍阻隔孩子随父母成长的天然权利，这违背了基本人道。一个城市既然接受了新移民工作、生活和他为这个城市建设的贡献，就应提供相应的公共服务，给随迁子女在父母经常居住地高考录取机会，是居住地城市的义务。我们主张"取消高考户籍限

制"，给户籍减负，为教育松绑，做纯粹的教育！当然，考虑到历史形成的教育水平和高考录取率差异，为避免短期内人口输入地教育资源不足等问题，可以考虑在一定时期内设置一定限制条件，逐步放开城市新移民子女在经常居住地上学和参加高考。

基于以上理由，我们建议教育部修改 2005 年联合公安部发布的《关于做好普通高校招生全国统一考试考生报名资格审查工作的通知》，以及在颁布下一年度的《普通高等学校招生工作规定》时，不再把户籍作为高考报名的限制条件，高考报名资格依据学籍和父母经常居住地的标准认定：

（一）随父母在经常居住地上学，至高中毕业 3 年以上连续学籍的，高中毕业即可在经常居住地参加高考和录取；

（二）北京、上海两地，随父母在经常居住地上学，至高中毕业有连续 4 年以上学籍的，高中毕业即可在经常居住地参加高考和录取；

（三）父母经常居住地是指公民在工作和生活所在地连续工作和生活一年以上，根据自愿原则认定为经常居住地。工作和生活的证明包括：工作和收入证明（劳动合同、单位出具证明、工资发放依据、纳税证明、社保证明等之一），租房合同（或房产证）、水电费收据等；

（四）作为以上建议的补充建议，应尽快实现本城市区域内部的中、高等教育资源均衡。努力实现城市内部公办学校的硬件设施、师资力量相对均衡，居民子女能够就近上学，杜绝"择校"现象。同时，严格控制学籍的有效性，彻底消除高考移民的投机行为。[①]

北京的"异地高考"倡议运动规模较大，组织化程度较高，志愿者定期前往教育部、北京市教委等部门上访。他们的持续施压，对于"异地高考"政策的出台发挥了一定作用。

2012年9月1日，国务院办公厅发出文件，要求各地在2012年12月31日前出台异地高考具体办法。随后，山东、福建等地率先制定了具体实施方案。这标志着流动人口子女义务教育后就学政策改革已经正式启动。然而，在外来人口最为集中的北京、上海等地，"异地高考"改革并未取得实质性突破，"异地高考"的门槛太高，未能惠及农民工和其他普通外来劳动者。

以上海市为例，2012年上海高考报名人数为5.5万人。而2010年外来人口出生人口数达到7.49万人，占当年全部常住人口出生人口数的42.8％。2010学年，学前教育在园幼儿（不含看护点）中，随迁子女达12万余人，占在园幼儿总数的31％。2010年小学阶段在校实际随迁子女学生数为34.01万[②]。这种局面使得北上广的市民对异地高考心怀恐惧，地方政府则大多采取拖延战术，不敢积极应对。上海的流动儿童教育政策原本相对宽松，但近年来反而变得越来越严苛。最终，

---

① 教育平等公民联合行动志愿者：《随迁子女输入地高考方案》（2011年10月29日），教育公平网，http://www.jiaoyugongping.com，最后浏览日期：2011年12月20日。
② 倪闽景：《大都市的希望工程：谈上海进城务工人员随迁子女就学问题》，内部研究报告，2011年。

北上广等地出台的"异地高考"方案几乎没有真正触及以户籍制度为基础的高考制度，这是因为：一则高考门槛过高；二则这些地方只是选择性地开放了职业教育和成人教育。

北京市的"异地高考"方案是：从 2013 年起，有居住证明及稳定住所，稳定职业及社保均满 3 年，子女有学籍且已连读初中 3 年，可参加中等职业学校考试录取，毕业后可按照有关规定参加高等职业学校的考试录取；从 2014 年起，有居住证明及稳定住所，稳定职业及社保均满 6 年，子女有学籍且连读高中 3 年，可参加高等职业学校的考试录取，毕业后可参加升本考试录取；从 2014 年起，进城务工人员持居住证明，有稳定职业及住所，随迁子女有本市学籍且连读高中 3 年，可以在京借考，回原籍录取；符合相关条件的随迁子女可以按照有关规定，选择在京参加开放大学、网络高等教育、高等教育自学考试、北京市成人高考等考试录取。也就是说，北京基本上只向外来人口开放了成人教育、自学考试和职业教育。

上海市则规定：持居住证 C 证人员子女只能在上海参加中职考试，只有持 A 证者的子女才可以在上海就地参加中高考。而根据上海《居住证管理条例》，在该市有合法稳定职业和合法稳定住所，并参加上海本地社会保险的外来务工人员可办理居住证 C 证，积分达到规定分值的可办理居住证 A 证。但 A 证的要求极高，绝大多数外来人口都无法满足这样的条件。

2012 年的"占海特事件"让上海的"异地高考倡议运动"与"反异闹运动"的矛盾达到了高潮。

占海特，1997 年出生于广东珠海，户籍地江西九江。2002 年 2 月随父母移居上海。其父占全喜，江西九江人，毕业于南京铁道运输学校，1986 年毕业后被分配到九江铁路段工作，1994 年前往珠海创业，2002 年占全喜一家来到上海发展，负责电信的业务代理，育有一男两女。占海特是家中长女，还有一个弟弟和一个妹妹。占海特在上海完成九年义务教育后，因无上海户籍且不符合上海 10 类参加高考人员条件，又不愿在上海考中专和职业技术学校或者返回原籍考高中，便主动辍学在家。

2012 年 6 月 8 日，占海特注册了实名认证的个人微博，这被她描述为"绝望前的呐喊"，也是"最后一根救命稻草"。此后，她开始在微博上高调争取异地高考权利。

2012 年 10 月 21 日，她在微博上就随迁子女异地中高考问题向京沪籍人士发出"约辩"战帖，这个颇具气势的微博"约辩"吸引了众多粉丝关注。"滚回江西去！"这些刺目的字眼常常出现在评论里。在网络上，占海特被称为"政治碰瓷者"，在一部分网民看来，她的辍学是个人选择，而不是政策的直接后果；她不过是在借机炒作，企图"栽赃"给上海市政府。还有一些网民拿占全喜的"超生"说事，指出外来人口往往违反计划生育政策，本地人遵纪守法，结果外来人口却凭借人数上的优势来争抢教育资源，异地高考就是让老实人吃亏。此外，还有网民指出占全喜并非农民工，而是在上海经商的外地人，异地高考无法让真正的农民工子女受益，而是让开着宝马进城的外地老板"截胡"。这些言论充分反映了本地居民对于异地高考的强烈抵制情绪。

2012 年 10 月 25 日，占海特与父亲出现在上海市大沽路 100 号，一群自认有话要说的"反异闹积极分子"应约前往。2012 年 12 月 8 日，占海特组织第二次人民广场"亲子活动"。

　　"异地高考倡议运动"与"反异闹运动"都是在表达自身的合法利益诉求。政治的艺术在于平衡。如果承认人人平等的原则，那么一个合理的推论就是，对于政府而言，每一个公民和群体的合法利益诉求都是平等的，只不过不同的利益诉求将得到不同程度的实现。政府不能过度偏好某一类利益诉求，而无视另一些利益诉求，政府的角色是综合、调和形形色色、各不相同甚至彼此冲突的利益诉求①。

　　"异地高考"未能取得实质性进展，义务教育却雪上加霜。由于北上广等特大城市严格外来人口增长，流动儿童在义务教育阶段的受教育权利也难以得到保障。保守估计，2014 年 9 月至 2015 年 7 月，上海义务教育段适龄儿童大约减少 8 万人。如此大规模的减少，显然是反常的，而且同期上海外来人口仅仅减少了 14.77 万人，这就意味着上海外来人口常住人口减少主要是由于流动儿童回乡造成的。陈媛媛和冯帅章的研究发现：上海 2014 年减少 5 万流动儿童入学，然而，大部分的父母并没有因此离开上海②。也就是说，在入学门槛提高之后，返回老家的主要是孩子。根据 2013 年上海财经大学千村调查数据（样本来自全国 120 个村），返乡儿童仅占流动儿童的一半不到，而与父母或其中一方一起返乡的仅占全部样本的6.6%。也就是说，在造成大量留守儿童的同时，"教育控人"的政策并未起到控制人口的实际作用③。

①　熊易寒：《平衡木上的中国》，中信出版社 2016 年版。
②　陈媛媛、冯帅章：《城市流动儿童小学后的就学情况》，第四届"城市的未来：外来儿童教育政策研讨会暨校长论坛"，2015 年 12 月 12 日。
③　陆铭：《关于改善迁移人口随迁子女教育状况的建议》，上海市政协 2016 年提案。

大量适龄儿童不能合法入学，很多家长选择了让孩子继续在幼儿园上学，于是幼儿园"超龄生"现象激增。按照上海大学课题组的调查，截至 2014 年年底，在上海、北京、宁波等地招收流动人口子女入学的幼儿园中，都出现了"超龄生"现象。上海市闵行区一个幼儿园，大班 8 个班，招收了 300 名学生，超龄生 30 多人，超过了 10％。宝山区有一个幼儿园，私自扩大招生，超龄生单独开班，办到了小学三年级，后来因为有人举报而被有关部门查处。与幼儿园"超龄生"现象同步出现的是已经消失多年的非法办学点死灰复燃，有一些民办学校开始私自招收议价生，还有一些老师开始在家里私自开班办学。

2013 年 6 月发布的《上海农民工子女教育蓝皮书》可以为我们提供佐证：非沪籍学生家长中，来沪居住时间 5 年以内的占 28.3％，5—10 年的占 44.7％，10—15 年的占 19.1％；初中及以下学历的占 68.1％；主要从事制造加工业（25.1％）、批发零售业（15.0％）、仓储快递业（15.1％）等重体力社会行业。这就意味着：非上海户籍家长大多是在上海长期居住的，事实上已经是城市新移民；他们从事的职业与户籍人口重合度较低，存在劳动力市场分割的问题，而城市又需要这些工作岗位，因此很难通过行政手段将他们挤出城市；只有一部分制造业工人可能会在产业升级的过程中失去工作而转移到其他地方。

正如陆铭所言：很多人认为农民工进城会挤占城里人的福利和公共服务。首先，这是供给和需求问题。当公共服务不足时，要增加供给，不要限制需求。其次，人口进来以后，会带来经济增长和税收增长。这会使公共服务资源总量增长，不是在分蛋糕。最后，存在规模经济效应。一方面是就业机会的规模经济。城市规模每扩大 1‰，个人就业的概率上升 0.039—0.041 个百分点[1]。另一方面是公共服务的规模经济。如果把现在上海公共服务总量除以上海人口算出来的值，就当作增加一个外来人口所应投入的公共服务量，这种算法是错的。因为有规模经济效应，边际上进来一个人，占用的公共服务资源远小于现在人口占有的公共服务的人均量[2]。因此，陆铭认为，限制城市规模将导致效率与公平的兼失。

三、"菜场小学"：一种新的教育隔离

在 2010 年以前，上海的公办学校即便向农民工子女开放，农民工子女也是学校里的少数派；最近几年，一部分公办学校发生了大逆转，百分之八十乃至九十以上的生源都是农民工子女。这些学校通常位于黄浦、徐汇、虹口等中心城区，原本在上海的公办教育体系中处于中下游水平，向农民工子女开放之后，本地户籍生源纷纷转学，导致学校的绝大多数学生都是农民工子女。

所谓"菜场小学"就是指入学门槛相对较低，农民工子女占生源比例很大的小学。由于中心城区的农民工大多从事低端服务业，菜贩是其中的一种典型职业，所以上海本地人将农民

---

[1] 陆铭：《空间的力量：地理、政治和城市发展》，格致出版社、上海人民出版社 2013 年版，第 74 页。
[2] 陆铭：《上海太拥挤了吗？》，《东方早报》，2014 年 4 月 1 日。

工子女生源较多的学校戏称为"菜场小学"。这样一个带有贬义色彩的名称反映了部分上海人对于外来人口的态度。一项全国性调查发现，上海家长认同外地学生在校就读不利于学校教学的比例（20.54％）明显高于全国平均水平（10.82％）。但是，在与外来同学融合方面，上海学生的态度与全国平均水平并无显著差异[①]。孙哲对上海家长和学生的访谈发现，在上海对于本地学生和外地学生的隔离原因主要来自家长，而非他们的子女[②]。"菜场小学"的另一个名称是"上外附小"，即"上海外来务工人员附属子弟小学"的简称。

上海的中心城区之所以会出现"菜场小学"：一是由于中心城区的中小学公办教育资源相对丰富，受户籍人口少子化趋势的影响，户籍学龄儿童的数量在减少，导致公办教育资源出现一定的富余；二是由于旧城改造、改善性购房等因素，上海中心城区的部分户籍人口向近郊迁移。

根据上海财经大学针对 2012 年毕业于上海 20 所小学的 2 300 多名流动儿童（详见表 1-1）进行的跟踪调研发现，至 2014 年 12 月，即这些孩子在初中二年级时，1 372 名孩子中，有 599 名孩子离开上海，其中仅有 35 人是与父母一同返乡的，有 56 人只与一方父母返乡，410 个孩子都是自己单独返乡，占全部样本的 17.8％。辍学留级等现象严重，返乡的孩子中有 25 人辍学，56 人留级。

---

① 《2014 年全国教育追踪调查（CEPS）》，中国国家调查数据库网站，http：//www.cnsda.org/index.php? r＝projects/view&id＝61662993，最后浏览日期：2019 年 7 月 15 日。

② 孙哲：《城市化与大都市儿童状况》，上海交通大学国际与公共事务学院工作论文，2016 年 3 月 27 日。

表 1-1 2012 年 10 月流动儿童小学毕业去向调查

（单位：人）

毕业去向	公办学校	农民工子弟学校
留在上海	436	738
回老家	35	321
去其他城市	0	4
未联系上或不清楚	209	582
合计	680	1 645

资料来源：陈媛媛、冯帅章：《城市流动儿童小学后的就学情况》，第四届"城市的未来：外来儿童教育政策研讨会暨校长论坛"，2015 年 12 月 12 日。

注：辍学 14 人，其中留沪 4 人，离沪 10 人；留级 41 人，其中留沪 16 人，离沪 25 人。

为什么同样是经济发达、外来人口众多的城市，北京、上海和广州的流动儿童教育政策却呈现很大的差异？北京是大政府、弱责任，以取缔为主；上海是大政府、强责任，以替代为主；广州是小政府，弱责任，以放任为主。为什么有这种差异？

一般在评价地方政府关于随迁子女政策的时候，总是优先引用随迁子女入公办学校的比例，从表 1-2 可以看到，北京、上海要大幅高于广州和深圳。但是如果我们将流动人口子女的总体（流动儿童与留守儿童）视为一个整体，我们考察随迁子女与流动人口的比例关系，就可以看到，广州、深圳随迁子女占流动人口的比例远远高于北京和上海；即使只看在公办学校的随迁子女占流动人口的比例，北京、上海、广州、深圳四个城市彼此相差不多。所以，显然广州、深圳随迁子女入公办学校比例低于北京和上海的原因并不是公办学校承担的责任弱于北京、上海，而是由于对民办学校政策的包容，通过民办学校吸纳了大量的随迁子女，从而避免这些孩子返回老家，成为留守儿童。但是从结果上，却降低了随迁子女入公办学校的比例。

表1-2　北上广深四地随迁子女入公办学校比例对比表

数据类目	北　京	上　海	广　州	深　圳
流动人口规模（万人）	822.6	981.65	572.98	887.87
义务教育阶段随迁子女规模（万人）	44.86	50.06	60.13	78.58
随迁子女规模占流动人口比例	5.45%	5.10%	10.49%	8.85%
公办学校就读随迁子女规模（万人）	35.38	40.26	25.45	36.29
公办学校就读随迁子女占流动人口比例	4.30%	4.10%	4.44%	4.09%
随迁子女入公办学校的比例	78.87%	80.42%	42.32%	46.18%

注：感谢公益组织新公民计划总干事魏佳羽的数据支持。

北京对流动人口的严厉政策，很大程度上是由于其作为首都，面临更大的"维稳"压力。除此以外，或许也与北京的产业结构相关。我国行政集权的体制与渐进的市场化改革，形成了两种不同类型的产业。第一种是权力敏感型产业，譬如垄断企业（石油、石化产业）、政府管制较多的企业（房地产行业），其营利能力很大程度上取决于政府。政府的政策、规制及其对关键性资源的控制会对产业发展形成至关重要的影响。第二种是市场敏感型产业，即竞争性行业，其营利与否主要取决于市场竞争，譬如一般的制造业和服务业。

经济学讨论的政治关联通常是企业层面的。所谓政治关联就是指企业与政府或者官员之间具有某种特殊关系，而这种关系有利于企业从政府那里获得额外的经济利益。学者通常以下列指标来测量企业的政治关联：公司的高管或者董事会成员是不是现任或者前任官员，是不是人大代表或政协委员，企业是不是国有控股以及国有股的比例。政治关联往往会影响企业的竞争力和营利状况[①]。

本书则关注产业层面的政治关联，这种政治关联不仅仅影响企业的利润，对区域经济发展的影响也更巨大、更直接。产业的政治关联可以用以下指标来衡量：（1）产业的行政准入门槛越高，越可能是权力敏感型产业；（2）对土地资源的依赖程度越高，越可能是权力敏感型产业；（3）政府对产业的管制越多，越可能是权力敏感型产业。反之，则是市场敏感型产业。

北京地区集中了众多权力敏感型企业的总部，这些总部并不进行具体的生产经营活动，不创造利润，而是汲取分公司的利润，形成央企总部经济。央企总部经济虽然可以带来巨量的GDP，但与产业链上下游的企业不存在直接关联，因而很难产生溢出效应。北京经济主要分为两层：上层是央企总部经济，

---

① Rory Truex, "The Returns to Office in a 'Rubber Stamp' Parliament", *American Political Science Review*, 2014, 108 (2), pp. 235-251.

下层是低端服务业，包括服务员、商贩、家政人员、物流工人等。北京的经济总量主要依赖央企总部经济，低端服务业虽然为大量外来农民工带来就业机会，但对 GDP 贡献有限，地方政府缺乏为低端服务业从业者提供公共服务的动力；加之北京是首都，有巨大的维稳压力，因而对外来人口持排斥态度。北京的周边城市除天津以外，形成了一个"环北京贫困带"，没有其他城市与北京在经济发展和劳动力方面进行竞争，北京即便不为农民工提供公共物品，农民工搜寻替代工作机会的成本也很高。因此，地方政府没有压力为他们提供公共服务。

上海、广州等地则集结了大量的市场敏感型企业，这些企业形成的是市场嵌入型经济，与产业链存在广泛密切的联系，其总部虽在中心城市，制造部门和上下游企业却往往位于成本更低的周边地区，如苏州、常州、南通、无锡、宁波、东莞、中山等地。上海、广州主要依赖这些市场敏感型企业，而这些企业雇用了大量农民工，地方政府有动力为农民工提供必要的基本公共服务。上海、广州虽然是长三角、珠三角的领头羊，但它们也面临周边城市的竞争，在用工荒的压力下，上海、广州也更加乐意改善农民工的生活环境。不同的是，广州比上海更加市场化，上海以国企和外企为主，政府控制的资源较多；广州以民营企业为主，政府更习惯于用市场手段来解决公共产品的供给。

近年来上海对流动人口态度的转变则表明：流动儿童教育政策实际上是一个从属性的政策，从属于国家的人口管理政策和城市的产业发展政策。中央政府的人口管理政策和城市化战

略、地方政府的产业发展规划，都会深刻影响流动人口的教育
政策。

笔者的调研发现：地方政府对流动儿童的态度不取决于流
动儿童，取决于他们的父母。政府眼中的外来人口实际上包括
两个组成部分：一个群体是为本地人服务的外来人口，譬如制
造业工人、服务业从业人员、家政人员；另一个群体是为外来
人口服务的外来人口，譬如黑车司机、摊贩等非正规就业者。
基层政府更愿意为前者提供基本公共服务，对于后者则抱有更
加排斥的态度。

Q区是上海的郊区，由于工业制造业企业较多，该区的外
来人口较多，一直处于"人口倒挂"状态，即外来人口多于户
籍人口（详见图1-1）。该区曾经对外来人口及其子女持欢迎

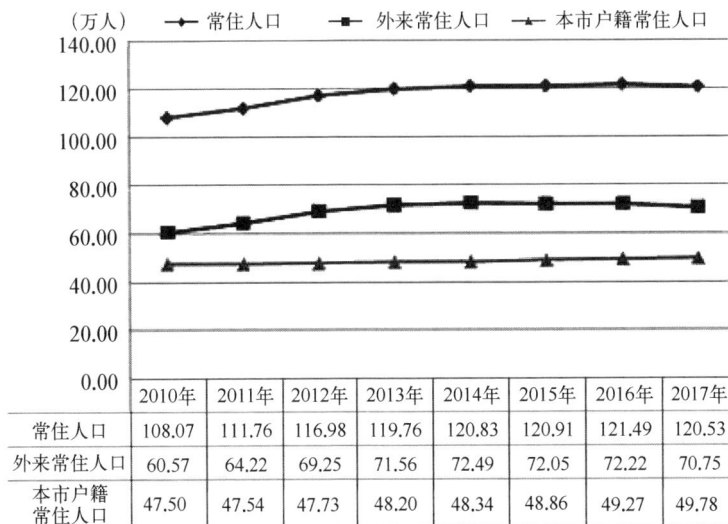

（万人）	2010年	2011年	2012年	2013年	2014年	2015年	2016年	2017年
常住人口	108.07	111.76	116.98	119.76	120.83	120.91	121.49	120.53
外来常住人口	60.57	64.22	69.25	71.56	72.49	72.05	72.22	70.75
本市户籍常住人口	47.50	47.54	47.73	48.20	48.34	48.86	49.27	49.78

图1-1　Q区近年常住人口

的态度。高峰时期该区有 23 所纳民学校[①]，在校人数为
16 000 人左右。Q 区政府也曾给予纳民学校一定的财政支持。

　　2014 年，《关于来沪人员随迁子女就读本市各级各类学校
的实施意见》正式实施，上海流动儿童入学要求从原有的"临
时居住证"提高到父母一方需要有"居住证"或连续两年的
"灵活就业登记"。2016 年开始，流动儿童入学要求再升级，
居住证的办理条件新增"合法居住"这一项。以办理居住证为
主要标志的"缴纳社保"和"合法居住"，像两只无形的大手，
夹击着原已狭窄的求学之门，直接导致部分纳民学校有了生源
危机[②]。

　　2018 年 7 月，上海 Q 区关停了所有农民工子女学校。该
区有 15 所"以招收农民工子女为主"的民办小学。关停之后，
区教委将安排符合条件的孩子到公办小学就读，但入学门槛高
导致很多孩子无法进入公办小学就读。

　　流动儿童教育政策从属于国家流动人口管理政策和地方
产业政策，这就能够解释为什么 Q 区取缔了所有的纳民学
校，经济上更为发达的 P 区却允许一部分纳民学校继续办
学。Q 区的流动人口主要就职于小规模工业企业，而这些企
业占用了大量的土地，对 GDP 的贡献却不大，因而属于政
府试图"腾笼换鸟"的对象；P 区之所以允许部分纳民学校

---

① 2008 年，上海市教委颁布了"农民工同住子女义务教育三年行动计划"（以下
简称"三年行动"），计划在 2010 年年底前关闭所有中心城区农民工子女学
校，郊区的农民工子女学校一部分关停，其他的以"政府委托办学"的形式
全部纳入民办教育管理体系。这部分被"纳入民办教育管理体系的学校"被
简称为"纳民学校"。
② 杜茂林、张初瞳：《上海"纳民"十年，一场流动儿童教育实验走向尾声》，
《南方周末》，2018 年 6 月 28 日。

继续存在，是因为这部分学校的生源来自某著名儿童乐园的雇员家庭，而该儿童乐园对于 P 区而言是十分重要的企业。在很大程度上，产业生态决定了一座城市的流动人口管理政策的包容性程度。

四、"产业控人"与上海外来人口的负增长

真正对上海的流动人口规模产生实质性影响的是对工业用地的清理整顿。目前上海的工业用地包括"104 区块""195 区域"和"198 区域"。其中 104 区块是指上海全市现有的 104 个规划工业区块，总面积大约 764 平方千米，占全市建设用地总规模的 25％左右；195 区域指规划工业区块外、集中建设区内的现状工业用地；198 区域指规划产业区外、规划集中建设区以外的现状工业用地，面积大约为 198 平方千米。对于这三种地块，上海市采取了不同的政策。

"104 区块"以空间优化、结构调整、绩效提高和能级提升为主，着力构建战略性新兴产业引领、先进制造业支撑、生产性服务业协同的新型工业体系，巩固提升工业园区产业集聚优势，增强城市综合功能。

"195 区域"重点推进存量工业用地整体转型，转型方向以研发用地、住宅用地、公共服务用地和公共绿地为主，或开展零星开发试点工作，促进存量工业用地盘活利用。建立和完善低效工业用地认定标准，进行全面调查和分类评价，推进低效用地的再开发利用。

　　"198 区域"主要用于大力推进现状低效工业用地减量化。到 2020 年，减量 40 平方千米，优先考虑二级水源保护区、生态廊道和永久基本农田内的工业用地；通过土地节约集约利用评价，对"三高一低"（高耗能、高污染、高危险、低效益）工业用地进行减量，减量化后的土地根据水土质量情况作为生态用地或耕地。

　　2015 年 7 月至 2016 年年底，上海持续开展三轮"五违四必"①区域生态环境综合治理。"195 区域"和"198 区域"是"五违四必"整治的重点对象。

　　2015 年 9 月，上海的"五违四必"整治行动首先在闵行区许浦村等地启动。闵行区华漕镇许浦村，村民约 2 000 人，集聚 3.5 万人外来人口、近 300 家企业、600 多个违法经营摊点，许浦河污染严重。这里几乎家家都有违法建筑，村里乱搭乱建普遍，村道狭如羊肠，"猫过都得扭扭腰"。闵行区和华漕镇宣布整治"五违"现象。全村拆除 57 万平方米违法建筑，关闭 256 家非法企业，包括危化品企业 3 家，取缔 560 多个违规摊点，外来人口减少一半。

　　至 2016 年 11 月底，两轮综合治理全面完成。经过两轮整治，46 平方千米土地被腾出，2015 年、2016 年，全市共拆除违法建筑 6 534 万平方米。据相关统计数据显示，这两年连续实现人口负增长，整治地块内的治安案件、消防案件

---

① 五违：违法用地、违法建设、违法排污、违法经营、违法居住；四必：违法建筑必须拆除、违法经营必须取缔、安全隐患必须消除、极度脏乱差现象必须整治。

大幅减少[①]。

对"195 区域"和"198 区域"的大力整理，使大量中小规模工业企业离开了上海。这不仅实现了工业用地减量化，改善了生态环境；也对外来人口起到了"釜底抽薪"的效果，上海近年来减少的相当一部分外来人口都是这些企业的雇员及其家属。对于"195 区域"尤其是"198 区域"的整顿，导致的不是某一个企业的消失，而是整个行业乃至产业链的消失，因此这些企业的雇员很难在上海找到替代性的工作机会，而不得不选择离开上海。

"教育控人"没有真正减少上海的外来人口数量，而"产业控人"却收到实效，恰恰证明：外来人口之所以来到上海，首先不是为了解决子女的教育问题，不是为了追求"高考红利"，而是为了解决自己的就业和收入问题。他们不会因为孩子的上学问题而离开上海，而在失去就业机会之后，却不得不选择离开。

五、为什么户籍制度是一种基础性　　制度安排

在中国，户籍制度实际上是一种基础性制度安排。因为社会保障制度、教育制度、医疗制度等重要制度安排都是基于户

[①] 《"五违四必"区域环境综合整治》（2018 年 5 月 17 日），上海市人民政府网站，http://www.shanghai.gov.cn/nw2/nw2314/nw24651/nw43437/nw43440/u21aw1311493.html，最后浏览日期：2019 年 7 月 8 日。

籍制度设计的。也就是说，户籍制度构筑了一个身份系统，而
其他重要的制度安排都依据身份的差异来设置准入条件。

　　所谓制度性歧视，其特征有三：一是以公共权力部门为主
体，对个体或族群的歧视，如果没有得到正式制度（譬如种族
隔离制度）的支持，那么这种歧视就不能被称为制度性歧视；
二是涉及再分配或公共资源的占有，制度性歧视往往有着比较
严重的社会后果，会深刻影响特定个体或群体的生活机遇，使
其在社会分层中处于不利位置或难以实现向上的社会流动；三
是以法律、制度或政策作为依据，制度性歧视通常是合法的
（legal），但又是缺乏正当性的（legitimacy），譬如，美国黑人
面临的种族不平等实际上是以《吉姆·克劳法》①为依据的。
制度性歧视"能见度"高，但又经常被人们视而不见、习以为
常。一般情况下，个体对制度性歧视无可奈何，某项制度性歧
视的废止往往与社会运动或群体性压力有关。

　　国家对社会的治理往往是以对个体和群体的分类（也即特
定的身份系统）为前提的。我们可以将这种身份系统称为治理
分类系统（official classification）。治理分类系统是国家（政
治系统）对社会（社会系统）的一种抽象化建构。国家视角中
的社会并不是实体意义上的社会，而是一个经过简单化、抽象
化的社会。治理分类系统构成了国家治理和公共政策的知识前
提。当然，这里所说的知识是一种治理知识，不是一种客观真

①　《吉姆·克劳法》泛指 1876 年至 1965 年间美国南部各州以及边境各州对有色
人种（主要针对非洲裔美国人，但同时也包含其他族群）实行种族隔离制度
的法律。这些法律上的种族隔离强制公共设施必须依照种族的不同而隔离使
用，且在隔离但平等的原则下，种族隔离被解释为不违反宪法保障的同等保
护权，因此得以持续存在。

理，而是与权力和利益纠结在一起，作为国家治理术的一个组成部分。在治理分类系统中，个人作为治理的客体而存在[①]。

为什么国家对社会的治理需要以治理分类系统为中介？这是社会系统的高度复杂性使然，如果不对其进行抽象化、简单化，国家就会面临信息超载的问题——从本质上讲，所有的治理对象都是异质的，同质性是建构出来的，而建构同质性的目的就是使社会简化，进入可治理状态。在很大程度上，国家（政治系统）的存在就是为了降低社会系统的复杂性，国家通过两种方式来达到这一目的：一是以政治系统内部的复杂化为代价（国家机器越来越精致），以此来提升其处理外部信息的能力；二是从认知上对社会系统进行简化和抽象（治理分类系统）。

治理分类系统以公共权力作为后盾，其主体——国家——垄断了合法的"符号暴力"，只有国家才拥有为群体命名的公开权力与法律权力。由于治理分类系统构成了国家治理与公共政策的知识前提，因而可以对分类对象的生活机遇产生强有力的影响，或者说，治理分类本身构成了一种再分配机制。譬如，一名公司白领通过到酒吧、咖啡馆消费建构和强化自己的"小资"认同，或者学者将一个月收入过万元的人界定为"中产阶层"，并不会对他们的生活产生实质性影响；而国家所定义的"高收入群体"与"低收入群体"，则在税负和社会福利方面存在显著的不同。治理分类系统不仅可以把个人或群体分为"合格/不合格""合法/非法"，它还可以让特定的群体或个

---

① 熊易寒：《城市化的孩子：农民工子女的身份生产与政治社会化》，上海人民出版社 2010 年版。

体在政策和法律意义上"不存在"，譬如没有户籍的"黑市人口"。

就治理分类系统而言，在分类主体和分类对象之间，还会有中介者，如法官、医生、公证人。它有别于民间的或科学的分类，但在系统化的程度上更接近科学分类。在科学分类中，常常是只有分类者（科学工作者）和被分类者（客观物），中介者不必要存在。不同于科学分类对自然事物、运动方式的分类，它的合法性基础实际上要差一些，然而，治理分类系统却常常可以支配或影响人们的日常观念乃至科学思想，毕竟，社会科学经常要从官方的统计资料中提取数据。我们的许多研究者常常会毫无保留地沿用国家关于"外来人口"或"流动人口"的分类标准，从而在一定程度上巩固了这种分类原则的合法性。

如果治理分类系统包含歧视性的因素，那么必然会导致制度性歧视。户籍制度本质上是一种地方性公民权。外来人口进入城市之后，实际上面临的是双重不平等：第一重不平等是身份不平等，他们被打入"流动人口"的另册，促进了经济发展、承担了税负，却无法享受公共资源和公共服务；第二重不平等是阶层不平等，大部分外来人口社会经济地位较低，他们在城市从事高强度、低收入的工作。根据这两种不平等，我们可以把城市新移民分为如下四种类型（如图1-2所示）。

第一类是无户籍的贫困人口。以农民工和"蚁族"为主，占外来人口的绝大多数。绝大多数的农民工都属于这样一个类别。此外，有学者将来自农村或小城镇、出身底层、收入微薄

	阶层不平等	
身份不平等	类型 A：无户籍贫困	类型 B：无户籍富有
	类型 C：有户籍贫困	类型 D：有户籍富有

图 1-2　城市新移民的四种类型

的大学毕业生称为“蚁族”，也即“大学毕业生低收入聚居群体”。根据 2009 年的一项调查，这一群体接受过高等教育，主要从事保险推销、电子器材销售、广告营销、餐饮服务等临时性工作，有的甚至处于失业半失业状态；平均月收入低于 2 000 元，绝大多数没有“三险”和劳动合同；平均年龄集中在 22—29 岁，九成属于“80 后”一代；主要聚居于城乡接合部或近郊农村，形成独特的“聚居村”[①]。

第二类是无户籍的富裕人口。包括来自外地的创业者、私营企业主和个体经营户等。一位在上海打拼多年的私营企业主告诉笔者：

> 我和所有的打工者一样，1995 年来到上海打工，其间在上海市废弃物老港处置场灭蝇组工作，1996 年我们灭蝇组获得过上海市集体劳模称号，东方时空栏目组也采访过我本人。后来通过自身的努力，我于 2004 年 4 月和一个上海本地人合资成立了上海 HSPT 门业有限公司，注册资金 800 万元，年销售额 3 000 万元左右，由于我只

---

① 廉思：《蚁族：大学毕业生聚居区实录》，广西师范大学出版社 2009 年版。

有大专文化程度，目前只办到了一年期的工作居住证！我有个女儿今年12岁，在上海市闵行区七宝镇的黎明小学读五年级了，她每科成绩都是A！今年面临着升六年级的问题，我为女儿找了好几个初中部的学校，可能因为户口的问题，目前好的初中部比如上宝中学、文莱中学都还没有给我录取通知书！其他上海本地五年级的孩子都提前接到了相关学校的录取通知书！我于2008年在七宝也自购了一套两室一厅的自住房！我现在很困惑：根据上海目前的教育政策，就算我孩子在上海读了初中，要么就只能去读上海的职校，要么就只能读到初二回河南省信阳市原籍去读书，才能继续读高中、考大学！我房子买在上海，孩子从小就一直在上海的学校读书，我现在开办的企业每年也上交一定的税收，为何我的孩子就不能和上海的孩子一样在上海参加高考？①

　　幸运的是，这位企业家后来几经周折，办妥了人才类居住证，终于解决了孩子的上学问题。

　　第三类是有户籍的贫困人口，主要是外来媳妇和回沪知青子女。一部分居住在棚户区、石库门的城市底层群体，由于在本地婚姻市场中缺乏竞争力，不得不与外来"打工妹"组建家庭。这些外来媳妇往往不符合落户标准，与本地人的婚姻关系为他们打开了一个特殊通道——通常结婚15年可以入户上海市区户口，结婚10年可以入户上海郊区户口。另一个群体则

①　2010年4月23日访谈记录。

是回沪知青子女，相当一部分回沪知青及其子女属于经济困难人群，他们当中很多人收入微薄，住房条件差，有的甚至寄居在亲属家。按照上海市人民政府《关于本市投靠类户口迁移的若干实施意见》（沪府〔2009〕70号）有关规定，原由本市经动员、分配去外省市工作现已被批准回沪落户的人员，其生育的子女从未就业、未婚未育、实际生活基本长期在本市，年龄不超过25周岁的，可准予在父（母）户口所在地落户。

　　第四类是有户籍的富裕人口，以蓝印户口和引进人才为主。20世纪90年代，以繁荣房地产市场为主要目标的"蓝印户口"政策在东部沿海城市兴起。蓝印户口因使用蓝色印章（与办理非农业户口适用的红色印章相区分）而得名，拥有蓝印户口的人基本上可以享受正式户口的权益，但是要等若干年后才能够转变为正式户口。依据各地颁布的蓝印户口政策，只要购买一定面积的商品房或者投资达到一定规模，就可以获得一定数量的蓝印户口。第一个实施蓝印户口政策的大城市是上海市。1994年年初，上海市开始实施蓝印户口政策，依据《上海市蓝印户口管理暂行规定》，境外人士投资20万美元或购买100平方米以上的外销商品住宅、境内人员投资100万元人民币才可以申请到1个蓝印户口指标。蓝印户口的受益者以投资移民为主，而人才引进政策的主要受益者则是高学历、高技能的技术移民。这一群体实际上已经深度融入城市，成为中产阶层的中流砥柱。

　　中国现行的户籍制度对劳动力的流转产生了巨大的限制，这一方面减缓了城市化的进程，另一方面也使得城市化过程中出现了对外来务工者的公共服务歧视。这些歧视的恶果可能还被低估——除了显性的制约城市发展、造成待遇不公外，其还制约了内需，造成社会矛盾，这对长期经济增长也是一种损害。如果不进一步改革户籍制度，不仅无助于启动内需，而且可能会激化社会矛盾[①]。

正因为户籍制度存在种种弊端，对户籍制度进行改革的呼声一直很高。学术研究表明，改革的最大障碍在于户口类型隐含各种各样的权益。深化改革的关键，在于把挂靠在户口之上的教育、医疗、社会保障等诸多公共服务和福利与户口类型剥离。彭希哲等人提出，城市落户改革的本质是决策者放弃以限制人口自由迁移的权利及其相关的社会福利来实现经济发展与社会稳定的工具性目标，将农村进城人口的权利保障及其正义性置于政策目标序中的优先地位[②]。

最近十余年，各地政府都在陆续出台所谓的"户籍新政"，但总体上是对户籍制度的微调而非实质性的改革。以上海为例，上海市从 2002 年开始探索居住证制度（上海市居住证制度的变迁详见表 1-3）。2013 年，上海市居住证积分制度的出台更是引起热议，打通就业居住证与人才居住证，学历要求的放宽与技能人才的放宽被认为是"破冰之举"。虽然居住证积分制度依旧秉持人才导向的目的，但社会发展过程中多样性人才的需求也促使积分制对各项条件的放宽。

---

① 李华芳：《带你认识一个真实的中国——〈真实的中国〉编后絮语》（2013 年12 月 4 日），腾讯网，http://dajia.qq.com/blog/328291010485185.html，最后浏览日期：2019 年 7 月 8 日。
② 王太元：《户籍改革——剥落附着利益》，《瞭望新闻周刊》2005 年第 20 期；彭希哲、赵德余、郭秀云：《户籍制度改革的政治经济学思考》，《复旦学报（社会科学版）》2009 年第 3 期。

表1-3　上海市居住证制度变迁历史

发展阶段	蓝印户口制度	居住证制度	居住证与户籍对接制度	上海居住证积分制度
时间	1994年	2002年	2009年	2013年
内容及目的	介于正式与暂住户口间；每年须进行年检；针对外来常住人口的政策；满足条件可转为正式户口；投资移民（购房和经营企业者）是政策的主要受益者	外来人员综合管理新机制；政策的目标受益人群由投资移民转向技术移民；为来沪工作的人提供保障；须有稳定工作或投资	持居住证满7年可申办上海户口。旨在更好地吸引人才；享受上海社保待遇；人才居住证满7年可申请上海户籍	采用分值对流动人口进行管理；达到标准分值者主要福利体现在子女教育和社会保险两方面；学历等有所放宽

资料来源：本表由熊易寒指导的学生徐昱冯、孙林根据政府公开文件整理所制。

根据沪人社力发〔2011〕54号文件《关于申办〈上海市居住证〉有关问题的通知》，上海市居住证积分制度中对人才标准有如下规定：

1. 具有本科以上学历或者特殊才能，以不改变其户籍的形式来本市工作或者投资、创业的境内引进人才，以及引进人才的配偶和其未满18周岁的未婚子女。

2. 具有大专学历，且所学专业符合本市紧缺急需专业类别目录的人员。

3. 具有国家二级（技师）及以上职业资格的高技能人才。

4. 本市重点行业紧缺急需的具有国家三级（高级工）

职业资格的高技能人才。

不难发现，居住证制度虽然在一定程度上改变了户籍制度的封闭性特征，扩大了公共服务的覆盖范围，但这一改革的主要受益群体是投资移民和技术移民，以农民工为主体的劳动力移民基本都被排除在外。

各地的户籍制度改革均将居住证作为获得户籍的一个主要通道，也就是说，居住证具有筛选和蓄水池的功能：居住证持有者达到一定积分可以转为户籍居民，地方政府可以通过调整落户标准来调节户籍人口的增量。

2016 年，上海市政府发布《关于进一步推进本市户籍制度改革的若干意见》，并在《意见》中提出：在现有户籍政策的基础上，逐步建立积分落户政策。上海将以具有合法稳定就业和合法稳定住所、参加城镇社会保险年限、连续居住年限等为主要指标，合理设置积分分值，主要的基础指标包括年龄、教育背景、专业技术职称和技能等级、在上海市工作及缴纳职工社会保险年限等。而在此前，"居转户"必须满足持有居住证七年和连续缴纳社保七年等五大条件。引人关注的是，该《意见》规定：五类人满足相关要求，可不经由居住证的过渡阶段，直接拿到上海户口。

第一类是创业人才。直接落户条件：获科技企业孵化器或创业投资机构首轮创业投资额大于 1 000 万元（含1 000 万元）或累计获得创业投资额大于 2 000 万元（含2 000 万元），且在上海本市企业中持股比例不低于 10%

并连续工作满 2 年。

第二类是创新创业中介服务人才。直接落户条件：在本市技术转移服务机构中连续从事技术转移和科技成果转化服务满 2 年，且最近 3 年累计实现技术交易额大于5 000 万元（含 5 000 万元）的技术合同第一完成人。

第三类：风险投资管理运营人才。直接落户条件：本市创业投资机构的合伙人或副总裁及以上的高级管理人才且已完成在上海投资累计达 3 000 万元。

第四类：企业高级管理和科技技能人才。直接落户条件：最近 4 年累计 36 个月在本市缴纳职工社保的基数等于本市上年度职工社会平均工资 3 倍，且缴纳个人所得税累计达到 100 万元。

第五类：企业家。直接落户条件：须同时符合（1）运营本市企业的法定代表人（担任董事长或总经理）或持股大于 10%（含 10%）的创始人。（2）企业连续 3 年每年营业收入利润率大于 10%，且上年度应纳税额大于 1 000万元（含 1 000 万元）或科技企业连续 3 年每年主营业务收入增长大于 10%，且上年度应纳税额大于 1 000 万元（含 1 000 万元）或企业在上海证券交易所、深圳证券交易所等资本市场挂牌上市。（3）企业的生产工艺、装备和产品不属于国家和本市规定的限制类、淘汰类目录。（4）企业无重大违法违规行为和处罚记录，无不良诚信记录。

显而易见，居住证转户籍主要看重的是学历和专业技术，主要受益人群是技术移民；而直接落户的政策受益人群主要是投资移民。

　　吴开亚和张力对全国 46 个城市的落户条件的研究发现：地方的落户制度改革努力，更多地倾向户口门槛化、货币化、利益化。地方的落户政策强调的价值不是平等、融合，而似乎在于调整和优化当地人口结构，是基于地区发展、吸引人才和提升城市竞争力的考量，给公众留下只向少数"有才者"（通常是受过良好教育并拥有学位或是专业资格）或向"有钱者"（能够在市场上购买高档公寓或是进行大笔投资开办公司）开户籍口子的印象①。

六、土地换社保与就地城镇化

　　中国的城市化道路到底应该以发展大城市为主，还是应该侧重发展小城镇？学术界对此素有争议。1983 年，费孝通提出"小城镇、大问题"之后，发展小城镇成为理论界和政策层的主流思想。费孝通指出："如果我们的国家只有大城市、中城市没有小城镇，农村里的政治中心、经济中心、文化中心就没有腿"，所以"要把小城镇建设成为农村的政治、经济和文化中心，小城镇建设是发展农村经济、解决人口出路的一个大问题"②。费孝通的观察主要基于苏南模式，而苏南地处沿海，经济发达，乡镇企业为一时翘楚，当地农民的确可以离土不离

① 吴开亚、张力：《发展主义政府与城市落户门槛：关于户籍制度改革的反思》，《社会学研究》2010 年第 6 期。

② 费孝通：《费孝通论小城镇建设》，群言出版社 2000 年版，第 85 页。

乡。时至今日，江浙地区的许多小城镇形成了独具特色的产业集群（如慈溪的观海卫镇、昆山的玉山镇）或旅游经济（如桐乡的乌镇），其市政建设、城市规划、基础设施和公共服务均不输于大城市，在人均收入和人居环境方面甚至比大城市更为优越，并经由高速公路网和高铁线与上海、苏州、杭州、南京等大城市相连接，这些小城镇不仅留住了大部分的本地居民，也吸引了大量的外来打工者。

费孝通的观点得到不少学者的支持。"小城镇重点论"认为，以小城镇为主加快城市化适合中国国情，可以使大量的农民迅速非农化，较快地进入低水平的城市化阶段[①]；农民进入小城镇比进入大中城市付出的心理成本低一些；小城镇的发展可以把城乡两个市场较好地连接起来，迅速促进农村第二、第三产业的发展，由此吸纳农村剩余人口，同时缓解大中城市人口膨胀的压力[②]；发展小城镇有助于解决城市建设资金短缺的问题[③]。

不过，"小城镇模式"也存在一些弊端，譬如城镇功能不全、资源浪费、乡镇工业化导致污染治理更为困难等。一些学者提出应重点发展大城市或都市圈。大城市重点论认为，大城市会产生明显的集聚效应，带来更大的规模效益、更多的就业机会[④]。

---

① 肖金成：《我国城市群的发展阶段与十大城市群的功能定位》，《改革》2009年第9期。
② 秦待见：《走中国特色城镇化道路要充分发挥小城镇的作用》，《中国特色社会主义研究》2008年第3期。
③ 朱选功：《城市化与小城镇建设的利弊分析》，《理论导刊》2000年第4期。
④ 王小鲁、夏小林：《优化城市规模推动经济增长》，《经济研究》1999年第9期。

　　杜润生在推荐费孝通《小城镇四记》一书时指出："发展小城镇，是当今我国农村中的一件大事。对这件事各方认识不尽完全一致。但小城镇的数量远不适应我国社会主义商品经济发展的需要，这已是公认的事实。小城镇本身产业结构不能千篇一律，有了小城镇还应有中等城市作为大小城市的联结点，中等城市的数量也应有所增加，这也是无疑的事。"[①]

　　与小城镇模式密切相关的一个概念是"就地城镇化"[②]。有学者指出，就地城镇化具有以下优势：从理论上讲，"就地城镇化"可以避免农民工夫妻两地分居的问题、留守儿童的问题；也可以缓解大城市的"城市病"。据全国妇联 2013 年的一项研究报告测算，目前中国共有 6 102.55 万的留守儿童。这个相当于英国全国人口数的巨大群体，长期过着没有父母相陪的"一个人"生活[③]。但人口普查资料和专项调查却显示，大部分的城市非户籍人口（流动人口）集中在一线大城市。小城市对大多数流动人口缺乏吸引力，因为与主要的大城市相比，小城市的工作机会、社会福利和生活设施相对缺乏[④]。

　　就地城镇化的一个重要制度基础是"土地换社保"，就是将农民承包的土地来置换为给农民的社保。方案各种各样，但基本思路是"两换"：第一，农民放弃宅基地，换取楼房，集中居住；第二，农民交出承包的耕地、林地，换取城镇居民的

---

① 杜润生：《〈小城镇四记〉序言》，《瞭望》1985 年第 10 期。
② 朱宇：《中国的就地城镇化：理论与实证》，科学出版社 2012 年版。
③ 赖竞超：《从被忽视，到顶层设计　三十年两代人留守史》，《南方周末》，2016 年 3 月 24 日。
④ 吴开亚、张力：《发展主义政府与城市落户门槛：关于户籍制度改革的反思》，《社会学研究》2010 年第 6 期。

社会保障。"土地换社保"最早在长三角一带出现，20世纪90年代初，浙江省就为失地农民购买保险，变一次性的土地补偿为终生保障。随着中国经济的发展，工业、商业和住宅开发需要大量的建设用地，土地溢价水涨船高，"土地换社保"的做法迅速风行全国。

但"土地换社保"也面临两方面的"夹击"。一方面是农民的自发乃至集体抵制。土地是农民的最重要的生产资料，也是他们独特的"社会保障"。"土地换社保"虽然比一次性补偿的征地政策要优惠很多，但在土地资源愈发紧缺、土地价格日益高企的背景下，农民预期土地未来会继续增值，他们更愿意保持自己的农民身份，尤其是在那些经济发达地区和城市近郊区的农民，他们往往有可观的房租、地租收入，还有来自集体经济的分红，城市户籍和社保对于他们的吸引力不大。据国务院农村工作领导小组办公室主任陈锡文估计，截至2004年，全国农民每年因城镇化而失去400万亩土地；改革开放以来，农民因征用土地而损失的收益在2万亿元以上[①]。

另一方面是中央政府的"耕地红线"。2009年，国土资源部提出"保经济增长、保耕地红线"行动，坚持实行最严格的耕地保护制度，耕地保护的红线不能碰。在这一背景下，土地资源变得愈发稀缺，各地政府在耕地红线的约束下，开始把眼光转向农民的宅基地，撤村并居，建设高密度的公寓和小区让农民集中居住，从而腾出更多的建设用地。但"农民上楼"在很多地方也遭到了农民的抵制，其主要原因在于：一是宅基地

---

① 陈锡文：《"三农"问题的实质是农民的收入增长问题》，《经济研究资料》2002年第2期。

拆迁补偿水平达不到农民的预期；二是村庄社区化会大大提高农民的生活成本，并减少房租、地租等收益；三是地方政府往往采取单方面的行动，与农民缺乏实质性的沟通。

在笔者看来，离土不离乡的"就地城镇化"模式在长三角、珠三角和环渤海地区的农村可能具有一定的适用性，但很难在全国推广。根据第六次全国人口普查的结果，中国流动人口最多的十大城市分别是上海、深圳、北京、东莞、广州、苏州、重庆、成都、温州和佛山。除了重庆和成都以外，其他城市都是沿海城市，这意味着工作机会主要集中在沿海大城市，人口流入地必然也是沿海地区。由于缺乏足够的就业机会，内地大多数地区的农民不会选择"就地城镇化"，而是"异地城镇化"。这就能够解释近年来的"鬼城"现象，部分三四线城市新区建设和住宅开发速度过快，导致房地产库存严重，新城区楼房林立、人烟稀少。"标准排名中国大陆城市'鬼城'指数排行榜（2015）"上榜的前50个城市中，地级城市26个，县级城市24个。前十名城市分别为二连浩特、阿拉尔、北屯、阿勒泰、张掖、绥芬河、钦州、嘉峪关、玉门、日喀则，其中有6个县级城市[①]。之所以会出现"鬼城"，就在于地方政府误以为在中小城市进行大规模基础设施建设和新区建设，扩大建成区面积，就能够吸引足够的农民和外来人口定居城市。真实世界的逻辑不是房子盖在哪里，人就去哪里；而是人去哪里，房子就应该盖在哪里。正如爱德华·格莱泽（Edward

---

① 《2015年中国50大"鬼城"排行榜出炉，县级城市成主流》（2015年11月17日），搜狐网，http://business.sohu.com/20151117/n426771317.shtml，最后浏览日期：2019年7月13日。

Glaeser）所言："城市日益衰退的标志是它们拥有相对于其经济实力来说过多的住宅和基础设施……城市不等于建筑，城市等于居民。"①

"就地城镇化"模式导致一方面在新区大兴土木，另一方面大规模撤并村庄。地方政府对外宣示的撤并意图与其真实动机并不一致。绝大多数地方政府认为，撤村并村、村改居是推进城乡一体化、城镇化、新农村建设、社会管理创新的需要。但村民认为，地方政府没有像其所说的那么好，而它们看重的是从农民那里拿地，所以村民对政府行为抱有高度的警戒、反感甚至敌视，并以各种方式进行"弱者的反抗"②。

实际上不同地区的村庄撤并有着不同的逻辑：在中西部地区的偏远农村，村庄撤并很大程度上是"空心化"的结果，因为大量村民外出务工，相当一部分村庄人烟稀少，撤并可以降低公共管理和公共服务的成本；沿海发达地区和中西部的城郊地区，撤并则是为了给工商业和住宅开发腾挪空间。第一种情况下，撤并并没有改变村庄的性质，只是行政村的规模变大了；第二种情况下，往往会导致"村改居"，即村委会变成了居委会，村庄集体资产从村委会剥离出来，但村民的抵制情绪会很大，不少地方在这些城市化郊区仍然保留了村委会。不论是哪一种情况，只要涉及土地的开发和重新分配，村庄撤并都可能引发社会冲突。据调查，有一半左右的农民上访是由土地

---

① ［美］爱德华·格莱泽：《城市的胜利》，刘润泉译，上海社会科学院出版社2012年版，第5页。
② 王春光：《城市化中的"撤并村庄"与行政社会的实践逻辑》，《社会学研究》2013年第3期；蒂姆·汉斯坦德、朱可亮：《当务之急是保障农民土地权益》，林倩娅译，《中国改革》2010年第10期。

问题引发的。

　　为了兼顾经济发展与社会稳定，一些地方政府开始尝试更加具有共享色彩的改革方案。譬如，上海农村产权制度改革的主要做法是：将农村集体经济组织的经营性实物资产和货币资产，经过清产核资和评估以后，按照劳动年限折成股份量化给本集体经济组织成员，同时提取一定比例的公益金和公积金（集体股），主要用于村委会或社区公共管理和村民公共福利事业支出，并实行按劳分配与按股分红。这种分配方案需要先评估村级组织的集体资产，然后按农龄（从事农业生产的年限）将资产量化给农民。在组建股份合作社时，农民再根据需要，按规定认购合作社股份，成为合作社股东，享受合作社的年终分红。

　　2013年，上海市237家村级改制集体经济组织中，有89家进行了收益分红，比上年增加了28家；年分红总额5.38亿元，比上年增加了1.12亿元；人均分红3 042元。全国农村改革试验区闵行区城乡居民可支配收入比由2010年的1.53：1缩小到2013年的1.48：1，财产性收入在农民可支配收入中的占比由2010年的17.1％上升到2013年的18.3％。2009年，闵行区农民分红总额为1亿多元，2010年增至1.5亿元，2011年达到2.08亿元[1]。

　　在一定程度上，郊区农民是这项改革的受益者，他们的职业、居住环境和生活方式实现了城市化，而收入来源却比一般

---

[1]　孙雷：《统一思想，明确目标，稳步推进——在上海推进农村集体经济组织产权制度改革工作会议上的讲话》，《上海农村经济》2014年第11期。

的市民更为多元化（分享了城市化过程中的土地溢价）；而郊区的外来务工人员和务农人员却无法从中受益。这就意味着，这样的改革往往会进一步强化市民与农民工的新二元格局。

对于农民工而言，三、四线城市有可负担的住房、有落户资格，但缺乏理想的工作机会；一、二线城市有充足的工作机会，却没有可负担的廉租房和均等化的公共服务。

有学者指出：2003年以来，中国出现了空间错配的问题，一为"人往高处走"，即人口向东部和大城市集聚；二为"资源向低处走"，即行政控制的土地和资本等生产要素向中西部和中小城市配置。2003年后，与东部相比，中西部作为人口流出地，其土地供应份额却在持续上升。有了土地供应，中西部做了两件事情：一是大建工业开发区，乃至每个县都有一个以上的开发区；二是广建新城，结果是新城超标建设，造成大量房地产库存。这些投资在短期内是经济增长，似乎带来了家门口就业和人口东移的放缓，但在长期内却因回报较低而不可持续。同时，在人口流入地收紧土地供应的政策又推升了该地方的房价①。

在笔者看来，小城镇是村庄的替代品，而不是大城市的替代品。就地城镇化在中国有一定的适用性，但不是城市化的主流，更不是全部。未来中国农村的民居会出现一定程度的集聚，相当一部分村庄会演变为小镇，与传统的村庄相比，小城镇的公共服务水平更高，学校、交通、医院等公共设施更完

---

① 钟宁桦、陆铭：《直面严峻的挑战，中国经济的症结是"空间错配"》，《社会科学报》，2017年10月13日。

善，经济更繁荣，生活更便利，生活质量更高；与此同时，中国的大城市特别是一线城市还将继续成长，因为大城市在人力资本、公共资源、就业机会、产业结构等方面具有中小城市难以比拟的优势。

七、城市人口规模与城市竞争力

2017—2018 年，中国的城市化出现了一个有趣的现象：京、沪等一线城市出台政策"赶人"；二线城市如武汉、南京、杭州、西安、天津等出台人才安居办法及人才引进政策，花式"抢人"；三四线城市则千方百计"留人"。

随着京、沪严控"大城市病"、加快产业转型等原因，四大一线城市的人口总量出现了明显的分化：2017 年，京、沪常住人口同时出现减少，而广、深则继续大幅增长（如表 1-4 所示）。

表 1-4　2017 年四大一线城市人口变化表

城市	2017 年人口（万）	净增（万）	2016 年人口（万）	净增（万）	2015 年人口（万）
北京	2 170.7	−2.2	2 172.9	2.4	2 170.5
上海	2 418.33	−1.37	2 419.7	4.43	2 415.27
广州	1 449.84	45.49	1 404.35	54.24	1 350.11
深圳	1 252.83	61.99	1 190.84	52.95	1 137.89

资料来源：《四大一线城市常住人口变化：京沪减少，广深继续大增》，《第一财经日报》，2018 年 3 月 1 日。

实际上，这一轮"抢人"大战发端于深圳。与北京、上海相比，深圳的入户门槛明显低一些。2017 年，深圳降积分入户门槛，对学历无要求，为长期在深稳定就业和居住的非户籍人口开辟一条入户渠道。应届本科生落户难度较低；非应届毕业生，有统招本科或大专学历的，年龄分别在 45 周岁和 35 周年以下，只要正常缴纳社保，都有可能通过人才引进入户。得益于不断放宽的落户政策，2017 年，深圳市在册户籍人口达到 449.86 万人，全年增长 45.07 万人①。户籍的开放性也增强了深圳的城市吸引力。深圳市统计局发布的数据显示，初步统计，全市 2017 年年末常住人口 1 252.83 万人。而 2016 年末深圳常住人口为 1 190.84 万人。按此计算，2017 年深圳常住人口净增了 61.99 万人。

北京市统计局发布的统计公报显示，2017 年年末全市常住人口 2 170.7 万人，比上年末减少 2.2 万人。其中，常住外来人口 794.3 万人，占常住人口的比重为 36.6%。上海市统计局公布的数据显示，2017 年年末全市常住人口为 2 418.33 万人，比上年末减少 1.37 万人。数据进一步说明，京、沪的常住人口数量同时出现减少。从近几年外来人口的增长情况来看，京、沪外来人口在 2014 年前后达到高峰，近两年的增速放缓并出现了下降的态势。

京、沪常住人口的下降与两市设立的"十三五"人口红线紧密相关。京、沪两个一线城市人口已经超过 2 000 万人，出现人口过多、交通拥堵、生态环境被破坏等"大城市病"。

---

① 张小玲：《抢人大战，深圳打出"组合拳"：吸引高层次人才也不放弃中端人才，入户门槛低过京沪》，《南方都市报》，2018 年 4 月 10 日。

为了从病根上破解这些问题，京、沪相继提出了人口和产业疏解的政策。相比京、沪，华南的广、深两座一线城市的总人口都低于 1 500 万，无论是产业还是人口，都还有较大的发展增长空间。因此，在京、沪常住人口减少的同时，广、深的常住人口却在大幅增长。这在一定程度上表明，尽管大城市有各种"城市病"，仍然是人们就业和定居的首选。城市人口的规模及其增长很大程度上也代表着城市的竞争力和吸引力。

以最年轻的一线城市深圳市为例，该市 F 区有 15 个城中村，村内建筑约 7 789 栋，建筑面积约 783 万平方米，约占辖区总建成区域的 15%。由于建成年代久远，物业管理缺失，城中村的公共配套设施落后问题不断显现，燃气、电力、消防等安全隐患突出，成为 F 区乃至深圳市城市管理的痛点。一方面，城中村居住环境欠佳，且存在大量的安全隐患；另一方面，深圳日益高企的房价让青年人才望而却步。在这种背景下，深圳市 F 区将城中村安全隐患整治与人才住房建设结合起来，创造"综合整治＋统租运营＋人才公寓"的新模式，对 S 村共 29 栋居民统建楼进行整租，升级改造为 504 套优质的青年人才公寓，试图以此来推动城中村人口结构和产业结构的转型升级。

深圳市的这一做法可能具有两种不同的效应：一是正面效应，不同于北京、上海严格限制外来人口的增长，深圳这座年轻的移民城市依然对外来人口保持开放性，对于青年人才更是一种政策利好；二是负面效应，大规模的城中村改造可能会恶化农民工的处境，城中村的廉价出租房往往是移民进入城市的第一站，这些出租房不仅大大降低了移民的生活成本，也使得他们有机会积累一定的资金，增加了日后创业和置业的机会，而这种向上流动的机会，才是城市最大的魅力。

第二章
半城市化道路与新二元结构

2011 年的广州增城事件轰动一时。2011 年 6 月 10 日晚，来自四川的打工者唐学才与怀孕 8 个月的妻子王联梅，在广州增城市（2014 年 2 月撤市设区）新塘镇大敦村路边摆摊时与治保队员发生冲突，由此引发轰动全国的群体性事件。

唐学才和王联梅的地摊就摆在超市门口的路边。6 月 10 日 21 点多，街上巡逻的治保队员过来了，按照多位目击者的说法，治保队员要没收他们的货，王联梅自然不肯。"有个队员就打了那女的两巴掌。她挺着 8 个月的大肚子，那天天又热，一下子躺在地上起不来了。"唐学才的开江老乡老康赶到现场的时候，已经聚集了几百名围观者，派出所和村里的领导都在，救护车也到了。按照他的回忆，当时领导答应先送王联梅去医院检查，医药费由治保队负担，但是代表唐学才出面调解的几个人执意要治保队写个证明，以求保证出钱，对方不肯，就这么僵持不下。恰巧那天很多厂房停电，提早收工的年轻人纷纷跑来看热闹，人群中大家七嘴八舌地议论起来，开始有人起哄，要治保队道歉，火药味越来越浓，双方出现肢体接触，形势开始失控。

这原本是再普通不过的纠纷，但治保队员关于"外地人"的言论让围观的外来务工人员感受到了歧视。须知，大敦村的户籍人口不过 7 000 多人，但外来人口却有 70 000。第二天上午，又有聚集的人群开始直接围到治保队大楼前，在扔了一通石头后，直接冲进去点了火。第三天，浩浩荡荡的队伍开始沿107国道向5千米外的新塘镇进发，甚至有过路的私家车也挨了砖头。按照目击者的判断，这两天的冲突已经并非单纯泄愤了，冲在队伍前面的大都是些十六七岁的小伙子和无业青年，甚至还有小姑娘也提根木头棒子①。

增城事件虽然是一起极端的案例，但绝非孤例。

在快速城市化的中国，类似增城大墩村这样"人口倒挂"的地方越来越多，由城乡二元结构所诱发的社会冲突也越来越激烈。第六次全国人口普查结果显示，流动人口已达到2.2亿之巨。"流动中的中国"给当下的社会管理体制带来了巨大的挑战②。

改革开放之前，中国的户籍制度和人民公社制度严格限制了人口流动，几乎杜绝了自发的移民现象；改革开放之后，中国的城市化率由1978年的18％上升到了2010年的47％，且以每年一个百分点左右的速度增长。随着城市化、工业化、市场化的突飞猛进，企业开始热衷于招收来自农村的廉价劳动力，农民大规模涌入城市，尤其是20世纪90年代后期以来，中国的城市化日益加速，越来越多的农村人口进城打工，其中年轻人占绝大多数，基本方向是由农村流向城市、从中西部地区流向东部沿海地区。以上海为例，截至2015年6月30日，全市农民工905万人，其中15岁至34岁的新生代农民工规模

---

① 魏一平：《广州增城"6·11"事件追踪调查》，《三联生活周刊》2011年第30期。
② 石勇：《"流动中国"的稳定之道》，《南风窗》2011年第14期。

已经达到 502.36 万人，占全市农民工的 55.5％，占全市同年龄段人群的 61.3％[①]。

农民大规模涌入城市改变了城乡社会的人口结构，但并没有改变城乡二元管理体制。一方面，这一现象导致了村庄的"空心化"，青壮年大多外出打工，留守村庄的主要是老人和儿童。另一方面，我国长期以来形成的城乡二元结构和户籍制度并未因人口流动而被打破，农民进城之后，职业改变了，身份却依然不变：他们在城市从事高强度、低收入的工作，被称为"农民工"或"流动人口"，无法享有城市居民或郊区村民的各种权利；他们中的一部分人在城市或郊区长期定居，甚至出生在城市，却始终被定义为"流动人口"而不是"城市新移民"。正因为如此，中国 2017 年城镇化率是 58.52％，但城镇户籍人口占总人口的比例只有 42.35％[②]。这意味着有 16.17％即 2 亿 2 477 万生活在城镇里的人没有真正城市化。显然，这样一个过程不同于我们通常所说的城市化，因为这些来自农村的打工者只是被吸收到了城市的经济系统，却没有被城市的社会所接纳，无法参与城市的公共政治生活。

一、村庄的"空心化"与城乡二元结构

国家统计局调查数据显示，2009 年中国农民工总量达到

---

① 罗菁：《502.36 万新生代农民工怎么统计的》，《劳动报》，2017 年 4 月 18 日。
② 国家统计局：《中华人民共和国 2017 年国民经济和社会发展统计公报》，2018 年。

2.3 亿人，外出农民工占城镇人口的 23.4％，为中国 46.6％的城镇化率贡献了 10.9 个百分点。其中外出农民工以 18—40 岁、有文化的青壮年为主体；但举家外出、完全脱离农业生产与农村生活环境的农民工仅占 20.4％，为 2 966 万人[①]。

2016 年，全国农民工总量达到 28 171 万人，比上年增加 424 万人，增长 1.5％，增速比上年加快 0.2 个百分点。其中，本地农民工 11 237 万人，比上年增加 374 万人，增长 3.4％，增速比上年加快 0.7 个百分点；外出农民工 16 934 万人，比上年增加 50 万人，增长 0.3％，增速较上年回落 0.1 个百分点。本地农民工增量占新增农民工的 88.2％。在外出农民工中，进城农民工 13 585 万人，比上年减少 157 万人，下降 1.1％[②]。

农民工外出为农村社会的发展作出了巨大贡献。首先，农民外出务工给农村增加了大量的收入，这是任何其他投资无法比拟的，由于计划经济（1955—1978 年）和对人口流动的限制，中国的农村与城市隔绝了 20 多年。但这之后，农民工成为农村与城市之间的联结，引起了人员、技术、资金、商品和信息的回流。农民工拥有改变农村的巨大潜力，特别是对那些远离城市和其他信息交换媒介的地区而言[③]。其次，农民工往城市的流动也等于自发解决了农村相当部分富余劳动力的就业

---

① 《2009 年全国农民工总量为 2.3 亿，同比增长 1.9％》，《中国信息报》，2010 年 3 月 25 日。
② 《2016 年农民工监测调查报告》（2017 年 4 月 28 日），国家统计局网站，http://www.stats.gov.cn/tjsj/zxfb/201704/t20170428_1489334.html，最后浏览日期：2019 年 7 月 15 日。
③ ［爱尔兰］瑞雪·墨菲：《农民工改变中国农村》，黄涛、王静译，浙江人民出版社 2009 年版。

问题。再次，回乡的农民工不仅带回了资金，还带来了新的观念结构、丰富的人际关系网络和先进的生产技术，给农村发展注入了新的活力，成为工业带动农业、城市带动农村、发达地区带动落后地区的有效实现形式[①]。

当前中国城市化的高歌猛进体现在两个方面。一是流动人口的巨大规模。2015 年，全国流动人口多达 2.47 亿，占总人口的 18%。与此同时，中国农村 60 岁以上的老龄人口已经超过 1.2 亿。由于青壮年劳动力大量外出打工，致使许多农村地区的农业劳动不得不主要由老年人承担。中国老龄科学中心的一项调查指出，在我国农村 60—64 岁的老人中，有 62.7% 的人依然从事农业生产，农村中 65—69 岁的老人中，有 47.6% 的人依然从事农业生产，即使是 70—74 岁的农村老年人中也还有 29.2% 的人依然从事农业生产[②]。老年人大量从事农业生产是农村"空心化"的最好证据。除了老人外，还有数以千万计的留守儿童（即父母外出打工的儿童）。据保守估计，村庄 16 岁以下的留守儿童至少在 2 000 万人以上。

二是村庄数量的迅速萎缩。有研究者发现，在过去的十多年间，中国的行政村数量减少得相当惊人：村委会数量从 2001 年的 699 974 个减少到 2011 年的 589 653 个，共减少 110 321 个，平均每年减少 11 032.1 个，平均每天减少 30.22 个。每天 30 个村庄以三种方式消失：一种是撤销和兼并，即多个行政村合并为一个行政村；第二种方式是村改居，即将原来的村委会变成居委会，原来的村民身份变为居民身份；第三种方式

---

①　褚荣伟：《农民工：中国社会转型与城市发展的特殊力量》，未刊稿。
②　蒋玉：《农民荒，荒掉的不仅仅是土地》，《南方》2010 年第 7 期。

是整村拆迁，或分散或集中安置到城市、城镇小区和一些大型集中区。

但是，人口的大量流出也给乡村社会带来了巨大影响。受教育程度较高、生产能力较强的青壮年向城市迁移，乡村留居人口大都为儿童和老人，导致农业生产的质量下降，耕作效率低下，影响农业生产力的提高，不少耕地无人耕种，乡村景观风貌破败，不少村庄出现了"空心化"的局面，即实际居住在村庄的人口急剧减少。

在很大程度上，这是城市化的必然结果。从长远来看，村庄"空心化"本身并不是一件坏事，因为农村人口向城镇转移不仅是大势所趋，也符合农民的利益和城乡均衡发展的需要。人口总是从低收入地区向高收入地区流动，理论上，当高收入地区的人口增长到一定程度，低收入地区的人口减少到一定程度，两者的平均收入都趋向于接近。在欧美社会，我们就可以看到这种均衡，大城市人口众多，农村小城镇地广人稀，但两者的收入水平差距不是很大，因为农村地区可以实现土地的规模化经营和机械化作业，大大提高了生产效率。但是，从短期来看，人口的大规模迁出确实给乡村社会的治理和发展带来一定挑战。

面对乡村社会的空心化，不少人产生了浓郁的乡愁，怀念起20世纪七八十年代的农村社会及其生活方式。在笔者看来，在城市化的背景下，要对村庄进行定位，或者讨论村庄对于人的意义，必须区分两个不同的逻辑：一个是审美的逻辑，另一个是实用的逻辑。

人们总是选择性地记忆和遗忘。随着身份、地位和环境的改变，记忆是不断被改写的。对那些生于斯、长于斯，长大之后离开农村，在城市中找到一席之地的人来说，乡愁是一种自然而然的情绪。他们常常会忘记，当初他们是那么急切地想要逃离农村——在夏天的骄阳下，在蚂蟥的叮咬下，每一个有志的农村青年都梦想着有一天可以成为城里人，通过读书，通过当兵，通过招工，实现农转非、"鲤鱼跳龙门"。

随着时间的推移，昔日的农村生活都变得越来越美好，越来越让人怀念。当初夏天晚上停电的日子，汗如雨下，蚊虫肆虐，追剧未遂的人们心痒难耐；而时隔多年，你只会记得自己挑灯夜读的画面，还有奶奶在一旁用蒲扇帮你驱赶蚊子的感人场景。你不再记得邻居们为了宅基地而大打出手，农妇用最恶毒的语言相互攻击，一言不合就有人服毒自杀；在你的记忆里，只剩下守望相助、温情脉脉的乡村共同体。时间会过滤一切的不如意，只留下那么美好的片段。城市繁忙的节奏、淡薄的人情会让你产生一种错觉，你仿佛只是这个城市的过客，在精神上，你仍然是故乡的游子。于是，你开始怀旧。

这就是为什么那些逃离农村的年轻人，当年的贾平凹和现在的王磊光①，他们爱土地爱得那么深沉；而路遥笔下的高加林，做梦都想要洗掉自己身上的泥土味。对贾平凹和王磊光来说，"土"地不再是一种束缚，而是他们精神上的"根"；而对于高加林来说，土地是他不得不背负的命运，想说爱你不容易。

对于另外一些城里人来说，村庄不是活在记忆里的，而是

————————

① 王磊光：《呼喊在风中：一个博士生的返乡笔记》，复旦大学出版社 2016 年版。

活在想象中的。在他们的印象中，村庄是如诗如画的梯田，是一望无际的油菜花，是雕梁画栋的古建筑，是枯藤老树小桥流水人家。他们会一厢情愿地把村庄的样貌等同于乌镇、宏村、凤凰和丽江。他们希望苗族的人们永远居住在苗寨里，因为那才意味着文化多样性和历史的传承；他们无法理解为何凉山的彝族青年要逃离山清水秀的故土去城里讨生活；他们觉得自己面对的不过是日复一日的苟且，而村庄则是诗和远方；他们憎恶现代性，喜欢透过斑驳的城墙抚摸历史的沧桑。虽然他们自己离不开空调和抽水马桶；可是，当苗寨里的人们说，我们也喜欢空调和抽水马桶，我们要搬出去住，他们却不答应：那怎么行，传统怎么办？公寓房哪有吊脚楼的美感？

审美意义上的村庄是属于游子和游客的，实用意义上的村庄才是农民的村庄。空心村让怀旧的人们痛心疾首。但不要忘了，离开村庄是农民的理性选择；理性的程度丝毫不亚于我们这些通过教育逃离村庄的人们。农民工不是盲流，他们的落脚地都是收入更高、机会更多的地方。农民为什么要离开村庄？最重要的原因当然是收入，农业劳动的产出太低，而且农业也容纳不了那么多的劳动力。笔者在上海的调查发现：五六十岁的农民工，大多把房子建在村里，他们年轻的时候，造房子是村庄里社会地位竞争的主要形式，"富贵不还乡，如衣锦夜行"，每个人都把打工的积蓄寄回家造房子，屋檐越高，瓷砖越漂亮，就代表自己越成功；三四十岁的农民工，大多在县城或镇里购买商品房，那里有更加便利的交通、更加优质的教育和公共设施，他们也已经习惯了城市的生活方式，村庄反而住不惯了；更年轻的一代，出生在上海或自幼在上海长大的农民工子女，老家不是他们人生规划的一个选项，他们宁可群租、蜗居，也不愿意在陌生的户籍所在地购买一套商品房，因为那不是他们的故乡，而是他们父辈的故乡。

从这个意义上讲，村庄的"空心化"是不可避免的。

事实上，全世界的村庄，人口都是相对少的；农村的人口密度必然大大低于城市地区。但人口少不一定就意味着萧条。如果将中美的农村进行比较，我们会发现：中美工业发展固然有差距，但远没有中美农业差距那么大。美国的小镇规模都挺小，大致相当于中国的一个行政村，但镇上农民管理的农场却非常大，全靠机械化作业。

中国农村的真正问题不是人口减少，而是生产力过于低下，缺乏高效的公共服务体系。管理者却总是把乡村的问题归咎于农民，认为农民的流动不够理性、缺乏大局观。要解决乡村的空心化问题，就号召农民工回乡创业，把家乡建设得跟城市一样美好；要解决留守儿童问题，就号召农民不要为了赚钱而外出务工，甚至要对没有尽到监管义务的父母进行追责。由于生活方式和消费方式的改变，农民已经不可能回到自给自足的状态，他们必然要进入城市。怀旧者所怀念的旧日时光永远不可能回来了。

在笔者看来，当前中国乡村的大部分问题都与城市化的模式有关，症状在村庄，根源在城市。长期以来，中国实行的是"经济吸纳，社会排斥"的半城市化模式。在这种模式下，农民进入城市，从事非农职业，但仍然摆脱不了农民身份，被称为农民工。半城市化实际上是一种行政主导的城市化。在这种模式下，一个人是不是城市需要的人才，不是由市场决定的，而是由政府部门来认定的。符合政府设定的标准的，给予户籍或居住证，可以享受城市的公共服务和社会福利；不符合标准的，则被定义为流动人口，被排斥在公共服务体系之外。这种模式产生了一系列问题，主要包括对农民工的制度性歧视问题、劳动力市场的二元分割问题、流动儿童的教育问题、留守儿童问题、老年农民工的养老和医疗问题。

人口流动是人们在用脚投票，是市场选择的结果，政府不要试图用"教育控人"等方式进行人为干预，不仅有违市场规律和社会正义，而且事实上也发挥不了预期的作用。虽然在城市化的时代，乡村仍然有着不可替代的价值，但是，要解决乡村问题，最终需要重建城乡关系，需要基于人口自由迁徙的城市化。

越来越多的村民离开自己的村庄，村庄与外界的联系也越来越紧密，这不仅影响了农村的家庭经济，对于农村社区的权力结构也会产生显著的影响。有学者认为，这种人口流动会降低乡村治理的质量。如果一个村庄居民的利益主要来源于村庄社区范围之内，那么他们对于村民代表大会与村民选举就会给予更多的热情；相反，如果一个村庄中外出务工的比例增大，村民主要从社区之外的世界中获得就业与商业机会，那么可以预期的是，他们对于村民代表大会与村民选举的关注热情就会下降。有学者使用"长期在外劳动力比例"（of labor in long-term migration）这个变量来代表一个村庄社区与外界社会的联系程度，经研究发现，村庄劳动力外出务工的比例越高，竞争性村长选举的可能性就会越低；因此，在村内从事经营的村民对参与本地政治更有兴趣，外出打工的村民既没有时间也没有兴趣为家乡的政治操心①。

村民自治和农村基层干部选拔缺乏农村精英参与，严重影响农村政治民主和民间组织的发展。精英的流失不利于农村经济发展，农村因此而萧条，通常只有春节期间才呈现人丁兴旺的繁荣局面，而平常只能见到拄着拐杖的老人和嬉戏的儿童。笔者调查的一些村庄，那里的杂货店在春节期间的营业额几乎相当于平时全年的营业额。这种人口流动对于乡村民主的伤害要比经济更为严重，主要体现在如下两方面。

首先，人口流动使得村民共同体面临解体，村民之间的社会信任水平降低，这会导致村庄民主的质量下降。罗伯特·帕特南（Robert Putnam）指出，民主的绩效取决于公民共同体（civic community）和社会资本（social capital）。公民共同体具有如下基本特征：(1)公民积极参与公共事务，(2)政治平等，(3)团结、信任与宽容，(4)结社与合作；所谓社会资本，指的是普通公民的民间参与网络，以及体现在这种参与中的互惠和信任的规范②。大量农民进城务工，他们的生活重心已经转移到城市，其中的精英分子或在城市定居，或到县城和乡镇购房置业，这样不仅导致了能人的流失，更重要的是，缩短了村民的博弈链条，降低了彼此之间对于未来长期合作可能性的预期。博弈论早已证明：长期的重复博弈有利于人们选择信任与合作，而短期的博弈则可能诱发欺诈与不合作。人无恒产则

---

① Jean C. Oi and Scott Rozelle, "Elections and Power: The Locus of Decision Making in Chinese Villages", *The China Quarterly*, 2000, No. 162, pp. 513-539.

② ［美］罗伯特·帕特南：《使民主运转起来：现代意大利的公民传统》，王列、赖海榕译，江西人民出版社2001年版。

无恒心，当越来越多的村民离开或可能离开村庄，村民之间的合作也变得越发不可能。于是，村庄共同体面临解体的危险。笔者的调查发现，在"空心化"的村庄，村民的集体行动很难开展，很难通过集资、共同劳动等方式修建公路、水渠、学校等公共设施。

其次，人口流动使得村民委员会选举的投票率降低，精英参与村庄选举的比例下降。农民工长年在城市打工，他们不可能千里迢迢地回到家乡参与投票，这样不仅仅需要承担路费，损失工资，更重要的是，村庄已经不是他们生活的主要场所，与他们的切身利益关系不大。在笔者调查的多个"空心化"村庄，实际投票率大约在 30％左右，多数选民是委托他人投票，甚至干脆弃权。此外，精英大多选择在外就业，不少村委会缺乏头脑灵活、善于组织的能人，这导致村委会的工作绩效较差。糟糕的治理能力往往令选民更加失望，进一步降低投票率和支持率。

当然，也有研究发现人口流动对村庄民主有正面影响。大量的外出人口也有可能加强村民对村庄事务的参与，原因是在城里打工的村民会带回外部世界的信息和资源，这会改变村民们的政治取向，有可能增进他们维护自己权益的意识。单伟等人的研究支持此假设。在他们对于中国乡村控制变迁的研究中，使用了"非农户数比"，即一个村从事工商业的农户数与总户数的比值，作为该村经济与外界联系程度的指标。最后的模型结果显示，与外界联系程度高的村，上级对其土地资源的控制较弱；在选举自己的领导人方面，也有较多的自主权；同时，上级对村庄民间组织的干预也被削弱，增加了民间组织自主的可能性。这说明，打工者带回家乡的信息、观念和资源等有利于村庄自主性的提高，有助于村庄化解上级政府的干预，有利于民间团体的兴起①。

有学者在调查华东地区某村庄的外出打工者时发现，在92名受访者中，确定自己未来不会返乡发展的人数高达70人，占76％，其中，小学毕业的3人中，有2人表示会返乡发展，初中毕业的19人中，有7人表示会返乡发展，而高中或中等职业教育以上学历的人表示会返乡发展的比例则很低（如表2-1所示）；确定自己未来不会返乡养老的达到67人，占73％，其中，高中或中等职业教育以上学历的人选择未来会返乡养老的比例同样很低。研究通过相关性分析发现，教育程度与返乡发展和返乡养老的相关度分别为0.48和0.49，具有较强的相关性，即教育程度越高的农村年轻劳动力越不愿意返乡发展和返乡养老②。

表2-1　教育程度对外出务工人员返乡发展意愿的影响

（单位：人；％）

受教育程度	十年内是否返乡发展			
	是	否	不确定	合计
小　学	2 (66.7％)	1 (33.3％)	0 (0)	3 (100％)
初　中	7 (36.8％)	11 (57.9％)	1 (5.3％)	19 (100％)
高中或中专	3 (13.0％)	17 (74.0％)	3 (13.0％)	23 (100％)
大　专	2 (10.5％)	15 (79.0％)	2 (10.5％)	19 (100％)

---

① 单伟、章奇、刘明兴：《市场化改革与中国乡村控制的变迁》，载吴毅主编：《乡村中国评论》，广西师范大学出版社2005年版。
② 张端鸿、刘虹：《教育水平对"新生代"农村人口流动的影响：以江苏省R县X村为例》，《复旦公共行政评论》2012年第1期。

受教育程度	十年内是否返乡发展			
	是	否	不确定	合计
本科及以上	1（3.6%）	26（92.8%）	1（3.6%）	28（100%）
合　计	15（16.3%）	70（76.1%）	7（7.6%）	92（100%）

　　笔者对上海地区的农民工子女的研究，更是发现：尽管按照官方的统计口径，农民工子女被归入流动人口，但实际上，这个群体中的相当一部分人已经不再流动，而是随父母定居在城市。他们有的很小就随父母进城，有的甚至就出生在城市，与户口本上的"农村"二字毫无瓜葛。与父辈不同，他们没有任何的务农经历，也不可能将农村的土地作为最后的退路或"社会保障"。他们作为"城市化的孩子"①，注定将以城市为安身立命之所，而不是像父辈那样往返于城乡之间。从长远来看，返乡农民工将是少数，城市化的趋势不可逆转，农村人口的减少不可避免，需要避免的是乡村社会的凋敝。如果乡村人口减少了，但乡村的公共服务质量提高了、农民的生活质量改善了，那么乡村"空心化"的议题也就不再成立。

二、"人口倒挂"与城市治理困局

　　半城市化道路导致了城乡基层社会的失调：一方面，乡村

---

① 熊易寒：《城市化的孩子：农民工子女的城乡认知与身份意识》，《中国农村观察》2009 年第 2 期。

社会人力资源透支，青年、骨干、精英大量流失，"空巢老人""留守儿童"的现象日益严重，已经影响到乡村共同体的凝聚力和乡村治理的有效性；另一方面，大量农村移民进入城市之后，却面临社会排斥，社会矛盾和权利冲突加剧，不少城市出现"人口倒挂"的局面，公共服务和城市治理面临巨大压力。

中国人口流动的主要方向是从落后的中西部地区流向发达的东部沿海地区。《中国流动人口发展报告（2010）》称，未来中国流动人口的分布将仍然以东部沿海连绵城市带为重心，继续向沿海、沿江、沿主要交通线地区聚集。这一趋势在较长时期内不会改变。由于社会资源具有明显优势的大城市对流动人口有强大的吸引力，人口流动到大城市后会因人口聚集而出现"盆地效应"。由此产生的大城市人口"超载"也是中国社会未来必须面对的难题①。

2013 年年底，《中共中央关于全面深化改革若干重大问题的决定》提出，全面放开建制镇和小城市落户限制，有序放开中等城市落户限制，合理确定大城市落户条件，严格控制特大城市人口规模。此后，北京、上海、广州、深圳都采取各种措施来限制外来人口的增加。

即便在这种情况下，2015 年，中国流动人口规模仍然增长到 2.47 亿人，占总人口的 18%。"十三五"时期，人口继续向沿江、沿海、沿主要交通线地区聚集，超大城市和特大城市人口继续增长，只不过这一时期中部和西部地区省内流动农民工比重明显增加。2013 年，东部地区流动人口占全国流动

---

① 国家人口和计划生育委员会流动人口服务管理司：《中国流动人口发展报告（2010）》，中国人口出版社 2010 年版。

人口的比例为 75.7%，西部地区为 14.9%；2015 年的相应比
例分别为 74.7% 和 16.6%。东部地区依然是流动人口最集中
的地方，但占比有所下降，而西部地区占比有所增长。中心城
市吸收的跨省流动人口虽然过半，但比例有所下降。2013 年
流向中心城市的跨省流动人口占全国跨省流动人口的比例为
56.8%，2015 年降为 54.9%①。尽管有这样一些变化，在可
预见的未来，人口向东部沿海地区转移的大势并未改变。

在中国的沿海地区，尤其是经济发达的县级市（譬如浙江
慈溪、义乌，江苏昆山等）和大城市郊区（譬如北京大兴、上
海松江等），往往出现"人口倒挂"的局面，即外来人口的数
量超过本地居民的数量。表 2-2 是上海市 P 区城乡接合部 5 个
城镇的人口结构，仅登记的外来人口便已大大超过本地户籍
人口。

表 2-2　上海市 P 区城乡接合部的人口结构

地区	实有人口 （万人）	户籍人口 （万人）	登记来沪 人口（万人）	户籍人口与登记 来沪人口之比
B 镇	30.73	12.34	18.39	1∶1.49
C 镇	35.14	18.02	17.12	1∶0.95
G 镇	12.75	5.36	7.39	1∶1.38
S 镇	34.10	13.12	20.98	1∶1.60
Z 镇	15.00	8.11	6.89	1∶0.85

然而，地方政府对于该地区公共物品的提供，却是以户籍

---

① 国家卫生和计划生育委员会流动人口司：《中国流动人口发展报告（2016）》，
中国人口出版社 2016 年版。

人口为依据的，譬如，警力的配备，公务员的数量，学校、医院等公共设施、公共财政的投入，都是与户籍人口挂钩的。以P区的城乡接合部为例，五镇总面积多达263.27平方千米，常住人口约130万人，而城市管理在编执法人员仅有111人，平均每名执法人员需要负责2.4平方千米的地区（详情见表2-3）。

表 2-3　上海市 P 区城市管理执法人员配备情况

地区	面积（平方千米）	城管在编人员（名）	每平方千米配备城管人员比例	每万人配备城管人员比例
B 镇	24.91	31	1.24	1.63
C 镇	139.83	25	0.17	0.45
G 镇	22.74	3	0.13	0.23
S 镇	34.19	28	0.81	0.80
Z 镇	41.60	24	0.57	1.20

大量外来人口的涌入也导致了公共资源的紧张。一是教育资源短缺。譬如C镇有学龄前儿童2万多人，而正规的公办、民办幼儿园只能容纳6 000人左右；S镇有学龄前儿童8 900人，而正规幼儿园只能容纳3 900人。二是社区医疗资源不足。根据上海市的规定，人口超过10万人的镇，每新增5万—10万人口就应增设1所社区卫生服务中心，但人口超过30万人的B镇，虽然实际规模接近一座中等城市，却只有1所社区卫生服务中心。三是公共交通设施配套滞后，特别是公交站点到居民小区的"最后一公里"交通配套无法满足社会需求，车辆非法经营问题严重。"入学难""看病难""出行难"等社会问题使得本地居民与外地人口的矛盾逐步显现。本地居

民指责外来人口挤占了城市的公共资源，而外来人口则认为本地居民的排外态度损害了自身的合法权益。

进入城市（包括郊区）就业与生活的农村移民并不能与城镇居民平等享受住房、医疗、子女教育等公共福利，在城市没有选举权和被选举权等政治权利①。外来人口在数量上占有优势，在权力结构中却处于绝对的劣势，被排除在政治参与和公共服务体系之外，既缺乏权利资格，也没有福利保障。笔者2011年在上海的调查发现，大部分农民工未参加过各种形式和层次的选举。95％的受访者未参加过居住地居委会选举，98％的受访者未参加过人大代表选举，86％的受访者未参加过单位内部选举，85％的人未在家乡参加过村委会选举。

外来人口不能参加居委会/村委会/人大代表的选举，被排除在公共政治体系之外，不是一个政治主体，而是一个被治理的对象。不仅如此，他们往往还被当成潜在的犯罪者或社会不稳定因素，经常受到警察、保安的盘问。每逢重大节庆或盛会，地方政府就会加强对流动人口的管理与调控。地方政府将流动人口排除在"我们的"城市之外，是从管理者的角度，特别是从一种对城市稳定性的忧虑和对本地生活标准的维护的立场出发，而很少考虑流动者本身的福利或需求。

户籍制度本质上是一种地方性公民权。这种以户籍制度为基础的"地方性公民权"限制了城市新移民的社会融入。在这样一个过程中，"市民-农民工"的新二元结构逐渐生成。这实际上是传统的二元结构（即城乡分割的二元结构）在城市化进

---

① ［美］苏黛瑞：《在中国城市中争取公民权》，王春光、单丽卿译，浙江人民出版社2009年版。

程中的拓展和演化。传统二元结构中的城乡居民在空间上、地理上是隔离的，而新二元结构中的城市居民与外来农民工共处于一个社会空间。新二元结构并没有取代城乡二元结构，而是嵌套于城乡二元结构之中。

在这种新二元结构中，实际上存在身份与阶层的双重不平等。一方面，外来农民工是流动者、异乡人，他们缺乏户籍身份，无法得到正式体制的庇护，社会支持网也相对脆弱；另一方面，外来农民工又是城市社会的底层，他们大多从事比较繁重、辛苦甚至危险的工作，微薄的工资仅够糊口，无法支撑体面的生活方式，更难以在城市安家立足，导致劳动力的生产与再生产相分离[①]，农民工不得不忍受与家人分居两地的痛苦。

这种新二元结构为沿海城市郊区的劳动密集型产业提供了廉价劳动力，保证了产品的价格竞争力，给城市带来了可观的经济红利；但也给城市的社会治安、公共服务带来了巨大压力，劳资冲突、本地人与外地人的矛盾变得尖锐起来，地方政府面临治理困境。近年来，外来人口开始主动地提出权利诉求，上访、罢工、群体性事件层出不穷。根据《劳动统计年鉴》的统计数据，1996 年我国相关部门受理的劳动争议案件为 48 121 件，涉及劳动者人数为 189 120 人；2008 年相关部门受理的劳动争议案件达到 693 465 件，涉及劳动者人数为 1 214 328 人，案件数量和人数分别为 1996 年的 14.4 倍和 6.4 倍[②]。由劳动

---

① 潘毅、卢晖临、严海蓉、陈佩华等：《农民工：未完成的无产阶级化》，《开放时代》2009 年第 6 期。

② 中国人民大学"中国宏观经济分析与预测"课题：《试论低端劳动力工资形成机制的变革及其经济效应》，《财贸经济》2011 年第 7 期。

者提出申诉的案件数所占百分比由 87.0％提高到 93.0％。农民工向劳动部门、卫生部门、公安机关和信访办等政府公权力机构投诉的比例从 2008 年的 28.95％提高到 2010 年的 42.31％。"很熟悉"和"比较熟悉"《劳动法》的比例从 2006 年的 8.88％提高到 2010 年的 13.05％，就《劳动合同法》而言，同一比例从 2008 年的 7.74％提高到 2010 年的 11.93％。集体权利意识也呈现增强的趋势。农民工参加群体维权活动的比例从 2008 年的 1.4％提高到 2010 年的 2.74％，增幅接近一倍①。

　　这种自下而上的压力，加上中央政府越来越重视"和谐社会"与"民生"，地方政府对外来人口的态度趋于温和。在不改变户籍制度的前提下，一些地方政府对外来人口的管理模式进行了渐进性的调整，使外来劳动者获得了部分公民权。以上海的郊区 S 区为例，截至 2009 年年底，S 区本区户籍人口 55.89 万人，来沪人员 78.15 万人，外来人口已经远远多于本地人口。时任 S 区区委书记在会议上指出："他们（外来人口）为 S 区当地的经济社会发展作出了重要的贡献。他们干着我们 S 区最艰苦、最脏、最累的活，拿的是最低的报酬。他们在参与 S 区建设发展的过程中也产生了许多民生问题，如居住问题、同住子女就学问题、就业介绍问题、就医问题、维权问题等。"② 这些问题逐渐引起了地方政府的关注，并开始着手解决。

---

① 关于"劳动争议处理"的统计数据来自：统计年鉴分享平台，http：//www.yearbookchina.com/。
② S 区二季度党委书记在例会上的讲话，2011 年 4 月 13 日。

一是深入实施农民工同住子女义务教育三年行动计划（2008—2010 年）。2007 年年底，全区共 36 327 名义务教育阶段的农民工同住子女中，有 43％的学生就读于公办中小学校。三年来，S 区通过公办学校吸纳、建立公办学校教学点、国有资产公司举办民办农民工子女小学以及简易农民工子女学校转民办四种形式，为全部符合条件的 41 065 名义务教育阶段的农民工同住子女（占 100％）提供了免费义务教育。

二是积极推进外来务工人员居住中心建设，为外来务工人员提供足够的租赁房供应量。这些公共租赁房，不仅房租要比外面便宜，而且餐厅、浴室、超市、药房等公共设施较为齐全。截至 2010 年年底，S 区共有 12 个街镇、产业园区及企业利用自用土地共建成 78 个公共租赁房（单位租赁房）项目，住房总建筑面积 131 万平方米，成套住房 1.379 6 万套，不成套住房 1.016 7 万间，可居住人口约 10.056 1 万人[1]。在建成外来人员公共租赁社区的同时，地方政府还对外来人员管理模式进行了尝试——组建外来人员管理委员会（简称"管委会"）。管委会相当于"居委会"，对外来人员实行小区化管理，加强管理和服务，获得小区居住人员的基本信息，了解他们在想什么、需要什么、有什么日常困难。管委会还选出一批居住时间长、思想品德好的居民代表当楼组长，制定居民代表会议制度，定期召开代表座谈会，听取代表们的意见和建议，让他们参与小区建设和管理。

不过，S 区对于外来人口的赋权以社会权利为主（譬如社

---

[1]　李挽霞：《地方政府职能变迁：权力、利益与注意力的再分配——以上海市 S 区为例》，复旦大学中外政治制度专业博士学位论文，2011 年。

会保险、外来工公寓、劳动就业培训、子女就学），而社会权利是一种消极权利，只能享用，不能用于争取新的权益；而外来人口已经不满足于获取消极权利，我们的研究发现，他们已经逐渐形成了对于积极权利的诉求（譬如政治参与、结社权、集体谈判权）[1]。而且，目前的管理模式仍然是以户籍制度为基础的，将本地人口与外来人口分离开来治理，本地村民通过村民委员会进行政治参与，外来人口通过"外来人员管理委员会"或"和谐促进会"进行公共参与，但这一类组织仍然是地方政府对外来人口进行管理和控制的机构，而不是群众自治组织。

三、从半城市化到"职住分离"的城市化

2018 年年末全国常住人口城镇化率为 59.58%，户籍人口城镇化率为 43.37%，两者的差距高达 16 个百分点，这似乎表明我们的"半城市化"模式仍在延续。但是，笔者在中西部地区的进一步观察则发现，我们的"半城市化"正在转变为"职住分离"的城市化模式，这种模式的核心特征是就业都市化、住房城镇化。在早期的"半城市化"模式下，农民工在城市务工，用农村的宅基地建房；而在职住分离的城市化模式下，农民工在大城市务工，在小城镇置业。前者是在城乡二元

---

[1]　陈峰：《罢工潮与工人集体权利的建构》，《二十一世纪》2011 年 4 月号；刘建洲：《农民工的抗争行动及其对阶级形成的意义》，《青年研究》2011 年第 1 期。

空间中完成劳动力的再生产，后者是在城镇二元空间中完成劳动力的再生产。从大城市的户籍制度来看，两种模式下的农民工似乎并无区别；但从生活方式和生活质量的角度来看，后一种模式下的农民工福利得到了一定的改善，他们通过在小城镇置业使自己的家庭能够获得更好的教育、医疗资源。

从笔者的调研来看，县城正在成为中国城市化的一个重要引擎。县城以相对低的房价、相对好的基础设施和公共服务体系，吸引了大量的农民工置业；但县域经济的规模又无法为这些农民工提供充分的就业机会，因此无法实现"就地城镇化"，农民工的流向仍以大城市为主。"职住分离"的城市化给县城带来了房地产市场的繁荣，同时也带来了巨大的公共服务压力。以中部地区 H 县为例，近年来县城的义务教育阶段学生急剧膨胀，而乡村学校的生源急剧萎缩，县城的学生数多达34 000 人，其中最大规模的学校人数多达 5 400 人；其他 24 个乡镇的中小学生加起来不过 71 000 人，多数学校的学生总数在 50—300 人。一方面是教育资源的需求日益旺盛；另一方面是 H 县城优质教育资源逐步流失，优质生源和师资向省会和地级市集聚。

在"职住分离"的城市化模式中，"看病难，看病贵"的问题同样突出，随着交通便利化，县级医院的声誉处于下降趋势，同时医疗保险覆盖面不广，保障水平较低。一方面，由于大城市落户仍有一定门槛，高昂的房价和生活成本也会制约农民工在大城市的定居意愿，"职住分离"的城市化模式或许会持续较长一段时间。县城是农民工进城置业的主要目的地，但县城恰恰也是我国城市公共服务体系中较为薄弱的环节，"吃饭财政"限制了内地大部分县城公共服务体系的发展。

另一方面，我国的城市化政策也在不断的演化当中。2019年4月，国家发展与改革委员会发布《2019年新型城镇化建设重点任务》，指出要继续加大户籍制度改革力度，积极推动已在城镇就业的农业转移人口落户。其中，城区常住人口100万—300万的Ⅱ型大城市要全面取消落户限制，城区常住人口300万—500万的Ⅰ型大城市要全面放开放宽落户条件，并全面取消重点群体落户限制。同时超大特大城市要调整完善积分落户政策，大幅增加落户规模、精简积分项目，确保社保缴纳年限和居住年限分数占主要比例。考虑到城区常住人口100万—300万的Ⅱ型大城市主要是地级市，这些城市全面取消落户限制，会不会大大降低县城的吸引力，还有待进一步的观察。与县城相比，Ⅱ型大城市的房价更高、生活成本更高，但工作机会也更多、公共服务体系更为完善，相当一部分在Ⅱ型大城市就业的农民工有可能在当地置业。

"职住分离"的城市化是介于半城市化与城市化之间的过渡形态，还是一种可能长期存续的城市化模式，目前还很难有定论。

四、迈向以人为中心的城市化

人口的集聚与空间的扩张是城市化的两大显著特征。资本、移民与土地构成了中国城市化的核心要素。当前对于外来人口和土地的制度安排，一方面有利于城市的资本积累和短期经济增长；另一方面也导致了劳动力与土地的过度商品化，加剧了城乡对立、社会冲突和环境危机。当务之急是以移民政策和土地政策为杠杆，调整中国的城市化模式。

劳动力移民和土地开发构成了当代中国城市化的核心要素。劳动力移民兼具"人""公民"和"劳动力"三重属性，城市化进程应当兼顾人对尊严的需求、公民对权利的需求和劳动力对收入的需求；而土地也兼具自然属性、社会属性和经济属性，是自然环境、人居空间和生产资料的集合体。然而，20世纪 80 年代以来的城市化忽视了劳动力移民作为人和公民的需求，低估了土地的自然价值和社会价值，由此导致劳动力和土地的过度商品化。笔者认为，当前中国的城市化是一种单向度的城市化，是以生产要素为中心的城市化，其弊端日益彰显；当务之急是调整移民、土地与城市化之间的关系，迈向以人为本、集约开发的城市化道路。

"经济吸纳，社会排斥"的半城市化道路将农村人口吸纳到城市中来，这部分人口只是作为生产要素（劳动力）参与到城市的经济体中来，而不享有城市公民或城郊村民的各项权利。这种城市化道路及人口流动，对中国的乡村治理产生了深刻影响：一方面，在中西部以人口输出为特征的传统村庄，青壮年人口大量流出（不少人甚至举家搬迁），这导致村庄政治精英的流失，同时也缩短了村民的博弈链条，削弱了村庄的社会信任，从而降低了村庄治理的质量；另一方面，在东部地区以人口输入为特征的城市化村庄，外来人口大量涌入，导致外来人口超过本地户籍人口的局面，外来人口被排除在乡村民主和治理结构之外，这种以户籍制度为基础的"地方性公民权"

限制了村庄治理的包容性。

　　劳动力的过度商品化是与民主的价值观背道而驰的，因为民主要求我们每个人都是平等的，每个人都有全面自由发展的权利，是目的而不是手段。

　　生活方式的城市化，是可持续的城市化的本质[①]。从这个角度来看，当前中国的"半城市化"是一种品质较差的城市化。因为农民工或流动人口进入城市之后，他们的生活方式并没有改变，不能拥有城市公民资格，不能享受城市的公共服务。他们当中的不少人把自己的青春献给了城市，在年老体衰甚至伤残之后再回到乡村。虽然中国政府已经意识到了这种"半城市化"模式的弊端，并且试图采取措施补救，但目前来看，这些措施主要是"福利"性质，而不是真正的赋权（empowerment）。外来人口仍然处在一个被施恩的位置，而不是一个权利主体。

　　此外，城市化并不意味着乡村社会的解体和农民的终结，城市化与乡村建设是两个相辅相成的过程。城市化不是乡村发展的目的，而只是乡村发展的一种可能性。由城市化、工业化主导的单线发展模式必须让位于多样化的社会发展模式。按照单线发展模式，每个村庄都应该招商引资、发展工业，或者都应该种植高附加值的经济作物，这样才能脱贫致富。然而，每一个村庄的资源禀赋是不一样的，如果我们只有一条发展道路，就好比只有一个竞技项目，大多数地区都注定失败。高个子适合打篮球，矮个子适合练体操，乡村的发展同样需要多样

①　刘守英：《地方政府为何难以践行科学发展观?》，《中国改革》2010年第11期。

化的模式：毗邻城市，就发展工业或物流；身处草原，则以游牧为生；风景优美、交通便利，大可发展农家乐；革命老区，不妨开发红色旅游……不是每一个村庄都适于工业化或城市化，宜工则工，宜农则农，宜商则商。要实现多样化的发展，就必须充分尊重农民的发展自主权，让农民自主地决定本村的发展道路。与此同时，我们必须承认，不是每一个村庄都可以在经济上获得成功，我们在大力推动乡村经济发展的同时，也要允许"慢发展"，不要"逼民致富"；但每一个村民都有资格享受现代文明的成果，都应该过上有尊严的生活。这就需要在农村自主发展的条件下，加大政府的转移支付力度和再分配职能，逐步实现公共服务的均等化，使农民在权利和福利层面与市民等值。只有打破地区间和城乡间的市场分割，促使生产要素（特别是劳动力）跨地区自由流动，缩小城乡差距和地区差距，中国的城市化进程才能更加健康，城乡关系才能更加和谐，农民的生活质量才能不断改善。

第三章
新生代农民工
与公民权政治的兴起

为了进一步了解新生代农民工的日常生活情况，笔者在
2011 年 9—10 月进行了一次覆盖上海市全市范围的问卷调查。
本调查涉及的"新生代农民工"主要是指出生于 20 世纪 80 年
代以后，年龄在 16—35 周岁，从中国其他省市流出，来到上
海工作，暂时居住半年以上，未取得上海户籍或居住证的青年
和少年。调查以上海市各区外来务工人员数占全市外来务工人
员总数的比重为依据进行分层随机抽样，共向上海市 17 个区
县发放问卷 1 000 份，回收问卷 909 份，回收率为 90.9%，经
过问卷审核和数据清理，最终确定有效问卷 906 份，有效率
为 99.7%。

　　在 906 名受访者当中，男性占三分之二强（69.5%）；已
婚有配偶人员超过半数，达到 56.4%。新生代农民工的受教
育程度不仅高于他们的父辈，而且也高于外出务工人员的平均
水平：初中及以下学历的人数只有 42.8%，持高中和中专（含
中技、职高）学历者多达 41.2%。而 2008 年进行的第二次全
国农业普查数据显示，在外出从业劳动力中，具有高中以上文
化程度的仅占 10%[1]。被调查者平均年龄约为 29 岁，因为整体
年纪较轻，共青团员比重较大，占 30.6%；党员仅为 4.7%；

---

[1]　全国总工会新生代农民工问题课题组：《关于新生代农民工问题的研究报告》，
　　《中国职工教育》2010 年第 17 期。

64.1％的受访者没有参加任何党派团体。缺乏政治资源和组织资源仍然是新生代农民工的劣势之一。本章分别围绕居住与出行情况、就业状况、文化消费、业余时间安排、社区文化生活参与等方面系统分析上海市新生代农民工的日常生活状况。

通过对新生代农民工日常生活世界的分析，本书认为，新生代农民工有别于老一辈农民工，他们不仅有更鲜明的个性，对美好生活有更强烈的向往，而且也有更加清晰的权利意识。在面对不平等和不公正的时候，他们不会一味地忍让，也不会用传统的"吃苦"话语来自我逃避。20 世纪 80 年代以来的"少子化"趋势，让新生代农民工成长于一个相对自足的生活环境，使得他们对工作条件、社会制度安排有了更高的要求；他们不再仅仅以劳工的面目出现在城市舞台上，他们同时也是公民，也是人子和父母。新生代农民工的出现和壮大在很大程度上会加速"生产政治"向"公民权政治"转变。

一、新生代农民工的居住空间与日常生活

（一）居住类型

问卷调查和访谈都发现，与父辈农民工主要居住在集体宿舍或生产经营场所不同，只有 50.1％的新生代农民工居住在工人宿舍中，有 41％的新生代农民工选择与他人合租房屋或是独立租房，他们不仅将住房作为一个遮风避雨的居住空间，也将其视为一个体现个性的私人空间。通过走访新生代农民工

的住处，笔者发现：青年农民工往往对房间进行了精心的、个性化的布置，尤其是女性农民工，她们不是将出租房视为一个临时居所，而倾向于将其布置为一个温馨的家。对于他们而言，宿舍不是一个理想的居住场所，一则因为存在较多的纪律约束，二则人口密度过大，无法拥有个人隐私；但独立租房的成本又太高，于是群租成为多数人的优先选择——与同事、老乡、朋友合租一套或一间房子，不仅空间比集体宿舍大，有独立的卫生间，而且有更多自由支配的权利。此外，受访者平均在目前的住所中居住了 3 年左右，值得关注的是，4.3％的受访者（39 人）拥有自购房。这表明外来务工人员内部也出现了一定的经济分化。

人均居住面积不到 5 平方米的受访者为 17.3％，居住面积 5—10 平方米的为 34.6％，11—20 平方米的为 28.5％，21—50 平方米的仅为 13.1％，与上海市 2010 年人均居住面积 17.5 平方米相比明显偏少①，反映出外来务工人员的居住条件仍远低于上海市的平均水平。

（二）文化消费：市场与公共服务的夹心层

一般而言，获取文化产品的主要途径不外乎两种：一是通过市场购买，譬如去电影院、剧院消费；二是通过政府提供的公共服务，譬如公共图书馆、社区文化中心。新生代农民工则处于两者的夹缝之中。一方面，他们由于收入微薄，无力承担相对高昂的文化消费。在访谈中，有多位青年农民工表示："进电影院看进口大片需要 80 元，一般的片子也要 40 元。太

① 周军：《上海市统计局：沪人均住房居住面积达 17.5 平方米》，《新民晚报》，2011 年 3 月 5 日。

贵了！"另一方面，他们缺乏户籍身份，也无法享受由政府提供的以户籍为衡量标准的公共文化服务项目。如下是笔者对新生代农民工在文化消费方面的调研数据。

1. 月收入状况

提高精神文化生活的质量是缓解工作压力的有效手段。在访谈中，新生代农民工也表达了对电影、音乐会、图书等文化活动的向往，但当前的文化消费市场却让低收入的他们捉襟见肘。在此次调查的受访者当中，月收入在 1 200—3 000 元的人数占到了四分之三（76.4%），更有 4.4% 的人月收入在 1 200元以下。这样的收入水平在上海几乎只能维持最基本的物质生活，无力在文化产品上有所投入。上海丰富的文化产品和发达的文化产业主要面向中产阶层和城市居民，相对高昂的价格让新生代农民工难以企及。

2. 文化消费状况

以被访者的首要娱乐开支为例，上网占 40.7%，购买书报杂志和支付手机娱乐费用等开销较低的活动共计占 33.5%。

3. 文化消费的主要障碍

在被问到进行文化消费的主要障碍时（如表 3-1 所示），58.5% 的受访者坦诚"价格偏高"是自身进行更多文化消费的主要障碍，他们希望有更多公益性质的文化产品与文化服务。

表 3-1　文化消费的主要障碍（可多选）

主　要　障　碍	选　择　比　例
价格偏高	58.5%
没有时间	24.0%

主 要 障 碍	选 择 比 例
缺乏信息	9.9%
项目太少	3.8%
路途遥远	3.4%
缺乏兴趣	5.3%
其 他	2.8%

4. 生活消费状况

就其家庭每月具体开支来看，样本平均每月总消费为
2 433.2元，具体开支项目及其占家庭总开支的比例如图3-1
所示。

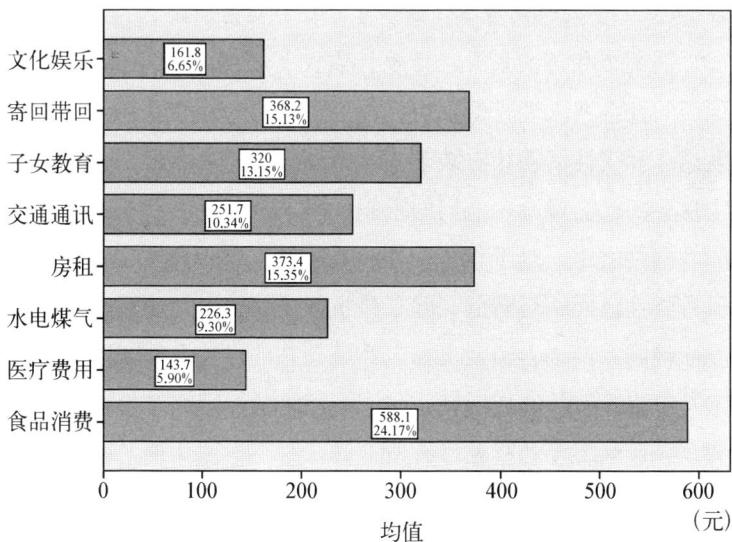

图3-1 家庭每月开支明细

从图 3-1 可以看出，食品消费和房租是家庭每月开支的主要部分。同时，由于外来务工人员的特殊性质，一定比重的收入将通过各种方式寄回或带回老家，但汇款占收入的比重较之父辈大大降低。2000 年前后的调查发现：有 50％的农民工将自己收入的 40％以上汇往家乡[①]；而我们的调查发现，新生代农民工平均汇款比重为 15％左右。以上三种开支每月平均达到了 1 329.7 元，占每月总开支的 54.65％。另外，外来务工人员年龄层次较轻，因而子女教育也是日常开支中不可忽视的一部分，每月到达 320 元左右。而本研究所关注的文化娱乐消费只占每月总开支的 6.65％，每月约花费 161.8 元。这一数据与前述工资水平较低的观点相互论证，可见外来务工人员在精神文化娱乐生活上的相对贫乏。

（三）业余时间安排：集体性、社交性活动缺乏

从调查和访谈来看，新生代农民工相对于上一代农民工，他们的社会嵌入性较低，也就是说，他们的社会关系网络不太发达，社交性活动相对缺乏。对第一代农民工而言，老乡是最为重要的社会资源，他们的求职、娱乐、互助活动深深地嵌入同乡网络之中。对于新生代农民工而言，同乡网络虽然重要，但重要性已经相对降低，除了建筑行业的新生代农民工仍然高度依赖同乡网络、经常参加老乡聚会之外，大多数新生代农民工平常很少有社交性活动，与同乡网络的关系相对松散，学缘关系、业缘关系的重要性有所上升。这一方面体现了新生代农民工的社会交往不再囿于同乡网络等地域因素，更加具有开放

---

① 李强：《中国外出农民工及其汇款之研究》，《社会学研究》2001 年第 4 期。

性、多样性；另一方面也使得新生代农民工的社会支持网相对脆弱，在业余时间里，他们往往倾向于从事个体性的活动，譬如睡觉、上网、听音乐、看电视，而很少与外界进行面对面的交流，导致缺乏情感沟通、生活压力难以释放。如下是笔者对新生代农民工业余时间安排状况的调研数据。

1. 探亲频率

繁忙的工作之余，与故乡亲人的联系是外来务工人员最大的寄托，84.1%的受访者至少一年回家探亲一次。

2. 与家人的联系频率

无法回乡的时间里，96.8%的人首选电话和短信作为自己与家人的联系方式。同时，有将近一半的受访者（47.1%）会使用网络联系家人，传统的书信方式已基本淘汰。74.4%的受访者每周都会和家人联系，20.8%的人至少每月会联系一次。

3. 业余时间安排状况

与上文提到的减压方式相似，50.7%的受访者会将业余时间主要花在听音乐或看电影电视上，更有13.7%的人会以睡觉打发时间，进行社会交往活动的比重极低。这反映出他们业余生活的单调乏味，也间接体现了农民工的高劳动强度。

4. 制约日常休闲娱乐的主要障碍

42.5%的人认为"空闲时间少"和"精力不够"是制约日常休闲娱乐的主要障碍。这也与他们较低的收入直接相关，40.9%的人认为经济因素使他们难以奢望文化娱乐。

5. 信用卡、公交卡与互联网的使用频率

使用上海公共交通卡的频率可以在一定程度上衡量农民工与城市社会的接触程度和社会交往密度，然而"几乎不用"或

"很少用"的受访者多达 57.3%，仅有 8.3% 的人表示"一直使用"。这不仅反映了受访者业余活动较少，更表明他们的活动区域相当狭小。为节省生活开支，他们不得不局限在居住地或工作场所周边，即使业余时间也不会主动扩大活动范围。作为新兴支付工具的信用卡在外来务工人员中的普及率是三者中最低的。这说明新生代农民工掌握的消费文化产品的途径还非常有限。

（四）社区文化生活参与：主流社会的局外人

调查数据发现新生代农民工不仅活动范围狭小，而且对所在社区文化生活的参与程度也偏低。客观上，这是由户籍制度的排斥与居住空间的隔离导致的，农民工聚居区往往集中于城乡接合部、城中村、棚户区，这些地方都属于城市边缘地带，社区文化资源相对匮乏；主观上，由于外来务工人员的文化程度不高，对社区文化资源缺乏知晓度和主动参与的积极性。这使得他们成为城市主流社会的局外人。以下是笔者对新生代农民工参与社区文化生活状况的调研数据。

1. 参与社区文化娱乐活动状况

问卷显示，"根本不知道社区有活动"和"知道，但没被邀请"的受访者共占 63.3%，经常参加社区活动的人仅有 7.7%。这与上海市在社区文化建设方面的投入不成正比，也说明社区文化娱乐活动在内容设计和宣传途径上存在一定问题。

2. 参与社区活动种类

在社区活动中，受访者以参加电影和演出活动（52.8%）、文体活动（29.5%）等传统项目为主，新兴的公益活动和读书等有益于长远发展的活动仅得到约四分之一受访者的青睐（如表 3-2 所示）。这与新生代农民工的文化水平有直接联系，也提示我们在设计社区活动时，应充分考虑新生代农民工的兴趣喜好。

表 3-2　各种社区活动的参加比例（可多选）

社区活动项目	选择比例
电影和演出	52.8%
文体活动	29.5%
培　训	47.1%
阅览借书	27.1%
公益活动	24.8%
户外活动	40.9%
其　他	3.1%

3. 对社区文化设施与活动的评价

71.5%的受访者认为所在社区的文化设施一般或较差，认为社区文化活动一般或较差的更是达到73%。这与新生代农民工的居住环境有直接联系，但也间接反映了社区文化硬件和软件资源的同步缺乏，不能完全满足新生代农民工日益增长的精神文化需求。

4. 对企业及团组织组织文化活动的评价

受访者所在的企业以及共青团组织所提供的文化活动也被认为是偏少的，分别有53%和53.6%的人表示从没参加过企业和团组织的文娱活动。

5. 交友意愿

对所在城市缺乏认同感一直是外来务工人员的心病。数据中显示有 42.3％的受访者会在看电视听广播时优先选择上海本地的电视台和电台，也有 80.7％的人至少能听懂一点上海话。但不容乐观的是，只有 11.7％的外来务工者会乐意和上海人交朋友，这个数字不仅远远低于与老乡优先发展友谊的比例（57.2％），而且也低于乐意"与其他外省市工友"交朋友的比例（18.8％）。

（五）宗教信仰状况

宗教信仰是精神文化生活的一个重要组成部分。在本次调查的受访者中，虽然无宗教信仰人群依然占三分之二强，但宗教的影响不容小视。有 201 人表示信仰佛教，占回答该问题人数的 23.1％；基督教与天主教信徒也达到 5.1％。由于基督教、天主教信徒一般不轻易表明自己的宗教信仰，实际比例很可能高于这一数字（在对上海市 51 户农民工的访谈中，我们发现有多达 12 户是家庭教会成员，其比例要远高于其他人群）。家庭教会已经明确将贫困者、背井离乡者和青年学生列为其重点传教人群，新生代农民工恰好是这三大人群的交集。

从整体上来看，外地来沪务工人员对自己的幸福感自评分（0 分表示一点也不幸福，10 分表示非常幸福）均值为 6.72 分，对自己在上海的精神文化生活满意度（0 分表示一点也不满意，10 分表示非常满意）为 6.07 分。这说明精神文化生活是新生代农民工在沪总体生活的一块软肋，主观满意度较低。52.1％的人认为"上海不过是我打工谋生的地方"或"我只是上海的过客而已"。城市在改善新生代农民工工作生活状况的时候，需要着力提高他们的精神文化生活质量。

二、从生存到发展：工作场所中的
新生代农民工

从问卷和访谈来看，新生代农民工来沪务工的动机是复杂多元的：既有迫于生存压力的，也有为了获得更高收入的，还有为了实现梦想、增长见识或体验城市生活的。虽然生存取向的经济动因仍然居于主导地位，有65.1%的受访者将"赚钱养家"作为自己来沪工作的首要动因，但是，选择"过城市生活""见见世面""寻找发展机会"和"为前途考虑"等非经济动因的受访者也多达32.9%，其中"寻找发展机会"占16%，仅次于"赚钱养家"（如表3-3所示）。

表3-3 来沪务工的首要原因（N＝867）

原　　因	选 择 比 例
赚钱养家	564（65.1%）
过城市生活	42（4.8%）
见见世面	72（8.3%）
寻找发展机会	141（16.2%）
为前途考虑	34（3.9%）
老家无机会	5（0.6%）
不会做农活	5（0.6%）
没有责任田	4（0.5%）

来沪新生代农民工的动力主要是为了求发展。他们外出务工的动机与父辈已经呈现一定的差异，即从生存取向转向发展

取向，他们更多地把进城务工看作谋求发展的途径，不仅注重工资待遇，而且也注重自身技能的提高和权利的实现。此外，新生代农民工就业的行业分布呈现明显的"两升一降"特征，即在制造业、服务业中的比重呈上升趋势，在建筑业中呈下降趋势[①]。

有 62.9％的人在来到上海后打过 1—2 份工，29.9％的人打过 3—5 份工，打过 5 份工以上的仅为 7.2％，这反映出外地来沪人员的求职与实际工作过程较为稳定，能够很快找到工作并长期从事。

63.2％的外来人员签订了一年及以上期限的劳动合同，签订无固定期限劳动合同和一年以下劳动合同的只占 21.5％，无劳动合同的占 7.2％。这反映出上海市在加强劳动合同法律监管方面所取得的进步，但无劳动合同工的现象依然存在，尤其是建筑业工人无劳动合同的情况较为多见，其待遇和保障问题依然没有得到法律的有效保护。

制造业和建筑业仍然是新生代农民工从事的主要行业，但服务业等第三产业正成为他们的就业新趋向，商业服务人员是所有工作种类中比例最高的，达到 25.5％，同时，运输设备操作人员也达到 25.2％。

受访者平均每周工作 5.6 天，每天工作 9.28 小时。周工作日为 6 天或 7 天的人数占总人数的 61％，每日工作 8 小时以上的占 53.5％，加班和超时工作的情况较为普遍。

有 77.4％的受访者认为"没有技术"和"学历过低"已

---

① 全国总工会新生代农民工问题课题组：《关于新生代农民工问题的研究报告》，《工人日报》，2010 年 6 月 21 日。

成为外来务工人员求职过程中的最主要障碍。外来务工人员也很少接受学校正规教育之外的培训，86.7％的受访者表示没有接受过农业培训，84.6％的人没有接受过非农培训，仅有29.9％的人有过学徒工经验。

46.2％的受访者认为自己所从事工作的劳动压力"很大"或"较大"。同时，有50.9％的受访者认为"富士康跳楼"事件主要是由工作压力过大所致。这些数据反映出新生代农民工中可能存在紧张情绪，普遍的劳动和工作压力如果不能及时疏导，可能会在特定条件下转化为过激行为。

面对巨大的压力，略多于三分之一（36.4％）的受访者以听音乐作为自己舒缓精神的首要方法，优先选择看电视和电影、上网以及睡觉的人数共计占43.8％。与此形成鲜明的是，选择"找朋友倾诉""向父母和亲人诉说""文体活动"以及"加入社团"等总计仅9.6％。这说明个体性活动仍然是新生代农民工舒缓压力的首要渠道，社会交往性活动偏少，甚至有3.8％的人选择"沉默"或是"哭泣"。这一现象值得我们高度重视，因为社会交往和人际网络的缺乏可能会导致自杀率上升、反社会行为增多[①]。减轻外来务工人员精神压力，降低他们的工作强度，帮助他们建立社会支持网，已经刻不容缓。

49％的受访者参加了综合保险，22.5％参加了城保，参加农村老保的仅为16.4％，参加合作医疗的为26.8％。商业保险因其保费偏高、信息难以获得等原因，参保者仅占3.8％。

---

① ［法］埃米尔·迪尔凯姆：《自杀论》，冯韵文译，商务印书馆2008年版。

社会保障制度改革的滞后性已成为困扰外来务工人员的一大难题。

三、新生代农民工的权利意识和维权方式

全球性的经济不景气给中国产业工人带来巨大的转型阵痛。沿海地区部分出口导向型企业的"关厂潮""内迁潮"引发工人的不满情绪，导致罢工、抗议活动，譬如，2015 年 3 月，东莞工人因不满工厂突然关闭而在政府门口聚集；随着以富士康为代表的劳动力密集型产业内迁，内地的工人群体性事件逐步上升。也就是说，工人的群体性事件有从东南沿海向全国蔓延的趋势。在沿海地区的制造业企业中背井离乡的农民工在资方"半军事化"管理下，大部分被"原子化"而失去了集体行动的能力。当工厂内迁之后，雇用的大多是当地工人，他们占有地缘与亲缘的优势，更容易进行组织动员，导致集体性抗议活动大大增加①。富士康在武汉、太原、成都、郑州等地的工厂多次爆发群体性事件，即为明证。

在本次调查中，笔者试图了解：当劳动权益受到侵害时，外来务工人员会选择采用何种方式维权呢？数据显示（如表3-4 所示），同乡支持网络仍然是受访者的首选，有 23.7% 的受访者选择优先向同乡或亲友求助，这说明链式移民使得外来

---

① 汪建华：《包揽式政商关系、本地化用工与内地中小城市的劳工抗争》，《社会学研究》2017 年第 2 期。

务工人员倾向于抱团。优先选择向单位领导或是政府部门求助的共计 40.6%（两者各占 20.3%），这一现象让人喜忧参半：一方面，这说明新生代农民工对于政府的信任；另一方面，如果劳资双方的经济性冲突最后都由政府"买单"，这无疑是一种潜在的治理风险①。而本应在经济纠纷和维权事务中发挥作用的工会和党、团组织等却并没有得到劳动者应有的认同，选择"党组织""团组织"和"工会"作为维权手段的总计仅有 11.4%，只是和选择"自己解决"的比例相等。如何发挥党、团组织的作用，如何使工会真正成为农民工的主心骨，是一个亟待解决的问题。

　　沈原等人的研究发现：农民工组织化的渠道正在发生转变，他们不再满足于仅仅从先赋性的乡缘、亲属关系中获得支持，自致性的业缘网络逐渐在部分农民工的生活中占据重要位置；他们也不再仅仅诉诸非正式组织渠道获取资源，而是开始尝试向劳工 NGO 寻求帮助，或者要求组建民主工会。地方政府在劳资冲突中难以保持超然地位，在农民工缺乏制度性组织渠道的背景下，劳资关系严重失衡，农民工即便经过长期的集体抗议，也很可能难以争取到应有的权益。有鉴于此，劳工 NGO、律师、学者、高校学生等同情劳工的社会力量，以不断发生的劳工集体维权事件为契机，与农民工中的积极分子一道，逐渐形成跨阶层的团结网络，在更为广泛的领域内推进劳

---

① 蔡禾等人对珠三角农民工的抽样调查发现，在遭受到利益侵害的农民工当中，有 28.2% 的人通过行政投诉进行利益抗争，有 24.8% 的人通过集体行动进行利益抗争。参见蔡禾、李超海、冯建华：《利益受损农民工的利益抗争行为研究——基于珠三角企业的调查》，《社会学研究》2009 年第 1 期。

工维权行动①。

汪建华则发现，工厂周围丛生的各种帮派、混混团体，近年来也开始逐渐介入到一些大规模的劳工骚乱中，他们对劳工政治的影响同样不可忽视②。

表 3-4 维权求助对象的分布比例

（单位：%）

求 助 对 象	选 择 比 例
同乡或亲友	23.7
党组织	1.5
团组织	0.9
工 会	9
单位领导	20.3
政府部门	20.3
新闻媒体	5.7
上网求助	0.5
自己解决	11.4
默默忍受	4.8
教 友	0.5
其 他	1.5

---

① 沈原等：《新生代农民工的组织化趋势》（2014 年 12 月 20 日），爱思想网，http://m.aisixiang.com/data/81585.html，最后浏览日期：2019 年 7 月 27 日。
② 汪建华：《黑白之间：世界工厂周围的帮派与劳工政治》，《文化纵横》2015 年第 1 期。

在对 30 名新生代农民工和 20 名老一辈农民工的访谈中，笔者发现：新生代农民工更多地提及"人权""自由""平等"等词汇，而老一代农民工更多地提及"命运""忍""没办法"等字眼。当问及个人权利是来自政府的规定、法律的赋予还是与生俱来（天赋）的，大约五成的新生代农民工认为是与生俱来的，四分之一左右认为是法律赋予的；而超过七成的老一代农民工认为是政府规定的（如表 3-5 所示）。显然，新生代农民工的权利意识较上一代更为强烈、清晰，更接近我们通常所理解的公民人格。这主要是因为新生代农民工的受教育程度更高，更多地接触互联网（主要是通过手机上网），从而接触到更丰富、多元的信息。

表 3-5　农民工对于个人权利来源的看法

个人权利来源	新生代农民工		老一辈农民工	
选　项	频数	百分比	频数	百分比
与生俱来	16	53.3%	2	10.0%
法律赋予	7	23.3%	3	15.0%
政府规定	6	20.0%	15	75.0%
不清楚	1	3.3%	0	0

那么，城市如何让生活更美好呢？笔者在调研中发现，僵化的户籍政策是阻碍被访者融入城市的主要因素之一，有 69.7% 的人十分关心户籍政策的变化，还有 23.4% 的受访者最渴望切实解决子女接受义务教育并在上海参加中高考的问题（如表 3-6 所示）。这也导致被访者对上海的认同感相对较低。

表3-6　最期待改善的待遇

最期待改善的待遇	频　率	百分比（%）
子女教育	206	23.4
劳动保障	100	11.4
工资收入	422	47.9
就业机会	39	4.4
职业培训	56	6.4
医疗保障	44	5.0
开放公共设施	11	1.2
其　　他	3	0.3
合　　计	881	100.0

四、公民权政治的兴起

笔者的问卷调查显示：与老一辈农民工相比，新生代农民工更加注重私密空间与生活质量，居住空间从生产场所向社区转移；权利意识更加清晰，更接近公民人格；融入城市的愿望较为强烈，汇款占收入的比例大幅下降，就地消费比重提高，具有更强的移民倾向。

美国学者裴宜理认为，中国人的权利观念是独特的，不同于西方社会。在英美传统中，权利是自然权利，被认为是由上帝赋予的而不是国家赋予的。而在中国，权利往往被理解为由国家认可的、旨在增进国家统一和繁荣的手段，而非由自然赋予的旨在化解国家干预的保护机制。在此情形下，民众对行使自身权利的诉求很可能是对国家权力的强化而不是挑战。因此，裴宜理主张将建构当代中国抗议活动的框架模式称为"规则意识"（rules consciousness）而不是"权利意识"（rights consciousness）[①]。

然而，随着80后、90后的成长，裴宜理的这一论断也许会变得不合时宜。2010年（佛山）南海本田工人罢工就是一个标志性事件：对于新生代农民工而言，规则意识和权利意识不再是对立的两极，他们不仅懂得运用既定规则（譬如《劳动法》）维护自身权益不受侵害，也开始通过争取新的权利（譬如集体谈判）寻求利益的扩大化。

新生代农民工面对的是身份与阶层的双重不平等。一是身份政治，核心是制度性歧视，即以户籍制度为基础的教育制度、社会保障制度、就业制度，强化了农民工及其子女在升学、求职、住房等领域的劣势；二是阶层，核心是阶层不平等，即主要由家庭背景和市场机遇所造就的社会经济地位差距。作为流动人口，他们遭遇制度性歧视；作为底层，他们在经济-社会结构中处于不利位置。阶层政治和身份政治是理解农民工命运的关键[②]。身份政治在前台运作，阶层政治在后台运作。

公民权则是身份政治与阶层政治的交汇点。由于当代中国是一个发展型国家，政府对于经济发展的介入程度非常深，针

[①] Elizabeth J. Perry, "A New Rights Consciousness?", *Journal of Democracy*, 2009, 20（3）, pp. 17 - 20; Lianjiang Li, "Rights Consciousness and Rules Consciousness in Contemporary China", *The China Journal*, 2010, No. 64, pp. 47-68.

[②] 熊易寒：《命运的政治学》，《开放时代》2011年第10期。

对企业主的抗争最终会指向政府或需要政府介入（南海本田罢工、富士康事件都是如此），阶层政治和身份政治最终会在公民权的问题上交汇。公民权通过自由创造机会，通过权利保障利益，通过福利缩小贫富差距，从而降低阶层的显著性，在一定程度上弥合劳资冲突、官民冲突，以及居民与移民的矛盾。

"从生产政治到公民权政治"并非是要将阶层政治（生产政治）与身份政治（公民权政治）对立起来。事实上，马歇尔的研究已经揭示了公民权与工人运动/阶级斗争的内在关联性：英国工人阶级运用民事权利和政治权利去影响政府的立法与决策，扩展了社会权利。工业公民权的产生实际上是民事权利和政治权利同时运作的结果。通过工人运动，工人争取到组织、罢工和谈判的权利，即工业公民权，继而在这个基础上，产生了劳动者的个人权利，由国家立法来保护工人的权利①。如果说阶级分析展示了一个撕裂的世界，那么公民权的诞生就是试图缝合这个撕裂的世界。从这个意义上讲，公民权政治不是对阶层政治和生产政治的否定，恰恰相反，公民权政治是嵌入在阶层政治和生产关系之中的。正是由于中国特色的户籍制度，以及地方政府在经济发展和资源配置中的主导作用，才使得地方性公民权成为理解劳资关系和中国工人阶级命运的重要分析工具。如此一来，我们便不难理解，为什么农民工在与资方进行讨价还价或抗争的时候，总是试图引起政府的关注或介入。在当代中国的政治-社会情境下，无论是公民权政治，还是生

---

① 陈峰：《罢工潮与工人集体权利的建构》，《二十一世纪》2011 年 4 月号。

产政治，都是围绕政府、资本、劳工三方互动而展开的。由于资本的高度流动性，而发展型国家为了经济增长形成了对资本的依赖性，在一定程度上导致了"冲向底线的赛跑"（race to the bottom），弱化了地方政府对于劳工的保护①，地方性公民权恰恰强化了农民工的弱势地位，无助于缓和阶层分化与阶层冲突。

新生代农民工的抗争就是公民权政治的一种表现。当前农民工的抗争是马克思式劳工抗争（Marx-type labor unrest）与波兰尼式劳动抗争（Polanyi-type labor unrest）的混合体，既有针对雇主的反抗（如富士康员工自杀事件、南海本田罢工），也有针对地方政府的抗争和针对当地社会的骚乱（如增城事件）。所谓马克思式的劳工抗争，指的是那些新兴工人阶级的斗争，作为历史上资本主义发展的无意识后果，他们被成功打造且得到了增强，尽管在这个过程中旧的工人阶级正经历着解体；所谓波兰尼式的劳工抗争，指的是劳工对扩张到全球的自我调节的市场的反冲式抵制，尤其是由那些正因全球经济转变而发生消解的工人阶级和那些曾经从已经建立起来的，但正在被从上而下地抛弃的社会契约中获益的工人们，他们所进行的反冲式抗争②。就目前而言，波兰尼式的抗争似乎居于主导地位，阶级话语和阶级意识不够明朗更多地是针对市场的恶。

近年来，新生代农民工在农民工群体中所占的比例越来越

---

① See Beverly J. Silver, *Forces of Labor: Workers' Movements and Globalization since 1870*, Cambridge University Press，2003.

② Ibid.

大。据统计，2010 年，全国 1980 年之后出生的新生代农民工
总人数达到 8 487 万人。上海的 897.7 万外来常住人口中（其
中有 79.4％ 的人口是农民工），20—34 岁的青壮年人口为
422.03 万人，占外来常住人口的 47％，并且超过同一年龄段
上海户籍人口的数量①。在这样一种背景下，我国城市的公民
权政治会越来越明朗。各级政府亟须正视这种代际差异，主动
地应对这种趋势，通过制度建设而不是个案式的方法化解
冲突。

对于新生代农民工而言，最稀缺的资源是权利，尤其是积
极权利；要真正改善他们的境遇，最有效的途径是赋权
（empowerment），因为他们不是弱者（the weak），而只是处
于不利位置的弱势者（the disadvantaged）。贝弗里·西尔弗
（Beverly Silver）在《劳工的力量》一书中，将工人阶级的力
量分为“结社力量”（associational power）和“结构力量”
（structural power）。所谓“结社力量”是指工人阶级形成自
己的组织、通过各种集体行动表达自己诉求的能力；所谓“结
构力量”即工人在经济系统中所处的位置产生的力量②。向农
民工赋权，首先是要赋予他们团结权和结社权，让他们拥有
“结社力量”；结社力量的形成会强化农民工的“结构力量”。
国家也要通过立法、行政监管等手段来平衡和调节劳资关系，
避免劳动力的过度商品化，从制度层面保障农民工在劳动力市

---

① 《上海外来常住人口达 897.7 万，青壮年占 47％》，《解放日报》，2011 年 9 月
24 日。

② See Beverly J. Silver, *Forces of Labor: Workers' Movements and Globalization since 1870*, Cambridge University Press，2003.

场和生产过程中具有讨价还价的能力（bargaining power）[1]。

通过对新生代农民工日常生活的考察，笔者看到：农民工不仅仅是生产政体与生产过程中的劳动者，也是有权利诉求的公民，更是有血有肉有情感的人。作为劳动者，他们要求的是收入和福利；作为公民，他们要求的是权利；作为人，他们要求的是尊严。而农民工作为公民和人的需求，恰恰是以往的城市化道路和分配体系所忽略的。"经济吸纳，社会排斥"的半城市化道路将农村人口吸纳到城市中来，这部分人口只是作为生产要素（劳动力）参与到城市的经济体中来，而不享有城市公民或城郊村民的各项权利[2]。由此导致了劳动力的过度商品化，忽视了劳动力作为人和公民的需求。而"生产政治"对劳资关系和生产体制的关注，仅仅能够解释"马克思式劳动抗争"，并不能解释"波兰尼式劳动抗争"。从这个意义上讲，"公民权政治"是对"生产政治"的理论补充，其最终的指向是让农民工成为有尊严、有权利、有体面收入的"公民劳动者"[3]。

尤为重要的是，"公民政治权"突破了工业公民权的范畴，指向了更为根本的公民权。如果说生产政治和工业公民权是以劳资关系为核心的，那么地方性公民权就是以国家与公民的关系为核心的。公民权利的配置在很大程度上会直接影响劳资双

---

[1]　沈原：《社会转型与工人阶级的再形成》，《社会学研究》2006年第2期；刘建洲：《农民工的抗争行动及其对阶级形成的意义——一个类型学的分析》，《青年研究》2011年第1期。

[2]　熊易寒：《半城市化对中国乡村民主的挑战》，《华中师范大学学报》2012年第1期。

[3]　熊易寒：《新生代农民工的权利意识》，《文化纵横》2012年第1期。

方的力量对比。现代国家对劳资关系的影响绝不是一种"事后干预"（在劳资冲突中充当仲裁者），现代国家的立法和公民权利配置已然设定了劳资博弈的框架，该框架作为一种先在的结构深刻影响劳资关系的走向。

第四章

生活在别处：
农民工的社会认同与社会融合*

* 本章在褚荣伟、熊易寒、邹怡共同完成的学术论文的基础上改写而成。

城镇化是以农业为主的传统乡村社会向以工业和服务业为主的现代城市社会转变的历史过程,这个过程伴随着乡村人口向城市的大规模流动①。这种流动既体现为发展中国家的农村人口向发达国家的城市流动,也体现为发展中国家人口的内部流动,而后者从规模和速度上来说都远远超过前者。根据第六次全国人口普查统计数据,我国流动人口已达约2.6亿,占总人口的比例约为16.5%。规模巨大的城乡移民如何真正融入城市决定了中国社会未来发展的方向。国内学者从不同的视角对社会融合进行了概念性讨论。杨菊华认为社会融合是一个动态的、渐进式的、多维度的、互动的概念②,张文宏和雷开春则表示社会融合是一个综合而具有挑战性的概念③。任远和乔楠提出流动人口的社会融合是一个逐步同化和减少排斥的过程,是流动人口对城市的主观期望和城市的客观接纳相统一的过程,是本地人口与外来移民发生相互交往和构建相互关系的

① Doug Saunders, *Arrival City: How the Largest Migration in History Is Reshaping Our World*, Pantheon, 2011;崔岩:《流动人口心理层面的社会融入和身份认同问题研究》,《社会学研究》2012年第5期。
② 杨菊华:《从隔离,选择融入到融合:流动人口社会融入问题的理论思考》,《人口研究》2009年第1期。
③ 张文宏、雷开春:《城市新移民社会认同的结构模型》,《社会学研究》2009年第4期。

过程①。具体来说，这种融合可以理解为农民工在城市社会中自愿或被迫的"再社会化"——个体舍弃过去接受的一套社会规范和价值标准，重新学习社会所要求的社会规范与行为方式的过程②——和文化融合③。农民工需要在生活方式、社会交往、价值观念等方面与城市逐步融合④。假如农民工进城后并没有很好地与当地社会融合，并形成地理和心理上的隔离，此种现象称为农民工的"内卷化"，主要表现是农民工在城市的城郊接合部、贫民区、棚户区大量聚集。实证研究通常将社会融合分为经济、社会、文化行为、心理和身份等层次，对于社会融合的维度划分存在共识，但对于社会融合的各维度之间是否存在递进的逻辑关系则存在争议⑤。国内学者对于流动人口的社会融合研究共同认为，融合是重要的，是多维度的，是动态的。但对于融合的测量无法统一，而对融合的后果研究则不多，更多将其作为结果变量⑥。

事实上，国外针对国际移民的研究历来已久，成果丰硕，其中涵化（acculturation）被公认为重要的研究主题

---

① 任远、乔楠：《城市流动人口社会融合的过程，测量及影响因素》，《人口研究》2010 年第 2 期。
② 张春龙、聂玉梅：《"农民"向"市民"的转化：城市化过程中进城农村人口的再社会化》，《城乡建设》2001 年第 8 期；王燕华、张大勇：《城市化进程中农民工群体的"再社会化"问题》，《中国农业大学学报》2004 年第 1 期。
③ 任远、邬民乐：《城市流动人口的社会融合：文献述评》，《人口研究》2006 年第 6 期。
④ 张国胜：《农民工市民化的城市融入机制研究》，《江西财经大学学报》2007 年第 2 期；郭星华、姜华：《农民工城市适应研究的几种理论视角》，《探索与争鸣》2009 年第 1 期。
⑤ 李培林、田丰：《中国农民工社会融入的代际比较》，《社会》2012 年第 5 期。
⑥ 周皓：《流动人口社会融合的测量及理论思考》，《人口研究》2012 年第 3 期。

之一①。"涵化"指的是"由个体组成的、具有不同文化的民族间发生持续的直接接触，从而导致一方或双方原有文化形式发生变迁的现象"。但很少有研究直接讨论国家城市化过程中的乡城迁移者的涵化问题②，这种忽略的前提是假设国家内部之间的种族、民族、社会或文化之间的差别不大，尤其是对于西方发达国家来说。但在大多数发展中国家，历史遗留的制度约束使得乡村居民和城市居民之间事实上存在着巨大的差距，比如，中国的户籍制度（hukou）、印度的种姓制度（caste）、俄罗斯的居住许可制度（propiska），除此之外，社会阶层和社会等级的差别往往使得乡城迁移者的自我存在改变或被改变、定义或被定义的过程③。中国"二元"社会的存在使城市社会与乡村社会之间的差距巨大，当农民工进入城市后，同样会存在某种程度的涵化问题，形成某种社会认同的参考对象，也会形成身份的转变。因此，乡城迁移者的城市文化的适应和身份的认同研究可以借鉴国际移民的涵化研究成果，来回答中国农民工的社会认同问题。

　　本书内容不同于大部分现有研究讨论社会融合（或社会融

---

① John W. Berry, "Acculturation as Varieties of Adaptation", in A. M. Padilla, *Acculturation: Theory, Models and Some New Findings*, Westview Press, 1980, pp. 9-25; Seth J. Schwartz, Jennifer B. Unger, Byron L. Zamboanga, and José Szapocznik, "Rethinking the Concept of Acculturation: Implications for Theory and Research", *American Psychologist*, 2010, 65 (4), pp. 237-251.

② Yongxia Gui, John W. Berry, and Yong Zheng, "Migrant Worker Acculturation in China", *International Journal of Intercultural Relations*, 2012, 36 (4), pp. 598-610.

③ Tuba Üstüner and Douglas B. Holt, "Dominated Consumer Acculturation: The Social Construction of Poor Migrant Women's Consumer Identity Projects in a Turkish Squatter", *Journal of Consumer Research*, 2007, 34 (1), pp. 41-56.

入）这样的大主题，而将研究重点放在社会融合的一种重要方面——身份或社会认同[1]，外来人口是否认同自己属于"本地人"这一社会身份可以被作为衡量其在居住地社会融入的重要标志。之前的研究都说明身份层面的融合才是真正意义上的融入，而经济、社会、文化等层面的融合最终才可以产生身份认同。在当下的中国，"农民工"作为一种区别于"城市居民"和"农民"的第三类社会类别存在构建、固化以及再生产的过程[2]。农民工的身份认同可能来自工作环境[3]，农民工如果能够在工作空间中获得更高的工作社会地位认知，那么其城市认同感越高。崔岩则直接考察了外来人口的本地居民身份认同问题，将这一问题置于社会融合的重要结果之一来衡量，从而发现，外来人口对个体社会身份的选择既受到既有制度和政策因素的影响，也受到个体特征的作用[4]。本章则基于涵化视角，实证分析了农民工的乡村认同与城市认同选择的决定模型。本章在介绍已有的涵化模式以及产生的社会认同研究成果之后，提出中国农民工社会认同的决定因素假设，利用上海农民工的抽样调查数据检验相关假设，最后讨论涵化研究在中国农民工群体内的扩展和公共政策启示。

---

[1] 张文宏、雷开春：《城市新移民社会认同的结构模型》，《社会学研究》2009年第4期；崔岩：《流动人口心理层面的社会融入和身份认同问题研究》，《社会学研究》2012年第5期。

[2] 陈映芳：《"农民工"：制度安排与身份认同》，《社会学研究》2005年第3期。

[3] 秦昕、张翠莲、马力、徐敏亚、邓世翔：《从农村到城市：农民工的城市融合影响模型》，《管理世界》2011年第10期。

[4] 崔岩：《流动人口心理层面的社会融入和身份认同问题研究》，《社会学研究》2012年第5期。

一、涵化模式与身份认同

国际移民的涵化理论主要提出了两种模式：一元线性模式和二元矩阵模式。这两种模式在中国内部乡城移民者的情境中有如下解释。一元线性模式认为农民工完全接受城市文化，并最终融入城市社会，形成城市认同，否则则退回到乡村认同[1]。二元矩阵模式则是一种依据文化态度不同而选择的模型：融合（integration）模式体现为农民工既接受城市文化也保留乡村习俗；同化（assimilation）模式体现为完全接受城市文化，放弃乡村习俗；分离（seperation）模式指农民工仍然保留乡村习俗，而不愿意接受城市文化；边缘化（marginalization）模式则指农民工处于两种文化都不愿认同的状态，不想遵循乡村习俗，却也无法认同城市文化[2]。部分学者验证了二元矩阵模式在农民工群体中的存在[3]。但四种模式的划分具有主观性，因为通过中间（median）取值的方法必然会产生四种模式，但更加精确的方法则发现不是在给定的样本或人群中所有的四种模式都会存在，而且即使是同一个模式（比如，融合）也可能存在

[1]　Milton M. Gordon, *Assimilation in American Life: The Role of Race, Religion, and National Origins*, Oxford University Press, 1964.

[2]　John W. Berry, "Immigration, Acculturation, and Adaptation", *Journal of Cross-Cultural Psychology*, 1997, 46 (1), pp. 5-34.

[3]　袁晓娇、方晓义、刘杨、蔺秀云、邓林园：《流动儿童社会认同的特点、影响因素及其作用》，《教育研究》2010 年第 3 期；Yongxia Gui, John W. Berry, and Yong Zheng, "Migrant Worker Acculturation in China", *International Journal of Intercultural Relations*, 2012, 36 (4), pp. 598-610。

多种子模式①。除此之外，国外关于融合模式的理论是"区隔型同化"（segmented assimilation）②，新移民既可以按照一元模式融入社会主流，也可能被迫融入社会底层。

　　社会认同体现为个人在情感或价值意义上将自己视为某个群体成员或隶属某个群体的认知。无论是一元线性模型还是二元矩阵模型都暗含着移民的社会认同方式，比如，融合往往意味着双文化身份，融入则体现为东道国文化的社会认同，而分离则表现为母国文化的社会认同。但是有学者则指出，大部分的涵化文献关注于行为涵化，而对于种族身份的研究则独立于此框架③。当然少量的研究在考察美国和欧洲的移民及其子女时将两者结合起来，并分析了美国人身份（American identity）④。社会心理学家也讨论移民者身份（immigrant identity）⑤。同

①　Seth J. Schwartz and Byron L. Zamboanga, "Testing Berry's Model of Acculturation: A Confirmatory Latent Class Approach", *Cultural Diversity and Ethnic Minority Psychology*, 2008, 14 (4), pp. 275 - 285; Seth J. Schwartz, Jennifer B. Unger, Byron L. Zamboanga, and José Szapocznik, "Rethinking the Concept of Acculturation: Implications for Theory and Research", *American Psychologist*, 2010, 65 (4), pp. 237-251.

②　Alejandro Portes and Min Zhou, "The New Second Generation: Segmented Assimilation and Its Variants", *The Annals of the American Academy of Political and Social Science*, 1993, 530 (1), pp. 74-96.

③　Seth J. Schwartz, Jennifer B. Unger, Byron L. Zamboanga, and José Szapocznik, "Rethinking the Concept of Acculturation: Implications for Theory and Research", *American Psychologist*, 2010, 65 (4), pp. 237-251.

④　Philip Kasinitz, John H. Mollenkopf, Mary Waters, and Jennifer Holdaway, *Inheriting the City: The Children of Immigrants Come of Age*, Russell Sage Foundation Publications, 2009.

⑤　Richard N. Lalonde, Donald M. Taylor, and Fahtali M. Moghaddam, "The Process of Social Identification for Visible Immigrant Women in a Multicultural Context", *Journal of Cross-Cultural Psychology*, 1992, 23 (1), pp. 25-39; Caitlin Killian and Cathryn Johnson, " 'I'm Not an Immigrant!': Resistance, Redefinition, and the Role of Resources in Identity Work", *Social Psychology Quarterly*, 2006, 69 (1), pp. 60-80.

时，区隔型同化理论描述了移民依赖于个体和环境变量会形成三种种族-民族身份——淡薄型（thin）、浓烈型（thick）和混合型（bicultural）[①]。除此之外，另外一种种族进化的案例也被讨论[②]，譬如在美国，墨西哥裔美国人（Chicanos）可能是最好的例子[③]，他们在洛杉矶成为所谓的"奇卡诺"（Chicano），并不仅仅是同时成为墨西哥人或者美国人，更在于他们拒绝墨西哥裔美国人这样的标签。事实上，这一种类别在乡城移民群体中也是存在，比如，在改革开放后第十年，上海开始不加控制地引入大量外省市人口，而由于外省市人员不断涌入上海，其中一部分精英在上海扎根发展，成为上海社会一股新生力量。在此背景下，主流媒体上开始出现"新上海人"的称谓。所以"新上海人"的称谓主要指那些相对而言能够成功留在上海的外来人口。因此"新上海人"也是一类新城市移民，只是他们具有更高的人力资本，因此理论上为了让这类人群的"乡村身份"更加淡薄（thin）[④]，一种新的称谓就此诞生。

　　农民工在城市中的社会认同主要基于两种类别：地域身份

---

① Alejandro Portes and Rubén G. Rumbaut, *Legacies: The Story of the Immigrant Second Generation*, University of California Press, 2001.

② Peter Wm. Flannery, Steven P. Reise, and Jiajuan Yu, "An Empirical Comparison of Acculturation Models", *Personality and Social Psychology Bulletin*, 2001, 27（8）, pp. 1035-1045；Peter Weinreich, "'Enculturation', Not 'Acculturation'：Conceptualising and Assessing Identity Processes in Migrant Communities", *International Journal of Intercultural Relations*, 2009, 33（2）, pp. 124-139.

③ Eugeen E. Roosens, *Creating Ethnicity: The Process of Ethnogenesis*, Sage Publications, Inc. , 1989.

④ Alejandro Portes and Rubén G. Rumbaut, *Legacies: The Story of the Immigrant Second Generation*, University of California Press, 2001.

和户籍身份。地域身份体现为农民工通常被理解为"外地人"，是相较于"本地人"而言的，户籍身份则体现为"农村人"相较于"城市人"，农民工的身份认同是基于那些冲突最明显、社会情境下最突出、心理影响最大的社会类别开展的[①]。因此在本书中，我们提出城市认同和乡村认同两个概念，城市认同包括"城市人"／"本地人"的社会认同，而乡村认同则包含"农村人"／"外地人"的社会认同。二元涵化模型则将农民工社会认同方式区分为"外地人／农村人""既是上海人又是外地人""上海人"，以及"其他（两者都不是）"四类。为了体现社会结构动态变化的中国特色以及个体的能动作用[②]，笔者在上述四类之外增加了"新上海人"这一种类别。"新上海人"这个新类别的存在说明了农民工有自我构建类别的意识和意愿，或者他们倾向于将自己归类于另一种同样具有城市身份但却不是本土出生的传统本地人。

二、社会认同的决定因素

从动态发展的角度来看，身份发展过程本身就是个体与其

---

① Henri Tajfel, *Differentiation between Social Groups: Studies in the Social Psychology of Intergroup Relations*, Academic Press, 1978; Henri Tajfel, *Human Groups and Social Categories: Studies in Social Psychology*, Cambridge University Press, 1981.

② Peter Weinreich, "'Enculturation', Not 'Acculturation': Conceptualising and Assessing Identity Processes in Migrant Communities", *International Journal of Intercultural Relations*, 2009, 33 (2), pp. 124-139.

社会①和文化背景之间的互动过程②。主流的跨文化移民的认同研究发现移民对于主流文化（host culture）的认同决定于移民对于当地文化和社会的态度③。但是，我们认为农民工的社会认同不仅取决于农民工对城市和乡村的文化价值观态度，更包括额外的三类因素。第一类是移民与主流社会的交往状况，之前的移民身份构建研究的结论主要依赖于移民对于自身和当地文化习俗的态度，而不是与本地人的真实的社会互动，往往只是考察了广泛而多面的影响中的一方面。第二类则是移民在主流社会的经济成功④，尤其是那些经济社会地位较低的群体。身份冲突不是由移民接受或拒绝文化模式而定义的，而是经由个体渴望、希望和道德规范的实现程度来定义的，区隔型同化理论展现了经历着包括歧视和有限的经济机会的不友好环境下移民更有可能融入低声望的少数者文化从而经历向下的经济流动⑤。第三类则是城市社会的接受环境，这种环境一方

---

① Gerald R. Adams and Sheilak K. Marshall, "A Developmental Social Psychology of Identity: Understanding the Person-in-Context", *Journal of Adolescence*, 1996, 19 (5), pp. 429-442.

② Roy F. Baumeister and Mark Muraven, "Identity as Adaptation to Social, Cultural, and Historical Context", *Journal of Adolescence*, 1996, 19 (5), pp. 405-416.

③ John W. Berry, "Immigration, Acculturation, and Adaptation", *Journal of Cross-Cultural Psychology*, 1997, 46 (1), pp. 5-34.

④ Drew Nesdale and Anita S. Mak, "Immigrant Acculturation Attitudes and Host Country Identification", *Journal of Community & Applied Social Psychology*, 2000, 10 (6), pp. 483-495; Motkal Hisham Abu-Rayya, "Acculturation and Its Determinants among Adult Immigrants in France", *International Journal of Psychology*, 2009, 44 (3), pp. 195-203.

⑤ Alejandro Portes and Rubén G. Rumbaut, *Legacies: The Story of the Immigrant Second Generation*, University of California Press, 2001.

面包括歧视的状况[1]，另一方面则包括各种经济和社会资源支持系统。

　　按照传统的涵化理论，城市文化和乡村文化的感知态度往往能够对于移民的社会认同产生重要影响，二元涵化模型的两个维度就是维系母国文化（home culture）的重要性和认可东道国文化（host culture）的重要性。所以城市本地文化的接受往往对于城市认同具有正向作用（H1a），而乡村文化的自豪感则对乡村认同有正向影响（H1b）。除此之外，语言（包括方言）被认为是自我身份认同的重要影响因素[2]（H1c），笔者推测当地语言的流利性有助于促进城市认同，但是由于普通话不具有文化判别性，因为它对于城市身份的构建不会产生显著作用（H1d）。

　　社会交往和社会联系往往影响着农民工的身份构建，这种社会交往主要体现为：参与同乡团体活动；参与单位的集体活动，以及交朋友的状况。参与同乡团体活动有助于农民工对于乡村认同的增加（H2a）。而参与单位活动则有助于城市认同的形成（H2b）。交朋友的意愿对于他们形成社会交往圈非常重要，与老乡交朋友的意愿对乡村认同有正向影响（H2c），

[1]　Drew Nesdale and Anita S. Mak, "Immigrant Acculturation Attitudes and Host Country Identification", *Journal of Community & Applied Social Psychology*, 2000, 10 (6), pp. 483-495; Motkal Hisham Abu-Rayya, "Acculturation and Its Determinants among Adult Immigrants in France", *International Journal of Psychology*, 2009, 44 (3), pp. 195-203.

[2]　Inna Altschul, Daphna Oyserman, and Deborah Bybee, "Racial-Ethnic Self-Schemas and Segmented Assimilation: Identity and the Academic Achievement of Hispanic Youth", *Social Psychology Quarterly*, 2008, 71 (3), pp. 302-320.

而愿意和本地人做朋友的人更加容易形成城市认同（H2d），但是与其他外省市的人交友意愿的影响则不明确，已有部分研究发现这种农民工内部的社会交往事实上阻碍了社会融合①，也降低了其对于城市身份的认同。

　　农民工外出打工的主要目的就是赚钱，并且希望能够留在城市，因此在经济地位上的成功被认为是城市认同形成的重要构件，移民整体上的安顿感和财务上的改善都将促进其城市认同②。因此，农民工的经济地位越高，越倾向于城市认同。但这种经济地位的衡量是一种相对概念，农民工群体可以选择的比较方式主要有：可以向上比较，即与所在城市的一般居民相比较；也可以选择向下比较，与那些留在农村的人群比较；或者进行横向比较，与一同外出打工的人群比较。由于农村户口与城镇户口之间的天壤之别，因此绝大部分的农民工知道无法跨越这道制度鸿沟，因此向上比较的意义不大，而且由于中国城市社会结构的不稳定，有另一类人群则可能往往成为他们的渴望目标和对象——一群和他们类似的乡城移民者（比如，从外地城镇来沪的外来人员），这些"标杆"已经在这里通过经济上的成功而扎根，并为这个社会所接受的"新城市人"。当与留在农村的人群比较时，他们往往存在一种优越感，至少曾经在大城市里待过，但是这种比较对于他们未来的意义并不大，因为越来越多的农民工会选择不再回到老家。农民工内部

①　李培林、田丰：《中国农民工社会融入的代际比较》，《社会》2012年第5期。
②　Motkal Hisham Abu-Rayya, "Acculturation and Its Determinants among Adult Immigrants in France", *International Journal of Psychology*, 2009, 44 (3), pp. 195-203.

群体的比较往往成为大多数人会采用的参考群体，因为他们会天然地认为这些人与他们同属一类。但这种参考既有积极一面，也有消极一面，甚至这种群体成为他们城市认同的阻碍，尤其对于部分新生代农民工来说，他们虽然心理认同城市，但却不敢表达，因为会受到同伴的嘲笑[1]。因此我们假设，内群体比较下的地位越高，其城市认同程度越高（H3a）。而外群体的向上比较带来的影响不确定，同时我们假设经济收入的绝对水平对身份认同的影响不显著（H3b），这一点也与前人研究相一致[2]。

传统的社会认同理论强调个体的心理行为[3]，却被批评常常忽略历史和结构因素的影响，尤其在移民身份的研究当中[4]。移民涵化的研究也被要求考虑接受国的情境或条件对于涵化的影响[5]。社会学家和人类学家发现，接受国的不友好环境不仅仅包括歧视，还缺少工作机会和其他社会资源，这些尤其体现在落后和贫穷的社区，给移民的适应带来压力[6]。浓厚（thick）

---

[1]　熊易寒：《城市化的孩子：农民工子女的城乡认知与身份意识》，《中国农村观察》2009 年第 2 期。

[2]　崔岩：《流动人口心理层面的社会融入和身份认同问题研究》，《社会学研究》2012 年第 5 期；李培林、田丰：《中国农民工社会融入的代际比较》，《社会》2012 年第 5 期。

[3]　Henri Tajfel, *Human Groups and Social Categories: Studies in Social Psychology*, Cambridge University Press, 1981.

[4]　Aida Hurtado, Patricia Gurin, and Timonthy Peng, "Social Identities — A Framework for Studying the Adaptations of Immigrants and Ethnics: The Adaptations of Mexicans in the United States", *Social Problems*, 1994, 41 (1), pp. 129-151.

[5]　Seth J. Schwartz, Jennifer B. Unger, Byron L. Zamboanga, and José Szapocznik, "Rethinking the Concept of Acculturation: Implications for Theory and Research", *American Psychologist*, 2010, 65 (4), pp. 237-251.

[6]　Alejandro Portes and Rubén G. Rumbaut, *Immigrant America: A Portrait*, University of California Press, 2006.

的种族、民族身份往往与向下的融入紧密相连，往往当移民群体体验到不友好的情境时更容易产生[1]。比如，歧视往往鼓励少数族群或者他们的后代保持与主流文化的分离[2]。因此，农民工感受到的歧视越多，其城市认同的程度必然越低（H4a）。不利的社会环境变量对他们的城市适应产生重要阻碍，比如，是否参与社会保险（H4b）、居住社区类型（H4c）等都影响他们的城市认同，那些居住在与主流城市社会紧密联系的社区里的农民工更加容易形成城市认同。

个人人口统计特征的影响也非常关键，年纪较轻的移民往往在社会认同方面更加灵活，因此更愿意接受新的文化和行为[3]，从而年纪越轻的农民工会更加认同城市（H5a）。教育水平越高的移民（拥有丰富的人力资本）往往感受到的歧视越少，从而更加容易形成城市认同[4]（H5b）.在一个新的国家或社会居住的时间愈长，越不会认为自己是外来人员，从而感觉更加属于这个社会或城市（H5c）。同时传统的农民工被认为是工厂机器，他们没有尊严，遭受不公正，因此在就业领域方面，服务产业或管理岗位往往被认为是获取城市认同感的重

[1] Alejandro Portes and Rubén G. Rumbaut, *Legacies: The Story of the Immigrant Second Generation*, University of California Press, 2001.

[2] John W. Berry, "Acculturation as Varieties of Adaptation", in A. M. Padilla, *Acculturation: Theory, Models and Some New Findings*, Westview Press, 1980, pp. 9-25.

[3] Richard N. Lalonde, Donald M. Taylor, and Fahtali M. Moghaddam, "The Process of Social Identification for Visible Immigrant Women in a Multicultural Context", *Journal of Cross-Cultural Psychology*, 1992, 23 (1), pp. 25-39.

[4] Alejandro Portes and Rubén G. Rumbaut, *Legacies: The Story of the Immigrant Second Generation*, University of California Press, 2001.

要条件（H5d），至少这样的工作显得体面[①]。

三、前　　测

　　首先我们在上海随机收集了新生代农民工样本 514 份，人口统计特征请参见表 4-1。我们询问了他们对于"我是农村人或者外地人，上海人或城市人"的主观态度。从数据结果来看，城市中的农民工对于自我身份的认同存在"连续体"的某些特征，即一端是乡村认同，一端是城市认同，两者之间存在一定的排斥性。在沪农民工在农村身份认同与外地人身份认同之间具有很强的正向相关性（0.696），但是这些与城市身份之间具有显著的负向相关性，同时他们对上海人的认同与对城市人的认同进行了一致化。但是从相关系数的值上来看，这种相关性很低（小于 0.2），进一步因子分析（chi2（6）＝638.77 Prob＞chi2＝0.000）的结果也发现，这四个维度并没有整合于一个因子，而是恰恰独立了两个因子（cumulative explained variance＝83.4%），因此农民工对于身份的认同可能不是简单的"连续体"。总体来说，虽然内部移民所遭遇的文化冲击（cultural shock）并不会那么显著，但因为户籍制度和地域发展不平衡等原因，农民工对于社会类别的归属同时在两个维度上展开。前测的结果显示农民工社会认同的基础——地域类别

[①] 史柏年：《城市边缘人：进城农民工家庭及其子女问题研究》，社会科学文献出版社 2005 年版；秦昕、张翠莲、马力、徐敏亚、邓世翔：《从农村到城市：农民工的城市融合影响模型》，《管理世界》2011 年第 10 期。

与户籍类别之间具有高度的相关性，乡村认同与城市认同之间存在一定的互斥性。

表 4-1　自变量定义及衡量表

变量类别	定　　义	衡　　量
文化变量	接受本地人文化价值观的程度（H1a）	多问项量表（1—5）：1 表示非常不同意，5 表示非常同意
	家乡文化的自豪感（H1b）	多问项量表（1—5）：1 表示完全不赞同；5 表示完全赞同
	上海话熟练程度（H1c）	单问项量表（1—5）：1 表示完全不会；5 表示非常熟练
	普通话熟练程度（H1d）	单问项量表（1—5）：1 表示完全不会；5 表示非常熟练
社会交往变量	参加同乡聚会（H2a）	二元变量：1 表示参加；0 表示不参加
	参加单位活动（H2b）	二元变量：1 表示参加；0 表示不参加
	与上海人交友意愿（H2c）	单问项量表（1—5）：1 表示非常不愿意；5 表示非常愿意
	与老乡交友意愿（H2d）	单问项量表（1—5）：1 表示非常不愿意；5 表示非常愿意
	与其他省市人交友意愿	单问项量表（1—5）：1 表示非常不愿意；5 表示非常愿意
经济变量	内群体主观经济地位评价（H3a）	有序变量（1—5）：1 表示高收入；2 表示中等偏上收入；3 表示中等收入；4 表示中等偏下收入；5 表示低收入

续　表

变量 类别	定　义	衡　量
经济 变量	外群体主观经济地位评价	有序变量（1—5）：1 表示高收入；2 表示中等偏上收入；3 表示中等收入；4 表示中等偏下收入；5 表示低收入
	月平均工资收入（H3b）	绝对值（元）
社会 环境 变量	感知的社会歧视：本地居民的接受程度（H4a）	单问项量表（1—5）：1 表示非常接受；5 表示不接受
	保险覆盖情况（综合保险或城镇保险）（H4b）	二元变量：1 表示参加；0 表示不参加
	居住环境（H4c）	类别变量：1 单位宿舍；2 工地工棚；3 生产经营场所；4 与人合租住房；5 独立租赁住房；6 自购房；7 其他

四、研究方法和数据

（一）数据来源

第六次全国人口普查数据显示[①]，截至 2010 年年末，上海市全市常住人口为 2 301.92 万人，外省市来沪常住人口897.7 万人，其中大部分为农民工及其子女，与第五次人口普

[①] 《上海人口发展特征及趋势》（2011 年 9 月 21 日），上海市统计局官网，http://www.stats-sh.gov.cn/html/fxbg/201109/232633.html，最后浏览日期：2019 年 8 月 20 日。

查相比，共增加 628.14 万人，增长 37.53%。本章的调研对象是上海市外来流动人口中满足以下条件的人口：（1）具有农业户口的外来人口；（2）年龄为 16 周岁及以上的在业人口；（3）不包括非经济活动人口（如料理家务、在校学生、丧失劳动能力或其他无就业愿望人口）。在国家统计局上海调查总队的协助下，复旦大学中国市场营销研究中心于 2011 年 7 月—11 月针对在沪农民工开展了问卷调查（详见本章附录）。根据 2010 年来沪农民工的总量及结构特点，并结合具体调查的可操作性，我们采用了两阶段分层等距概率抽样来采取样本。具体来说，我们先将上海市按照现有的 18 个行政区县划分，再在各个区县按照农民工分布的行业结构进行分层抽样，最后以"第二次全国经济普查"上海企业单位名录库作为本次企业类农民工调查的抽样企业样本框，通过此名录库抽取样本企业后再抽取具体的企业类农民工样本。问卷由国家统计局上海调查总队调查员完成，他们与被试面对面进行交流完成填写。调查员在调查执行之前被严格培训，非常清楚问卷中问题的内涵，同时由于部分被试教育水平较低，调查员将逐字阅读，以确保被试理解。回收有效问卷 1 163 份。此次调查涵盖工作在上海市所有区县外来务工人员，其中在浦东新区的工作者占总数的 21.8%，闵行区和松江区次之，分别为 12.1% 和 10.8%。

（二）变量衡量

1. 因变量：社会认同方式

现有的涵化模式的研究采取了多问项行为量表的手段，主要考察移民的语言、媒体、社会交往关系、家庭变量等[1]，但

---

① 袁晓娇、方晓义、刘杨、蔺秀云、邓林园：《流动儿童社会认同的特点，影响因素及其作用》，《教育研究》2010 年第 3 期。

是考虑到内部移民农民工研究的背景（普通话的普及、中央新闻媒体的覆盖等），以及农民工教育水平和理解能力的有限，我们在衡量涵化模式和社会认同时采取了类似族群认同（ethnicity identity）的自我标签的方式[①]，依据约翰·贝里（John Berry）提出的四种模式，我们让被试选择自己属于哪种群体："外地人""既是上海人又是外地人""上海人"以及"既不是外地人也不是上海人"。此处，在前测数据中，我们已经证实了"外地人"身份与"农村人"身份之间的高度相关性，因此在正式问卷中，则选择了"外地人"作为代表，同样的道理，因为采样在上海，所以以"上海人"标签作为城市认同的代表。这些社会身份类别代表了个体的自我概念，基于他们个人对于类别或群体的知识，以及隶属于这些群体身份的价值和情感[②]。同时，考虑到农民工个体的构建意愿，以及其他乡城移民者的状况，笔者在问卷中增加了一个选项——"新上海人"。

　　2. 自变量

　　文化态度的衡量在农民工群体中考查了对本地文化价值观和家乡文化的认知，分别采用并调整了前人的衡量量表，如对本地文化的接受度采纳了伊斯雷尔·奎利亚（Israel Cuellar）

---

① Jean S. Phinney, Cindy L. Cantu, and Dawn A. Kurtz, "Ethnic and American Identity as Predictors of Self-Esteem among African American, Latino, and White Adolescents", *Journal of Youth and Adolescence*, 1997, 26 (2), pp. 165-185; Motkal Hisham Abu-Rayya, "Acculturation and Its Determinants among Adult Immigrants in France", *International Journal of Psychology*, 2009, 44 (3), pp. 195-203.

② Henri Tajfel, *Human Groups and Social Categories: Studies in Social Psychology*, Cambridge University Press, 1981.

等人针对西班牙裔移民的研究①，而针对家乡文化的自豪则采纳了马克·克里夫兰（Mark Cleverland）等人的量表②，同时考察了农民工的语言流利状况。对于其他变量的衡量可以参见表4-1。其余变量衡量的原则尽可能使用客观变量，并让问题变得易懂，因为这些被试的教育水平较低，并且基本上没有习惯这种问卷方式。其中内群体收入地位是询问农民工的收入水平在其朋友之中的状况，而外群体收入地位是询问农民工在上海社会整体的状况下收入分布位置。

问卷最后包括人口特征变量：如年龄、性别、教育、婚姻状况、工作类别（1表示生产、运输设备操作人员；2表示商业服务业人员；3表示办事人员；4表示管理人员；5表示个体、私营企业主；6表示小商贩；7表示其他）、在沪时间等。

（三）样本分布

在1163个有效响应者中，624个样本出生于1980年前，539个样本出生于1980后，分别占53.7%和46.3%。本次调查的农民工来自全国27个省或直辖市，比例最高的来自安徽省，其次是江苏、河南、四川和浙江。被试平均在上海居住7.8年，62.9%是男性，37.1%为女性。被试的年龄分布为16—64岁，

① Israel Cuellar, Bill Arnold, and Roberto Maldonado, "Acculturation Rating Scale for Mexican Americans-Ii: A Revision of the Original ARSMA Scale", *Hispanic Journal of Behavioral Sciences*, 1995, 17 (3), pp. 275-304.

② Mark Cleveland, Michel Laroche, Frank Pons, and Rony Kastoun, "Acculturation and Consumption: Textures of Cultural Adaptation", *International Journal of Intercultural Relations*, 2009, 33 (3), pp. 196-212; Bryan S. Kim, Peggy H. Yang, Donald R. Atkinson, Maren M. Wolfe, and Sehee Hong, "Cultural Value Similarities and Differences among Asian American Ethnic Groups", *Cultural Diversity and Ethnic Minority Psychology*, 2001, 7 (4), p. 343.

平均 33.8 岁，从年龄结构来看，17—30 岁（42.2%）和 31—50
岁（53.5%）占绝对主体（95.7%）。超过三分之二的被试已
婚。他们之中 46.6% 初中毕业，30.4% 高中毕业或中专毕业，
而大专及以上的达到 10.1%。不到一半（46.7%）的被试从事生
产、运输设备操作等工作，商业服务业从业人员达到 18%，他
们之中约有 12% 担任管理工作。他们在岗位上的平均工作年限
有 4.6 年。被试的平均月收入为 100—10 000 元，样本平均
2 724 元，其中 50% 的被试收入低于 2 500 元。

五、数据分析和结果

（一）身份选择

在自我标签的选择中，结果显示：59.31% 的被试认为自
己是"外地人"，20.3% 的被试认为自己"既是外地人又是上
海人"，0.76% 的被试认为自己是"上海人"，0.76% 认为自己
"既不是外地人也不是上海人"，18.87% 的被试认为自己是
"新上海人"。这一结果显示农民工的城市涵化模式既不是完全
线性的，也不是二元的选择模式。当然由于户籍的限制，接近
六成的被试仍然将自己定位为"外地人"，与此相对应的城市
认同则分离为两种子类型：类别 2"既是上海人又是外地人"
和类别 3"新上海人"。而融入的选择类别"上海人"和"两
者皆否"的选择都没有得到识别，样本数量太小。在接下来的
认同选择分析中，我们将城市认同的两种类型合并为一。同时
删除类别"上海人"和"两者皆否"的样本。

（二）社会认同影响因素

考虑到因变量是身份归属的类别，第一步，我们将身份认同区分为城市认同和乡村认同两个类别，而将城市认同的两个子类型综合起来。使用 logistic 回归的方法计算的结果如表 4-2 所示。我们将分别考察四类影响因素对于城市认同的影响，最后使用 stepwise 的方式识别出最重要的影响因素，控制住人口统计特征变量。依据该结果，被试在选择自我归属类别时，本研究提出的影响因素最多解释了 13% 的变差，而单列出的四个方面在解释身份认同时解释了 5%—12% 的变差。尽管该数值不是很大，这一解释度与前人的研究也比较接近[①]，但是模型仍然是显著的。

表 4-2　城市认同影响因素

变　量		(1)	(2)	(3)	(4)	(5) stepwise results
文化态度变量						
接受本地文化价值观	H1a	0.037* (1.94)				
家乡文化的自豪感	H1b	0.084 (0.98)				
上海话流利程度	H1c	0.435*** (6.18)				0.391*** (5.15)
普通话流利程度	H1d	−0.021 (−0.27)				

① 张文宏、雷开春：《城市新移民社会认同的结构模型》，《社会学研究》2009 年第 4 期；崔岩：《流动人口心理层面的社会融入和身份认同问题研究》，《社会学研究》2012 年第 5 期。

续　表

变　　量		(1)	(2)	(3)	(4)	(5) stepwise results
社会交往变量						
参加同乡聚会	H2a		0.143			
			(1.08)			
参加单位活动	H2b		0.310**			
			(2.25)			
与老乡交朋友 意愿	H2c		−0.082			
			(−0.87)			
与上海人交朋友 意愿	H2d		0.478***			0.274**
			(5.02)			(2.55)
与外省市人交朋 友意愿	—		−0.233***			−0.247**
			(−2.59)			(−2.47)
经济成功变量						
内群体收入地位	H3a			0.283***		0.201**
				(3.15)		(2.44)
外群体收入地位	—			0.038		
				(0.43)		
个人月收入	H3b			0.055		
				(0.30)		
社会环境变量						
社会歧视程度	H4a				−0.767***	−0.644***
					(−8.11)	(−6.20)
综合保险	H4b				0.592***	0.592***
					(3.67)	(3.45)
城镇保险	H4b				0.784***	0.736***
					(4.70)	(4.19)
居住在工地工棚 （参照单位宿舍， 下同）	H4c				−0.170	
					(−0.44)	

续 表

变 量		(1)	(2)	(3)	(4)	(5) stepwise results
生产经营场所	H4c				−0.381	
					(−0.89)	
与人合租住房	H4c				−0.316	−0.592***
					(−1.53)	(−2.86)
独立租赁住房	H4c				−0.379**	−0.518***
					(−2.13)	(−3.25)
务工地自购房	H4c				0.552	
					(1.22)	
其他	H4c				0.725*	
					(1.82)	
控制变量						
年龄	H5a	0.019**	0.014*	0.014	0.011	
		(2.28)	(1.78)	(1.59)	(1.32)	
性别	—	0.102	0.110	0.100	0.131	
		(0.75)	(0.81)	(0.69)	(0.92)	
受教育水平	H5b	0.074	0.062	0.100	0.047	
		(1.08)	(0.92)	(1.40)	(0.66)	
来沪时长	H5c	0.156*	0.279***	0.281***	0.271***	
		(1.77)	(3.20)	(3.06)	(3.00)	
商业、服务人员 (参照生产、运输 社会操作人员， 下同)	H5d	0.506*** (2.84)	0.657*** (3.69)	0.727*** (3.90)	0.759*** (3.98)	0.640*** (3.17)
办事人员和有关 人员	H5d	0.930*** (3.43)	0.978*** (3.65)	1.071*** (3.88)	0.945*** (3.37)	0.911*** (3.26)
管理人员	H5d	0.681*** (3.27)	0.798*** (3.87)	0.820*** (3.72)	0.598*** (2.75)	0.551** (2.47)

续　表

变　量		(1)	(2)	(3)	(4)	(5) stepwise results
个体、私营企业主	H5d	0.441*	0.761***	0.689**	1.021***	1.042***
		(1.79)	(3.02)	(2.56)	(3.67)	(3.46)
小商贩	H5d	0.292	0.692*	0.713*	1.384***	1.233***
		(0.76)	(1.81)	(1.84)	(3.40)	(2.87)
Observations		1 157	1 162	1 026	1 163	1 020

注：z-statistics in parentheses，*** $p<0.01$，** $p<0.05$，* $p<0.1$。

从文化态度方面来看，对于本地文化价值观的接受能够显著增加城市认同的可能性，但是对于家乡文化的自豪感并没有显著增加乡村认同的可能性，这可能与本身家乡文化在社会转型过程中的力量弱化有关。同样，上海话的流利程度显著增加城市认同的概率，这种作用可能通过两种机制：第一，流利的方言可能可以帮助他们获得更好的工作机会；第二，流利的方言可以帮助他们更好地与本地人交流。而普通话的流利程度则没有影响。因此 H1a、H1c、H1d 得到证实，而 H1b 则未获支持。

从社会交往来说，参加同乡聚会对乡村认同没有影响，但是参加单位活动有助于城市认同感的提升，与不同人群的交友意愿有不同的影响，与老乡交朋友并不会增加乡村认同，而与上海人交朋友则显著提高城市认同，因此 H2b、H2d 得到证实，H2a、H2c 则未获证实。在这里，我们发现农民工与其他外省市的人交朋友的意愿显著降低了城市认同，增加了乡村认同。所以社会资本的构建事实上在迁移之初可能依赖于同乡或其他外来人员，但到后来真正实现融合则需要摒弃这种网络①。

从经济成功来说，收入的地位只有内群体比较时才能够显著增加城市认同，而外群体收入比较和绝对的收入水平都没有显著影响。因此 H3a、H3b 都得到支持。

从社会环境变量来说，社会歧视程度的负面作用非常显著，而保险的覆盖程度（无论是参加综合保险还是参加城镇保险）对于城市认同的影响也是显著的。居住形式方面，租赁房屋对于城市认同有显著的负面影响，也就是说在独立租赁房屋的农民工群体更加不认同城市。因此 H4a、H4b 得到证实，但是 H4c 则未被证实，居住在租赁房屋里，虽然与社会主流距离较近，但这样也可能更加遭遇歧视或不公平对待，因此导致其更加不认同自己的城市身份。

尽管独立的回归分析发现本文提出的 13 个假设之中，9（69.2%）个假设得到支持。而且从解释程度（Pseudo R^2）来看，当控制住人口统计特征变量后，前三类变量的解释度为 5.57%—7.96%，但是社会环境变量的解释度达到 12.27%。因此我们可以判断，在农民工的城市认同影响因素之中，社会环境的变量占最重要的位置，主要体现为农民工在总体的生活中感受到的歧视、工作领域中的保险覆盖，以及居住环境中带来的感受。进一步的逐步回归（stepwise，95% 的置信水平）分析则发现，最终有 5 个假设变量对于农民工城市认同的影响非常显著：上海话的流利程度；与上海人交朋友的意愿；内群

---

① 李培林、田丰：《中国农民工社会融入的代际比较》，《社会》2012 年第 5 期。

体收入地位；社会歧视程度；保险覆盖程度。

在人口统计特征的影响方面，年龄越大，城市认同的程度越高，但当控制住经济成功变量和社会环境变量后这种影响则变得不再显著。而教育水平的增加并未带来城市认同。居住的时间越长，城市认同的可能性越大。相较于生产、运输设备操作人员，显然从事服务性行业或管理性工作的农民工更加认同城市。因此4个人口统计特征变量作用的假设只有2个得到支持。

六、从区隔到融入：跨群体社会交往的力量

本章借鉴跨国移民中涵化模型和社会认同的相关研究，考察国家内部移民，尤其是从乡村到城市的移民如何适应城市社会，并进行社会认同的选择，通过考察各种因素（文化、经济、社会、制度等），进一步突出了国家内部的乡城迁移者的社会认同方式选择和影响因素。

跨国移民的研究成果不能够被简单地套用到国家内部乡城迁移者人群，因为至少在中国农民工的背景中，涵化和社会认同依赖于移民群体的特征以及情境[1]。跨国移民的研究聚焦于文化身份，也就是文化认同（你是哪族人），而农民工的涵化

---

[1] Jean S. Phinney, Gabriel Horenczyk, Karmela Liebkind, and Paul Vedder, "Ethnic Identity, Immigration, and Well-Being: An Interactional Perspective", *Journal of Social Issues*, 2001, 57 (3), pp. 493-510.

则考察户籍身份（你是哪里人）；跨国移民的文化适应研究主要是关注于文化的表现形式和不同文化间的冲突或整合，而农民工的城市适应问题则关注于农民工群体的社会类别的分化和再造，当中存在部分文化（或素质）的冲突，但更多地是经济、文化和社会资源的分配和争取。之前的文化心理学研究总是假设个体或家庭有能力实现涵化和身份的选择，但是这种能力不是每种移民群体都是自然具备的，因此身份的认同只能是在社会约束下个体社会角色和社会选择的共同产物[①]。因此基于我们的研究，移民的基于文化的涵化理论可以扩展为基于资源的适应选择理论。

移民的社会认同离不开历史、文化、社会结构，更加依赖于移民所具有的资源和条件，对于农民工的身份认同来说，城市认同的影响因素包括文化态度、社会交往、经济成功和社会环境等。单独来看，有很多因素影响农民工的城市认同，越是接受本地文化价值观，上海话越流利，更加经常参加单位活动，更加乐意与上海人做朋友，在身边的朋友圈中的收入水平越高，感知的社会歧视越少，参与到综合保险和城镇保险，从事的工作越脱离传统的工厂工种，这样的农民工城市认同水平也越高。但在众多影响因素中，有五种特别重要：当地语言的熟练程度、与上海交朋友的意愿、内群体收入地位状况、感知的社会歧视程度，以及保险的覆盖程度。这五个方面与文化资源、社会资源、经济资源、制度资源有密切的关系。从数据结果来看，当考虑其他因素时，文化态度的影响则消失，这也符

---

① James E. Côté and Charles G. Levine, *Identity Formation，Agency，and Culture: A Social Psychological Synthesis*，Lawrence Erlbaum，2002.

合国家内部移民的地方亚文化不会成为涵化关键障碍的假设，因此关于涵化中的文化态度和价值观的重要性在农民工群体中降低，只有一种关于当地语言的能力成为重要的文化表征。与老乡交朋友并没有使得其乡村认同增强，相反，与外省市的人交朋友意愿则显著降低了城市认同。这一发现可能有两个原因：第一，与老乡之间交朋友更多的可能是一种工具性诉求，即通过老乡介绍工作机会，因此情感性依赖可能并不强；第二，与外省市的人交朋友使得他们的社会资本无法显著增加，因为外省市的人在上海也被认为是外地人。因此，"同病相怜"并没有帮助他们更好地融入城市社会。经济地位的上升将对身份认同有直接或间接的影响，一种解释是积累了足够的经济资源之后能够自主选择身份认同[1]，另外一种解释是社会阶层的上升往往能够产生另外一种更为宽泛的社会类别认同（中产阶层），而不是文化身份（城里人或农村人）。从本研究的数据结果来看，农民工的社会比较采取了内群体比较的方式，因为与上海整体人群相比，他们的感知经济收入普遍处于中下层，甚至是底层，但在移民群体中的收入地位则能够帮助他们完成实践性城市认同。收入的绝对水平并不会对他们的身份认同产生影响，这一点与孟颖颖和邓大松的"收入悖论"研究[2]相一致，本章的样本平均水平与其融合后期的水平样本收入水平相

---

[1]　Tuba Üstüner and Douglas B. Holt, "Dominated Consumer Acculturation: The Social Construction of Poor Migrant Women's Consumer Identity Projects in a Turkish Squatter", *Journal of Consumer Research*, 2007, 34 (1), pp. 41-56.

[2]　孟颖颖、邓大松：《民工城市融合中的"收入悖论"》，《中国人口科学》2011年第1期。

当。最后，跨文化的涵化理论要求考虑移民接受国家的情境特征[1]。农民工无法享受城市的社会公共服务，无法进入正常的劳动力市场，居住在条件较差的住所中，城市的社会体系不能够为他们提供支持，这些限制了他们的城市适应过程。在本研究中，感知的社会歧视和保险的覆盖成为关键的因素。而居住类型的影响结果则说明租赁房屋事实上会使得他们的城市认同降低，产生这种情况的可能性包括：（1）由于居住在租赁房屋里的生活条件比较差，群租的问题也更加让农民工感受到城市生活的难适应和更大的生活压力；（2）租赁房屋所在的一般城市社区会更容易对外来的农民工产生歧视，这就是典型的"移民悖论"，农民工可能通过在城市社区里生活来习得城市文明，但这样会容易带来农民工被歧视的可能；（3）一般在租赁房屋里生活的农民工，不同于那些居住在工厂宿舍，或者生产经营场所的，他们更加渴望拥有自己的房屋，但这对他们来说基本不可能，因此这种反差往往使得他们对城市的归属感下降。但这些可能性都需要进一步的研究。在人口统计特征方面，受教育水平可能并未转换为人力资本和经济资本，从而对于城市的认同并没有随着受教育水平的增加而增加；在从事的工作类别方面，那些从事服务产业或从事管理工作的农民工，较传统工业生产型的农民工更加容易认同城市，虽然有时候从事工业生产的收入可能更高。总体而言，本书的研究事实上也进一步证实了社会融合具有一定的层次性，至少经济、文化、社会层面

---

[1] Seth J. Schwartz, Jennifer B. Unger, Byron L. Zamboanga, and José Szapocznik, "Rethinking the Concept of Acculturation: Implications for Theory and Research", *American Psychologist*, 2010, 65 (4), pp. 237-251.

的融入能够促进身份上的社会认同。

关于农民工的公共管理政策对各级政府都是一个持续的考验。现有的一些公共政策促进了社会融合，尤其是在政策制定方面，但却忽略了农民工个体的认同需求，并没有从社会融合的最终本质来思考公共政策。尽管户籍政策无法消除，尤其是在大城市，但是移民心理的认同对于移民与城市之间的关系非常重要①，这种和谐的关系也是城市社会稳定、持续发展的重要保障。因此现有的公共政策应该关心移民与所在城市之间的关系、他们的生活满意度、他们的心理健康，而这些取决于他们的认同感，很显然，如果他们认为他们永远只是"外地人"，这必然于城市的长期发展无益。

从研究结果可以看出：近六成农民工认为自己是"外地人"，其生活满意度和融合程度都较低，但是近四成的农民工在对于自我身份认同时，表现出"城市认同"的倾向。公共政策在无法消除"户籍"差别待遇的前提下，可以考虑促进他们的"城市认同"感，具体对策如下。

首先，针对农民工的培训还应该包含当地语言的培训。虽然普通话作为统一的官方语言，但是中国地域辽阔、语言种类复杂，而语言是地方文化的重要构件，是进入劳动力市场的重要工具，因此政府应该在语言培训方面增加投入，这将有助于他们融入当地人的交往圈，帮助他们适应当地的生活。语言既是人力资本的基础之一，也是社会资本的来源之一，这一发现和启示也与前人研究相一致，人力资本和社会资本是促进农民

---

① 褚荣伟、肖志国、张晓冬：《农民工城市融合概念及对城市感知关系的影响——基于上海农民工的调查研究》，《公共管理学报》2012 年第 1 期。

工城市融入的重要因素①。

其次，社会环境变量对于农民工的城市认同具有较大的影响，构建一个友好的城市环境非常重要。降低歧视农民工的任何可能性，通过舆论的方式积极宣传农民工的贡献，去除污名也起着至关重要的作用，让本地人能够接受外来人口、肯定他们的价值。尽管农民工的"素质"问题总是受到一些人的质疑，但是政府可通过公共培训提高其素质。

再次，农民工参与单位组织的活动能够帮助他们更好地适应城市，这一点往往之前受到忽视。尽管有些企业针对农民工职工采取了部分举措使得其工作后的文化生活更加丰富，但是这种活动并没有能够直接导向其身份构建，相反让农民工能够参与单位举办的各种活动却能够让他们觉得在城市里有认同的感觉。

最后，保险的覆盖对于城市认同的影响也非常重要，因此政府应该监督和保障农民工的社会保险缴纳问题。

从本研究以及前人的相关结论中我们发现两个"矛盾之处"。第一，农民工与类似外来人群的社会交往越是密切，越是无助于其形成城市认同，所以鼓励建议类似于"农民工之家"的组织或机构其实可能不利于该群体对城市的认同，相反，政府应该鼓励农民工与本地人之间有更多的沟通和交流。第二，居住社区带来的可能负面影响也值得重视，所以建立农民工集中居住的公租房政策需要进一步衡量，农民工集中居住的确可以减少其可能遭遇的歧视，但这样形成的社会网络可能

---

① 李培林、田丰：《中国农民工社会融入的代际比较》，《社会》2012 年第 5 期。

不利于其真正形成城市认同，相伴区隔型同化成为一种主流的融入模式。一言以蔽之，农民工与市民之间的跨群体社会交往对于农民工的社会融入至关重要。

农民工与市民之间并不缺乏非人格化社会交往，而是缺乏人格化社会交往。所谓非人格化社会交往，是基于社会角色的交往，譬如服务员与顾客、保安与业主，个人信息是不重要的，职业伦理要求无差别化对待。所谓人格化社会交往，是基于私人身份的社会交往，譬如亲密关系、朋友关系、同事关系，个人信息是交往的重要媒介，只有开放部分隐私，这种关系才能得以建立和维系①。与市民的人格化社会交往不仅有助于农民工在城市建立社会关系网络，也有利于他们形成城市认同，融入城市社会。

---

① 熊易寒：《社区共同体何以可能：人格化社会交往的消失与重建》，《南京社会科学》2019 年第 8 期。

附录：调查问卷

表　　号：1 表
制表机关：国家统计局
　　　　　上海调查总队
批准文号：国统制〔2011〕97 号
有效期至：2011 年 11 月

上海外来农民工情况调查

受访公司：＿＿＿＿＿＿＿＿＿　问卷编号：☐☐☐☐☐☐☐
受访者姓名：＿＿　户籍地：＿＿省　户口性质（农业、非农、其他）：＿＿
居住地：＿＿＿＿＿＿＿＿区（县）　联系电话：＿＿＿＿＿＿＿

一、基本特征

A1	**性别**：1. 男　2. 女	☐
A2	**您的出生年月**：（如 1980 年 05 月）	＿＿年＿月
A3	**您的文化程度**： 1. 不识字或识字很少　2. 小学　3. 初中 4. 高中　5. 中专　6. 大专及以上	☐
A4	**您的婚姻状况**： 1. 未婚　2. 已婚　3. 离婚　4. 丧偶 5. 其他（请注明）＿＿	☐
A5	**您本人是否为独生子女？** 1. 是　2. 否	☐

A6	**您目前与谁一起居住？（可复选）** 1. 独居　2. 夫妻、子女　3. 父母　4. 兄弟姐妹　5. 爷爷、奶奶，外公、外婆 6. 老乡、朋友　7. 同事　8. 其他（请注明）_____	▢▢▢▢▢
A7	**您父母或其他长辈是否有过外出务工经历？** 1. 是　2. 否	▢
A8	**您参加社会保障情况？**（最多选 3 项） 1. 综合保险　2. 城保　3. 农村养老保险 4. 合作医疗　5. 商业保险　6. 其他（请注明）_____　7. 未参加	▢▢▢
A9	**您当前的政治面貌及宗教信仰情况？**（最多选 3 项） 1. 中共党员　2. 共青团团员　3. 民主党派 4. 有宗教信仰　5. 无宗教信仰　6. 群众 7. 其他（请注明）_____	▢▢▢

二、居住及出行情况

B1	**您的住所是：**（回答 1、2、3、7 项跳问 B7） 1. 单位宿舍　2. 工地工棚　3. 生产经营场所 4. 与人合租住房　5、独立租赁住房　6. 务工地自购房　7. 其他（请注明）_____	▢
B2	**您目前的住所类型：** 1. 多层商品房　2. 高层商品房　3. 农民自建房　4. 其他（请注明）_____	▢
B3	**您目前住所的人均居住面积约？** 1. 5 平方米以下　2. 5—10 平方米 3. 11—20 平方米　4. 21—50 平方米 5. 50 平方米以上	▢

续　表

B4	您目前住房内是否有以下设施？ （在对应"□"内填写　1. 有，独立 2. 有，公用　3. 没有）	厨房　厕所　洗浴 □　　□　　□
B5	您目前住所中是否拥有以下家电或设施？ （在对应"□"内打"√"） 1. 彩电　2. 电冰箱　3. 微波炉　4. 洗衣机　5. 空调　6. 淋浴器　7. 煤气灶/电磁炉	1 2 3 4 5 6 7 □□□□□□□
B6	您住所15分钟步行距离（或1千米内）内是否有以下生活服务设施？ （在对应"□"内打"√"） 1. 医院　2. 学校　3. 便利店/超市　4. 公交站　5. 银行网点	1 2 3 4 5 □□□□□
B7	您平时上下班的交通出行方式：（最多选3项） 1. 步行　2. 乘公交车　3. 乘轨道线 4. 骑自行车（含助动车等）　5. 坐班车 6. 自驾车　7. 其他（请注明）_____	□□□
B8	从居住地到工作地大约需要多少时间？	_____分钟

三、就业状况

C1	1. 到目前为止，您累计在沪有多长时间了？ 2. 您在目前的住所中已经居住多久？ 3. 您在目前的工作岗位上工作多长时间？	□□年□□月 □□年□□月 □□年□□月
C2	您回家乡的频率是？ 1. 每月　2. 每季度　3. 每半年　4. 每年 5. 其他（请注明）_____	□

C3	您来上海后打过几份工？ 1. 1—2 份　2. 3—5 份　3. 6—10 份 4. 10 份以上	☐
C4	您选择来沪工作的主要动因是什么？（最多选 3 项，按重要程度降序排列） 1. 寻找更好工作　2. 赚更多的钱　3. 寻找适合自己的发展机会　4. 做城里人　5. 体验不同地方的生活　6. 为子女创造更好的生活、学习环境　7. 学习更多的新知识、新技术　8. 其他（请注明）_____	第 1 位　第 2 位 ☐　☐ 第 3 位 ☐
C5	您目前从事的主要工作的种类： 1. 生产、运输设备操作人员及有关人员 2. 商业、服务业人员　3. 办事人员和有关人员　4. 管理人员　5. 个体、私营企业主 6. 小商贩　7. 其他（请注明）_____	☐
C6	您是如何获得这份工作的： 1. 政府（单位）介绍　2. 中介组织介绍 3. 亲朋好友介绍　4. 自谋职业　5. 其他（请注明）_____	☐
C7	您平均每个工作日工作多少小时？（小时/天）	_____小时/天
C8	您平均每周工作几天？（天/周）	_____天/周
C9	您经常和您的直接领导沟通吗？ 1. 是　2. 否	☐
C10	您上月的收入（包括现金和实物折现）是多少元？ 其中：固定工资 　　　加班工资 　　　奖金及其他	_____元 _____元 _____元 _____元

C11	根据现在自身的条件，您理想的月薪是多少？ 1. 1 000 元以下　2. 1 000—2 000 元 3. 2 000—3 000 元　4. 3 000—4 000 元 5. 4 000—5 000 元　6. 5 000 元以上	□
C12	您的收入与劳动（能力）付出比较？ 1. 收入远高于付出　2. 收入略高于付出 3. 差不多相同　4. 收入略低于付出 5. 收入远低于付出	□
C13	A 与您周围的朋友相比，您觉得您的收入是： B 与上海社会各群体的收入比，您觉得您的收入是： 1. 高收入　2. 中等偏上收入　3. 中等收入 4. 中等偏下收入　5. 低收入　6. 说不清	A □ B □
C14	您和单位的劳动用工关系是： 1. 无固定期限劳动合同工　2. 一年及以上劳动合同工　3. 一年以下劳动合同工 4. 没有劳动合同　5. 自主经营　6. 其他（请注明）_____	□
C15	您是否享受目前所在单位的带薪休假待遇？ （在 C1 中第 3 题回答 1 年以上填写） 1. 是　2. 否	□
C16	您感觉平时工作中的劳动强度或压力如何？ 1. 很大　2. 较大　3. 一般　4. 较轻 5. 很轻	□
C17	在工作或生活中，您目前最需要哪方面的培训教育？ 1. 工作相关培训　2. 学历教育　3. 专业技能培训　4. 娱乐爱好特长　5. 其他（请注明）_____　6. 不需要	□

四、子女教育

D1	您目前有几个子女？（没有填写"0"并跳问E1） 男孩＿＿个，女孩＿＿个	男：☐　女：☐
D2	您在上海读书的孩子分别是几岁？（没有填写"0"并跳问D6）	1　2　3 ☐☐☐
D3	他们分别就读于上海的什么学校？（请对应D2编号） 1. 公办学校　2. 民办学校　3. 农民工子弟学校　4. 其他（请注明）＿＿＿＿	1　2　3 ☐☐☐
D4	您让孩子在上海上学的主要考虑因素？（限选3项） 1. 便于自己照顾　2. 让孩子从小适应上海生活　3. 升学机会比较多　4. 将来就业选择比较多　5. 其他（请注明）＿＿＿＿	☐☐☐
D5	您孩子在校是否受到本地人歧视？ 1. 比较多　2. 尚可　3. 较少　4. 没有 5. 不清楚	☐
D6	您希望子女在上海发展吗？ 1. 非常想　2. 比较想　3. 无所谓　4. 不太想　5. 最好不留在上海	☐

五、生活消费

E1	您在沪共同消费的家庭成员一共有几人？（含本人）	＿＿＿＿人
E2	您平均每月的收入是？ 您家庭（在沪人员）平均每个月的总收入是？	＿＿＿＿元 ＿＿＿＿元

续　表

E3	您家庭平均每月在上海的生活消费支出合计： 其中：食品消费 　　　衣着费用 　　　房租、水、电、煤气费用（不含生产 　　　经营用租金） 　　　寄回、带回（如用于赡养父母、直系 　　　亲属） 　　　其他费用支出（请注明）＿＿＿＿ 收支相抵后，您家庭平均每月大致结余是：	＿＿＿＿＿元 ＿＿＿＿＿元 ＿＿＿＿＿元 ＿＿＿＿＿元 ＿＿＿＿＿元 ＿＿＿＿＿元 ＿＿＿＿＿元
E4	您觉得您的消费方式与本地人和老家人有什么差别？ A 与本地人相比　B 与老家人相比 1. 完全不一样　2. 差别较大　3. 有点差别 4. 基本没差别　5. 说不清	A　　B □　　□

六、与城市的融合情况

F1	您每晚业余时间是怎么安排的？（最多选 3 项，按重要程度降序排列） 01. 看电视、听广播　02. 打牌打麻将 03. 上网　04. 逛街游玩　05. 喝酒、聊天 06. 学习培训　07. 睡觉打发时间　08. 看 报纸、看书　09. 教育孩子　10. 陪伴家人 11. 酒吧/KTV　12. 健身　13. 其他（请注 明）＿＿＿＿	名称　时间（分钟） 第 1 位 □□＿＿＿ 第 2 位 □□＿＿＿ 第 3 位 □□＿＿＿
F2	您对自己的业余生活是否满意？ 1. 满意　2. 比较满意　3. 一般　4. 较不 满意　5. 不满意　6. 说不清	□
F3	您主要收看哪些电视？ 1. 上海本地电视台　2. 老家电视台　3. 中 央电视台　4. 其他省市电视台　5. 其他电 视台（请注明）＿＿＿＿	□

F4	A. 您使用信用卡的频率？ B. 您使用互联网的频率？ C. 您使用网络团购的频率？ 1. 每周 3 次以上　2. 每周 1 次　3. 每月 1 次　4. 不太使用　5. 从未使用	A □ B □ C □
F5	您愿意和谁交朋友？ A 老乡　B 上海人　C 其他省市人 1. 非常乐意　2. 比较乐意　3. 一般 4. 不太乐意　5. 不乐意	A　B　C □ □ □
F6	您是否同意下列描述？（1. 很不愿意　2. 不太愿意　3. 无所谓　4. 比较愿意　5. 非 常愿意） A 您愿意与本地人一起工作吗？ B 您愿意与本地人聊天吗？ C 您愿意与本地人做邻居吗？ D 您愿意与本地人做亲密朋友吗？ E 您愿意与本地人做亲戚或通婚吗？ F 您愿意与本地人一起参与社区管理吗？	A □ B □ C □ D □ E □ F □
F7	在日常交往中，您会遵循上海本地人的习惯 办事吗？ 1. 完全遵守　2. 仅仅与本地人交往时才遵 守　3. 从不遵守　4. 不知道	□
F8	请问您是否参与以下活动？（最多选 3 项） 1. 同乡聚会　2. 单位组织集体活动　3. 校 友同学会　4. 社区居委会活动　5. 战友聚 会　6. 行业协会活动　7. 寺庙教会活动 8. 学术社团活动　9. 其他（请注明）＿＿＿ 您参加这些活动的频率是？ 1. 每月 1 次以上　2. 每季 1 次以上　3. 每 年 1 次以上	活动：□□□ 频率：□□□

续　表

F9	您说以下语言的熟练程度是： A 普通话　B 家乡话　C 上海话 1. 非常熟练　2. 比较熟练　3. 一般 4. 不太熟练　5. 不会	A B C □ □ □

<table>
<tr><td rowspan="5">F10</td><td colspan="5">下列人员中，您与他们交流使用何种语言？</td></tr>
<tr><td></td><td>哪 里 人？
(1. 上海人
2. 老乡
3. 其他省市人）</td><td>主要交流语言（1. 上海话
2. 家乡话
3. 普通话）</td><td>次要交流语言（1. 上海话
2. 家乡话
3. 普通话）</td><td>接 触 频 率
（1. 每周1、2次　2. 每月1、2次
3. 半年1、2次　4. 没有过）</td></tr>
<tr><td>家人
（亲戚）</td><td></td><td></td><td></td><td></td></tr>
<tr><td>朋友</td><td></td><td></td><td></td><td></td></tr>
<tr><td>同事</td><td></td><td></td><td></td><td></td></tr>
</table>

F10	商店服务员				

F11	过去一年中，您与以下人员的关系如何？ A 配偶　B 子女　C 父母　D 公婆/岳父母 E 邻居 1. 非常好　2. 比较好　3. 一般　4. 不太好　5. 很不好　6. 说不清　7. 无	A B C D E □ □ □ □ □

F12	您家庭日常生活安定状况？ 1. 很安定　2. 比较安定　3. 基本安定 4. 不太安定　5. 很不安定　6. 说不清	□

F13	在沪期间是否参加过下列选举？ A 居住地居委会选举　B 人大代表选举 C 单位内部选举　D 回家乡参加村委会选举 1. 参加　2. 未参加	A B C D □ □ □ □

F14	您对将来定居有何设想？ 1. 现在还没打算　2. 在上海安家立业 3. 学好技术去其他地方发展　4. 有钱后返乡生活　5. 往返与上海和老家之间　6. 到其他地方发展（除老家、上海外）　7. 退休后回老家或其他地方　8. 其他（请注明） _____	□
F15	您是否已经适应了上海的生活习惯？ 1. 几乎没有　2. 基本适应　3. 完全适应	□
F16	您是否认同在"上海居住时间越长越融入这座城市"的观点？ 1. 非常赞同　2. 比较赞同　3. 一般 4. 不太赞同　5. 很不赞同	□
F17	您在上海居住了一段时间后，您对以下观点如何看待？ A 我还是难以接受本地人的行为 B 我还是难以接受本地人的价值观 C 我还是难以接受本地人的想法 D 我还是难以接受本地人对我的态度 E 我还是难以接受本地人的风俗习惯 1. 非常同意　2. 比较同意　3. 一般 4. 不太同意　5. 很不同意	A □ B □ C □ D □ E □
F18	您对老家的感觉是（指文化方面）？ A 我老家的文化对我的生活影响巨大 B 我非常喜欢老家的文化 C 我对于老家的文化感到非常骄傲 1. 非常赞同　2. 比较赞同　3. 一般 4. 不太赞同　5. 很不赞同	A □ B □ C □
F19	您认为自己属于？ 1. 外地人　2. 既是上海人又是外地人 3. 新上海人　4. 上海人　5. 既不是上海人又不是外地人　6. 其他（请注明）_____	□

F20	您对目前身份的认知是? A 我从来不说"我们农民工" B 我当然不想别人把自己看成是农民工 C 当别人在讨论农民工的时候，我觉得与我无关 1. 非常赞同　2. 比较赞同　3. 一般 4. 不太赞同　5. 很不赞同	A □ B □ C □
F21	上海本地居民对您的接受程度如何? 1. 非常接受　2. 比较接受　3. 一般 4. 不太接受　5. 不接受	□
F22	您对上海（A. 总体　B. 工作环境　C. 居住环境　D. 社会治安　E. 收入水平）的满意度分别作评价： 1. 非常满意　2. 比较满意　3. 一般 4. 不太满意　5. 很不满意	A B C D E □ □ □ □ □
F23	在上海，您认为有多少人（比例）的生活过的比您好?	＿＿＿＿%
F24	您觉得与上海这座城市的融合程度是（1—10 分表示，10 分为最佳，不表态 0）?	□
F25	你目前生活满意度是（1—10 分表示，10 分为最佳，不表态 0）?	□
F26	您追求幸福的生活状态是?（最多选 3 项，按重要程度降序排列） 01. 家庭和睦　02. 平静而稳定的生活 03. 物质富裕的生活　04. 获得很高的社会地位　05. 身心健康　06. 精神生活丰富多彩　07. 品位高雅的生活　08. 子女教育或事业成功　09. 自己事业成功　10. 自己当老板　11. 悠闲自在的生活　12. 其他（请注明）＿＿＿＿	第 1 位　第 2 位 □□　□□ 第 3 位 □□

F27	**当前生活中您的压力主要来自以下哪些方面？**（最多选 3 项，按重要程度降序排列） **工作收入：**01. 经济收入低　02. 工作辛苦、压力大 **消费：**03. 食品价格高　04. 房租支出多　05. 赡养老人负担重　06. 交通费用高　07. 人情支出大　08. 医疗费用大　09. 结婚成本高　10. 子女养育费用高　11. 房价太高 **情感健康：**12. 难寻合适配偶　13. 夫妻感情不好　14. 亲子关系差　15. 家族矛盾多　16. 邻里关系差　17. 身体健康堪忧　18. 社会交往太少　19. 难以融入城市生活 **其他：**20. 学历太低　21. 社会保障不完善　22. 其他（请注明）_____	第 1 位　第 2 位 □□　　□□ 第 3 位 □□
F28	**对未来 5 年的社会环境变化，您的预期是？** 1. 比现在好很多　2. 比现在好一些 3. 差不多　4. 比现在略差 5. 比现在差很多　6. 说不清	□

七、农民工政策执行情况

G1	**您最关心上海哪方面外来农民工政策？** 1. 医疗　2. 户籍　3. 劳动就业　4. 子女教育　5. 养老　6. 住房　7. 其他（请注明）_____	□
G2	**您最迫切需要得到政府帮助解决的是？**（最多选 3 项，按重要程度降序排列） 1. 医疗保障　2. 劳动保障　3. 工资收入 4. 就业机会　5. 降低各种收费　6. 子女教育　7. 其他（请注明）_____	第 1 位　第 2 位 □　　　□ 第 3 位 □

	在上海遇到问题时，您向谁求助过？ A 单位工作中　B 日常生活中　C 个人权益受侵害时 01. 老家的亲戚、朋友　02. 当地一起打工的老乡　03. 打工期间认识的外地朋友　04. 在本地认识的朋友　05. 当地居委会、村委会　06. 工会、党团组织等　07. 社会法律服务　08. 自己解决　09. 其他（请注明）＿＿＿＿＿＿＿	A　　B　　C □□　□□　□□
G3		

G4 您对以下社会热点问题有何看法与意见？（医疗、养老、社会治安、子女教育等）

＿＿＿＿＿＿＿＿＿＿＿＿＿＿＿＿＿＿＿＿＿＿＿＿＿＿＿＿＿＿＿＿＿

＿＿＿＿＿＿＿＿＿＿＿＿＿＿＿＿＿＿＿＿＿＿＿＿＿＿＿＿＿＿＿＿＿

调查结束，谢谢您的合作！

调查员签字：＿＿＿＿＿＿　审核人员签字：＿＿＿＿＿＿

第五章

公民教育与农民工子女的
社会流动

地方性公民权制约了随迁农民工子女的受教育权利，而受教育程度又对他们的社会流动造成了巨大影响[1]。学术界就教育对于农民工子女社会流动的影响已经做了大量的研究[2]，但以往的研究没有区分教育的不同内容和形式。具体而言，教育的内容至少包含两个方面：一是知识的传播，二是价值观的传递。知识可以增加受教育者的人力资本存量，使之在劳动力市场当中更加具有竞争力；价值观的传递可以使受教育者与主流社会的价值观保持一致，从而以更加积极的态度融入主流社会。

一、公民教育：教育影响社会流动 的另一种途径

人们通常认为，教育可以在一定程度上促进社会流动[3]。教育通过什么机制促进社会流动，主流的看法是，教育通过增

---

① 熊易寒：《底层、学校与阶级再生产》，《开放时代》2010 年第 1 期。
② Zai Liang, "China's Great Migration and the Prospects of a More Integrated Society", *Annual Review of Sociology*, 2016, 42, pp. 451-471.
③ Gerald D. Berreman, *Power and Privilege: A Theory of Social Stratification*, McGraw-Hill, 1966.

加受教育者的人力资本促进了社会流动。接受过良好教育的人拥有更高的劳动技能，从而可以获得更好的职位和更高的收入，迈向更高的社会阶层。

流动儿童是当代中国最受学术界瞩目的底层群体之一，他们中的绝大多数是农民工的子女，跟随打工的父母在城市居住。流动儿童之所以引起学术界的广泛兴趣，不仅是因为其规模巨大，还因为这个群体的特殊性——作为底层，他们面对阶层不平等；作为流动人口，他们面对身份不平等。这为研究社会流动提供了一个理想的研究样本。

现有一些研究发现：中国的教育体系很难帮助农民工子女实现社会流动①。宋映泉等学者对北京市的农民工子女进行一项长达五年的跟踪研究发现，1 493 名学生中仅 88 人上了大学，大学入学率不到 6%②。但以往的研究尚存在以下不足。

一是主要关注学校教育或者说正式教育，对非正式教育（譬如 NGOs 提供的教育公共产品）缺乏深入细致的考察。虽然学校教育是最主要的教育渠道，但 NGOs 在弱势群体的教育中也扮演着重要角色。特别是那些具有理想主义和社会试验色彩的 NGOs，它们所提供的公民教育实际上构成了一

---

① Yihan Xiong, "The Broken Ladder: Why Education Provides No Upward Mobility for Migrant Children in China", *The China Quarterly*, 2015, No. 221, pp. 161-184; Miao Li, *Citizenship Education and Migrant Youth in China*, Routledge, 2015; Minhua Ling, "'Bad Students Go to Vocational Schools!': Education, Social Reproduction and Migrant Youth in Urban China", *The China Journal*, 2015, No. 73, pp. 108-131.

② 宋映泉、曾育彪、张林秀：《打工子弟学校学生"初中后"流向哪里？——基于北京市 1 866 名流动儿童长期跟踪调研数据的实证分析》，载杨东平主编：《中国流动儿童教育发展报告（2016）》，社会科学文献出版社 2017 年版。

种社会干预。人们通常将公民教育视为统治阶级文化霸权/领导权（cutural hegemony）的一种渗透方式，因此公民教育有利于政权合法性的巩固；但实际上公民教育也有赋权（empowerment）的意义，底层青年在 NGOs 的帮助下，形成了公民人格和公民意识。接受公民教育的底层青年更有可能摆脱宿命论的人生观，以更加积极的态度主张自身的正当权益。

二是主要考察农民工子女的学业成绩或升学机会[①]，忽视教育对于农民工子女价值观的影响。不只是受教育程度会影响社会流动，从长远来看，一个人的价值观也会影响其职业生涯的发展。教育通过社会化影响了人们的价值观，对主流价值观的接受程度越高，就越有可能得到主流社会的认可，从而在劳动力市场获得更高的回报。也就是说，教育在很大程度上能够影响个人信念和态度，从而对整个社会人力资本的形成和积累过程产生极为深远的影响。有学者基于对北京大学学生的调查发现：使用思想政治新版教材的学生更加认同中国当前的政治体制是一个民主体制，倾向于对不受约束的民主（西方民主）和自由市场经济持怀疑态度；在个人行为方面，使用"新课标"政治教材的学生对股票等风险性投资活动更加谨慎，在政治参

---

① Yuanyuan Chen and Shuaizhang Feng, "Access to Public Schools and the Education of Migrant Children in China", *China Economic Review*, 2013, Vol. 26, pp. 75-88; Yuanyuan Chen and Shuaizhang Feng, "Quality of Migrant Schools in China: Evidence from a Longitudinal Study in Shanghai", *Journal of Population Economics*, 2017, 30(3), pp. 1007-1034; 冯帅章、陈媛媛、金嘉捷：《城市的未来：流动儿童教育的上海模式》，上海财经大学出版社 2017 年版。

与（如投票、加入政治组织等方面）上的意愿略有增强①。

三是只关注长程社会流动，而忽视短程社会流动。笔者认为需要区分两种社会流动，一种是长程社会流动，另一种是中短程社会流动。在讨论社会流动的时候，人们经常忽视社会流动的距离。从一个农家子弟变成一个技术工人或个体户，这是短程社会流动；变成一个公务员或教师，这是中程社会流动；变成一个高级官员或著名企业家，这是长程社会流动。也就是说，同为向上的社会流动，流动的距离也存在差异②。

长程社会流动更多地具有象征性意义，因为足够轰动，同时又较为罕见。新闻媒体通常喜欢对长程社会流动大书特书，民众也喜闻乐见，因为这样的故事太励志、太感人了。中短程社会流动虽然不那么引人入胜，却频频发生，对于社会结构和阶层结构的重塑作用更大。

历史学家何炳棣通过对明清时期 48 份进士登科录的12 226 名进士的家境进行分析，发现明代有一半进士来自平民家庭，清代也有接近四成进士出身平民③。可见，科举制度在一定程度上促进了古代中国社会的长程社会流动。现代社会的结构高度分化，分工体系和社会分层更为精细，这使得长程社会流动变得更为困难。在古代，进士可以迅速出任官员，进入

---

① Davide Cantoni, Yuyu Chen, David Y. Yang, Noam Yuchtman, and Y. Jane Zhang, "Curriculum and Ideology", *Journal of Political Economy*, 2017, 125 (2), pp. 338-392.

② Yihan Xiong and Miao Li, "Citizenship Education as NGO Intervention: Turning Migrant Youth in Shanghai into 'New Citizens'", *Citizenship Studies*, 2017, 21 (7), pp. 792-808.

③ 何炳棣：《明清社会史论》，徐泓译注，中华书局 2019 年版，第 82—90 页。

社会精英阶层；在现代，大学乃至博士毕业都只能担任普通公务员。当前中国的社会阶层固化问题引起人们的广泛关注。李中清的一项大样本研究发现：1953—1993 年，超过 40％的教育精英来自工人和农民家庭；而 1994—2014 年，超过 50％的教育精英来自富裕家庭①。

如果仅仅考察长程社会流动，那么，教育的确很难促进农民工子女的社会流动；但如果我们考察中短程社会流动，那么，或许会有不同的研究发现。本章试图弥补以往研究的不足，通过对 NGOs 教育实践的实证分析，探讨公民权教育对于农民工子女社会流动的影响。

在讨论公民教育之前，本章先回顾上海农民工子女教育政策的变迁历程。因为公民教育并不是一个独立的教育类型，而是嵌入在学校教育、家庭教育和 NGO 的教育实践之中。公民教育的效果在很大程度上取决于农民工子女所处的教育环境。这里所说的教育环境是广义的，不仅包括正式教育，也包括非正式教育，如在日常生活互动中习得的知识和价值观。

二、放任、开放、收紧：上海农民工子女 教育政策的变迁历程

据第六次全国人口普查（2010 年）结果显示，中国流动

---

① 彭珊珊：《专访李政道之子李中清：150 年来中国的精英出身什么家庭》（2015 年 11 月 12 日），澎湃新闻，http：//www.thepaper.cn/newsDetail_forward_1395229，最后浏览日期：2019 年 7 月 14 日。

人口规模已经达到 2.21 亿人，其中，17 周岁以下流动儿童规模为 3 581 万人，其中属于农业户口的（即所谓"农民工子女"）占 80.35％，约 2 877 万人；属于 6—14 岁义务教育阶段的适龄儿童占 38.9％，约 1 393 万人①。然而，在城乡二元分立的体制下，农民工子女无法像城市的同龄人那样享有各种权利和福利，在他们缺失的各项权利中，受教育权利尤其受到社会各界的广泛关注。长期以来，大多数农民工子女只能就读于校舍简陋、师资薄弱的农民工子弟学校，而这些学校不仅无法提供优质的教育，而且时刻面临城市教育行政部门的取缔②。

　　为了更好地保障农民工子女的受教育权利，国家提出了"以流入地政府管理为主、以全日制公办中小学就读为主"的"两为主"方针。在这一政策的推动下，上海市公办学校逐步向农民工子女开放。截至 2008 年上半年，在上海接受义务教育的外来流动人口的子女总人数为 379 980 人，其中小学阶段是 297 000 人，初中阶段是 83 000 人；在全日制公办和民办中小学就读的学生大概占 57.2％，其余的就读于农民工子弟学校③。2010 年，上海义务教育阶段流动人口子女为 47.05 万人，其中在农民工子女学校就读的有 13.45 万人，在公办学校就读的有 33.6 万人，在公办学校就读的比例提高到 70％左

---

① 段成荣、吕利丹、王宗萍、郭静：《我国流动儿童生存和发展：问题与对策——基于 2010 年第六次全国人口普查数据的分析》，《南方人口》2013 年第 4 期。

② 苏永通、沈颖等：《"刺头学校"搏命记》，《南方周末》，2006 年 9 月 28 日。

③ 《沪加大投入引导农民工子女学校向民办学校发展》（2008 年 4 月 7 日），东方网，http://sh.eastday.com/eastday/shnews/qtmt/20080407/u1a418449.html，最后浏览日期：2019 年 7 月 14 日。

右。2012 年，上海已对 53.8 万在沪外来务工人员子女实现以公办学校为主的免费义务教育。对于政府而言，所谓的农民工子弟学校与公办学校、民办学校最大的差别就在于：前者由流出地教育部门批准成立，在流入地（上海）教育部门备案并接受"指导"；后者则是由当地教育部门批准成立并直接"领导"。对于学生而言，两者最大的差别则在于，前者的师资、硬件等办学条件大多很差，教学质量远远落后于后者；前者是城市中的"孤岛"，学生与上海本地青少年相对隔绝，后者则或多或少同在一个屋檐下①。

20 世纪 90 年代以来，农民工子女的教育政策大致经历了以下三个阶段的变迁。

放任阶段：20 世纪 90 年代至 2005 年。1986 年通过的《义务教育法》规定，义务教育事业在国务院领导下，实行地方负责，分级管理，适龄儿童少年应在户口所在地接受九年义务教育，所需教育经费由当地政府负责筹措。然而，随着城市化、工业化进程的加速，越来越多的农民工子女进入城市生活，这种分级管理、就地入学的体制给农民工子女接受义务教育带来了很大困扰，不少青少年因此而失学。农民工子弟学校就是在这一背景下出现的，最初带有"自力救济"的性质，是"流动人口"为解决"流动儿童"的入学问题而自发创办起来的②，有的得到了流出地教育行政部门的批准（输出地政府为

①　熊易寒：《当代中国的身份认同与政治社会化：一项基于城市农民工子女的实证研究》，复旦大学中外政治制度专业博士学位论文，2008 年。
②　韩嘉玲：《北京市流动儿童义务教育状况调查报告》，《青年研究》2001 年第 8 期；陈水生：《责任政府的两难——以民工子弟学校取缔政策为例》，《理论界》2009 年第 4 期。

完成"普及九年义务教育"的任务而倾向于鼓励这类学校的发展），有的没有履行任何合法手续，这些农民工子弟学校通常没有建立财务管理、教师管理制度，多数教师都没有教师资格证，办学者侵吞办学资金、携款逃跑事件时有发生。高峰时期，上海的农民工子弟学校多达 600 多所。据 2001 年统计，当时上海的 519 所民工子弟学校中，只有 124 所既经流出地有关部门同意，又在本市教育部门备案，其他大都无合法"名分"，只经流出地有关部门同意，而未在本市备案[①]。由于这些学校通常不具备城市政府规定的办学资格，无法获得办学许可证，而且往往与危房等安全隐患联系在一起——这些学校虽然与城市政府没有直接隶属关系，可是一旦出现安全事故，责任却是"属地化"的——从而成为城市政府查封、取缔的对象。

开放阶段：2006 年至 2012 年。虽然中央政府早在 21 世纪初出台了一系列试图解决流动儿童教育问题的政策，但政策的真正落地却滞后了四五年。2001 年《国务院关于基础教育改革与发展的决定》出台，强调流动儿童的管理以流入地区政府管理为主，要求各地依法保障流动人口子女接受义务教育的权利。由于"两为主"政策主要依赖流入地政府的财政，中央并无拨款，因此流入地政府最初并不积极。直到 2006 年，"两为主"政策才逐步得到执行。2003 年国务院的《关于进一步做好进城务工就业农民子女义务教育工作的意见》指出："进城

---

① 流出地出具的资质证明也不正规，有的是"社会力量管理办"同意的，有的是乡镇义务教育办批准的，有的则盖了外地政府驻沪办的大印。参见缪毅容、董宁：《上海规范民工子弟学校办学》，《解放日报》，2001 年 9 月 10 日。

务工就业农民流入地政府负责进城务工就业农民子女接受义务教育工作，以全日制公办中小学为主。"不再限制农民工子女流入城市，而是试图通过公办教育解决其入学难的问题，同时还规定："流入地政府要制定进城务工就业农民子女接受义务教育的收费标准，减免有关费用，做到收费与当地学生一视同仁。"此后，全国各地的城市纷纷出台规定，公办学校不得向农民工子女收取借读费[①]。2004年，上海市政府出台新规定："凡持有流出地政府开具的证明，证实其确属进城务工就业农民，并由本市有关部门和单位证明其确实在本市务工就业、有合法固定住所并居住满一定时间的，可到暂住地所属区（县）教育部门或乡镇政府为其子女提出接受义务教育的就学申请。凡符合规定就学条件的，有关部门应准予其到相应的学校办理入学事项"，并且承诺"努力减轻进城务工就业农民子女教育费用的负担，切实维护进城务工就业农民子女在学校的权益。……学校对就学的进城务工就业农民子女要一视同仁，在接受教育、参加团队组织、担任学生干部、评优奖励、课外活动等方面，应与本市学生同等对待"[②]。2008年，上海启动"农民工同住子女义务教育三年行动计划"，共关闭100余所不符合基本办学条件的非法农民工子弟学校，并将158所符合基本办学条件的农民工子弟学校办学设施改造后纳入民办教育管理。对郊区的农民工子弟学校改制，一律按照公办学生注册学

---

① 对农民工子女义务教育政策的梳理，参见易承志：《进城务工农民子女教育问题的政府治理——以上海为个案》，《华中师范大学学报（人文社会科学版）》2007年第6期。

② 《上海市人民政府办公厅转发市教委等七部门关于切实做好进城务工就业农民子女义务教育工作意见的通知》，沪府办发〔2004〕12号。

籍，政府按生均公用经费定额标准拨付经费、配置教学设备和资源，一律免除外来人口子女的学杂费、教科书费，不交借读费。据上海市民办中小学协会副会长周纪平介绍，仅 2012 学年上海共有 53.8 万名进城务工人员随迁子女在义务教育阶段学校就读，占上海义务教育阶段学生总数的 45.09%。其中，40.2 万余名随迁子女在公办学校就读，占总数的 74.72%，比 2011 学年增加 3.4 万人。另有 13.6 万余名随迁子女，在 157 所政府购买服务的以招收随迁子女为主的民办小学免费就读，占总数的 25.28%①。在这一阶段，北京、上海、广州等一线城市的农民工子女教育政策呈现一定的地域差别：在一定程度上，上海做得最好，中心城区取缔农民工子弟学校的同时，绝大部分在读农民工子女都进入了公办学校，郊区的教育资源相对稀缺，公办学校不能接收全部的农民工子女，政府将达标的农民工子弟学校转变为民办简易学校，为学校提供的生均补贴也逐年提高②；北京的政策最为严苛，大规模取缔农民工子弟学校，但并没有相应地开放公办教育资源作为替代；广州则是以放任为主，民办学校成为农民工子女教育的主要承载者，政府对农民工子弟学校不进行取缔，也没有像上海那样给予补助。

收紧阶段：2013 年至今。受严格控制特大城市人口规模的政治大气候影响，各地的农民工子女的教育政策趋于严

---

① 李洁茹、卢世博：《"我们要让一家人在一起"：流动儿童教育"福地"上海的双重压力》，《南方周末》，2016 年 5 月 1 日。

② 2009 年的生均补贴是 2 000—2 500 元，2010—2011 年的生均补贴是 4 000—4 500 元，2012 年以后提高到 5 000 元。

苛，特大城市纷纷向北京看齐①。2014 年，上海尚有 152 所
民办随迁子女学校，2018 年，减少至 84 所。这些学校的在
校生也在逐年减少。2014 年，有 11.53 万名在校生；2016
年，有 8.17 万名在校生；2018 年，降至 5.11 万名在校生。
由于生源锐减，这些学校的办学经费日益紧张，优秀师资流
失严重②。一方面是民办随迁子女学校的停办；另一方面则
是公办学校入学门槛的进一步提高。在上海入学的非本地户
籍学生，需要家长持有居住证，但居住证的办理条件严苛，
农民工并不能符合"注册资本 100 万以上企业任职""专业
技术或管理岗位"这样的要求。另一个选择是临时居住证和
灵活就业登记，但后者只有 3 个月的登记期，错过便没有机
会了，许多农民工随迁子女就在这一关上被一票否决了入学
的权利。而在广州市越秀区，只有三种情况下农民工子女才
可以在当地公立学校就读：连续居住并缴纳社会保险满 5 年；
连续从事环卫、消毒站、园林绿化、市政建设服务满 2 年；
获得过广州市或越秀区政府授予的优秀称号③。2014 年上海
市随迁农民工子女的数量为 538 563 人，2015 年这一数据下降
到 500 664，这就意味着至少有 3 万多农民工子女在严苛的入

①　《南方周末》记者李洁茹认为，2008—2014 年的六年间是上海流动儿童就学政
　　策的黄金期，这一分期不尽准确，事实上，上海的公办学校成规模地接收农
　　民工子女大约始于 2006 年，而逐步提高入学门槛则始于 2012 年，黄金期的
　　时长确实只有六年。
②　唐晓杰：《上海民办随迁子女学校发展面临的问题与挑战》，上海大学第六届
　　"流动子女教育学术研讨会"，2019 年 5 月 22 日。
③　吴静宜：《不是父母不管，大城市从来没给留守儿童留过位置》（2016 年 7 月
　　14 日），网易网，http://view.163.com/special/resound/leftbehindchildren
　　20160714.html，最后浏览日期：2016 年 8 月 24 日。

学政策影响下不得不回到原籍就学。另一个指标也能说明农民工子女受教育权利的恶化：上海职业学校、技术学校和中专学校 2011—2015 年录取的随迁农民工子女分别为 6 032 人、8 191 人、10 125 人、6 912 人、6 183 人，2013 年达到历史峰值，此后迅速回落到 2011 年的水平。

三、当前中国学校体系中的公民教育

学校的公民教育课程常常是由国家以系统的方法，将有关政治制度运作的知识、价值以及规范灌输给学生的。加布里埃尔·阿尔蒙德（Gabriel Almond）和西德尼·维巴（Sidney Verba）对欧美五国（美、英、德、墨西哥、意大利）的调查研究发现，学校教育是公民学习政治知识和政治参与的重要渠道[1]。理查德·尼米（Richard Niemi）等人对美国学生的经验研究则显示，学校的公民课程对于高中学生的政治涉入、政治兴趣与政治行为没有显著的影响，但公民课程的数目与高中学生的政治知识却是显著相关的[2]。

在当代中国，学校教育体系里缺乏体系化的公民教育，更多的是道德教育和意识形态教育，素质话语和政治说教替代了公民权的话语。

---

① ［美］加布里埃尔·A. 阿尔蒙德、［美］西德尼·维巴：《公民文化：五国的政治态度与民主》，马殿君等译，浙江人民出版社 1989 年版。
② Richard G. Niemi and Jane Junn, *Civic Education*, Yale University Press, 1996. 转引自陈陆辉：《政治文化与政治社会化》，载冷则刚等：《政治学（下）》，台北五南图书出版公司 2006 年版，第 3—33 页。

　　据笔者的调查，公办学校一般有专职的政治课教师，具体的课程名称包括"品德与生活"（小学低年级）、"品德与社会"（小学高年级）、"思想品德"（初中），上课内容多为照本宣科，也有少数的学校采用多媒体教学，老师精心制作 PPT 课件，用生动形象、深入浅出的方式进行授课；而几乎所有的农民工子弟学校都没有专职的政治课教师，政治课作为副科一般由主课教师、行政人员或志愿者兼任，上课形式较为随意，有时候主课老师忙于批改作业或试卷，政治课就变成学生的自习课。而这些志愿者（多为大学一年级学生）没有任何教学经验，面对调皮捣蛋的学生往往束手无策，所谓的"思想政治课"大多变成了自我介绍、做游戏、才艺表演，在嘻嘻哈哈中草草收场。

　　从思想政治课教科书的内容来看，主要是为了传播主流意识形态，弘扬社会主义主旋律。譬如，2007 年中共十七大闭幕之后，教育部印发了《初中思想品德课和高中思想政治课贯彻党的十七大精神的指导意见》，强调"2008 年秋季开学后，未能根据十七大精神修订的教材不得继续使用"。人民教育出版社随即依据该《意见》的精神对初中思想品德和高中思想政治全套教材进行了修订[①]。近年来的思想政治课的一个重要变化就是，除了传统的爱国主义教育与革命接班人教育，还增加了公民教育的内容。

　　但是，不可能存在与社会、政治背景相分离的公民身份教

[①] 《关于人教版思想品德和思想政治教材贯彻党的十七大精神的修订的说明》（2007 年 11 月 26 日），法律图书馆网，http：//www．pep．com．cn/sxpd/jszx/kcjc/jcjs/200804/t20080411_458736．htm，最后浏览日期：2019 年 7 月 15 日。

育①。阿尔蒙德和宾厄姆·鲍威尔（Bingham Powell）指出：社会化的结果取决于所有信息和条件的相互作用，尤其取决于有关信息内容的一贯性。政府常常会通过学校的课程向学生灌输特定的政治态度和价值取向，但是这些努力能否成功，在最理想的情况下，也取决于社会环境②。农民工子女在课堂上接受的是平等、自由、参与、权利这样一套公民社会话语，然而他们所处的社会环境却存在着不平等、暴力与机会限制，现实与书本的鸿沟让他们对社会看得很"透"，正如长期从事农民工子女艺术教育和公民教育的张轶超所言：

> 这些孩子有一个共同点就是对这个社会缺乏一种……怎么说呢？都不认为这个社会是一个美好的社会，对教材上的教育充满不屑，贪污、受贿、离婚、犯罪这些事情他们都看在眼里，所以他们不相信学校所宣传的东西。对德育这一块不太信任。③

笔者在研究中发现：公办学校更加注重学业成绩的竞争，而农民工子弟学校则更加强调德育，尤其是感恩教育。在与农民工子弟学校校长们的交流中，他们往往会表示："农民工子女在学业上没有竞争力，最重要的是对他们进行道德教育，只要他们将来不犯法犯罪，就是我们教育工作者对于社会的最大

---

① Orit Ichilov, ed., *Citizenship and Citizenship Education in a Changing World*, Woburn Press, 1998, p. 80.
② ［美］加布里埃尔·阿尔蒙德、［美］宾厄姆·鲍威尔：《比较政治学：体系、过程和政策》，曹沛霖等译，上海译文出版社 1987 年版，第 109 页。
③ 笔者 2007 年 10 月 3 日对张轶超访谈的记录。

贡献。"

笔者与合作者的一项研究发现：在北京某农民工子弟学校，道德教育取代学术教育，成为学校提高社会声望、吸纳资源的有效策略。经过精心宣传和频繁的交流展示，W 中学为随迁子女"量身定做"的道德教育颇受好评，获得了教育主管部门的大力推介。一位班主任表示：

> 我们不寄希望于这些孩子取得多好的学习成绩，那也不现实，他们基础不好，我们用全部精力抓学习也没法取得理想的成绩。而且，如果你要拿成绩来比，这些孩子只能是越来越自卑。学校管理层的意思是把工作重点转移到德育上来。他们这些孩子，包括一些家长，可能对社会有一种仇视和不理解，因为他们的现状决定了他们的心态，就是社会底层的一种心态。所以，我们希望学校教育能帮助他们成为身心健康的人。学生觉得自己是社会底层，我们就希望他们做遵纪守法、品格健全的人。[1]

作为道德教育的重要组成部分，W 中学的感恩教育力图改善随迁子女缺乏感恩之心的现状。虽然没有开设感恩教育课程，感恩教育实际上渗透进并统领着全部的教学活动，包括每周例行班会、班级板报和标语设计、家长会、运动会和学校组织的公关和媒体活动等。在 W 中学，随迁子女的厌学和辍学

---

[1]　2011 年 7 月 13 日访谈记录，李淼整理。

现象十分严重。特别是随着年级的升高，怀有升学愿望的随迁子女纷纷返回原籍就读初、高中，其他自觉升学机会渺茫的选择留在 W 中学。

在该校举行的打工子弟运动会开幕式上，全校 300 多名学生参加了团体操、课桌操和趣味赛跑等多个表演环节；来自其他 32 所学校的校长和学生代表出席了开幕式，并接受了活动主办方捐赠的体育器材。德育处安老师全程督导了这次活动的准备工作，她认为在期中考试临近时，学生能顶住复习压力、把历时一个月、每天一次的密集排练坚持下来，这充分体现了他们的吃苦精神和蓬勃朝气。作为一次向教育行政部门、新闻媒体和其他学校展示教育理念的契机，在这次活动中，W 中学宣传了其感恩教育的核心内容：学生感恩学校为他们提供了宝贵的受教育机会。教师们在学生代表发言中编写了具体的教育话语以呈现此内容。但初二学生刘易回忆道：

> 我们都特别反感那个活动，就觉得是不是嫌弃我们穷才来的。尤其是我们班唐珊［学生代表］读的那个稿，显得我们特别可怜、特别穷。她读的那个语气是老师教的。她说［模仿唐珊抽泣的哭腔］"老师们，同学们，大家好"。就是那种很难过、很委屈的感觉。还有一段说"感谢学校收留了我们"。还说"父母在外奔波、忙碌着"，怎么着，就一大堆，反正那感觉就是我们是没人要的孩子，要不是学校大恩大德收留了我们，我们就得成天在大街上流浪。不就是我们没有［B 市］户口嘛，可我们也不是没

地方去啊，如果不在这儿，我还能去 Y 中学。[①]

在 W 中学，感恩教育话语不仅掩饰了薄弱校不得已接收随迁子女的"窘境"，而且将建构的感恩责任强加给了随迁子女。通过建构教育话语，学校和教师影响和支配学生的感恩诉求。单一含义的教育话语忽视了随迁子女复杂多样的主观性和差异化的感恩体验，使他们陷入了集体失语的境地。实际上，相当一部分随迁子女对学校重德育、轻智育的教育策略颇为不满："这个学校只管头发，不管学习。"

W 中学建构的感恩教育知识围绕学生感谢学校和感谢教师两个主题展开。"感谢学校"这条主线引导学校诸如周记和作文比赛等日常活动，这些活动以爱校爱班为主题，要求随迁子女记述就读公立学校为他们的生活带来的积极变化。然而，对多数随迁子女来说，民办简易校与公立学校各有利弊，他们坦言并没有什么特别的体会和洞察。与此同时，农民工家长不是学校为随迁子女设想的感恩对象。通过实施一系列柔性教化策略，学校以培养随迁子女良好的品格和行为习惯为名，把他们与"低素质"的农民工家长区分开来。学校管理者和教师主观地甄别出农民工家长的品格缺陷，并据此拟订了道德教育内容：践行感恩、诚实和理性等美德；塑造文明行为（如不闯红灯、不在公共场所大声喧哗）[②]。"感谢教师"则旨在缓解 W

---

① 2011 年 6 月 15 日访谈记录，李淼整理。

② Miao Li and Yihan Xiong, "Producing the Morally Captive Guest: Discourse and Power in Gratitude Education of Migrant Children in Beijing", *The China Quarterly*, 2009, pp. 1-21, DOI: 10.1017/S0305741019000304.

中学教师工作积极性不高的问题。由于农民工子女无法在京参加中考，教师们的教学热情大为下降。为提高教师的积极性，学校督促学生感恩教师的辛勤付出。

四、献爱心与塑造新公民：
NGOs 的谱系

在中国，有不少 NGOs 为农民工子女提供服务。我们可以根据以下两个维度对 NGOs 进行简单的分类。

从目标上来看，可以分为献爱心与塑造新公民的社会干预。所谓"献爱心"就是侧重于物质层面和情感层面，譬如通过捐款、捐物和慰问来表达社会或个人对农民工子女的关怀，大多数献爱心活动都是一次性的；所谓"塑造新公民"就是侧重于价值层面和理性层面，向农民工子女传播知识和价值观，将其塑造为具有现代公民人格的新一代。献爱心与塑造新公民不是截然对立的两极，而是一个类似于光谱的连续体，大多数的社会干预都介于两者之间。

从行动的组织化程度来看，可以分为组织化与个人化的社会干预。所谓"组织化"就是由职业化的机构来进行运作，如南都公益基金会、乐群社工服务社、上海市慈善基金会；所谓"个人化"就是没有正式的组织或者组织化程度很低，没有一套正式的规章、制度，如刘伟伟、万蓓蕾等人在叶氏路的课外辅导。同样，组织化程度也是一个连续统，久牵青少年活动中心和热爱家园的"太阳花"项目的组织化程度就属于中等水平。

根据目标和组织化两个维度，笔者制作了社会干预行动的谱系图，并在图中放入了代表性的 NGOs（如图 5-1 所示）。

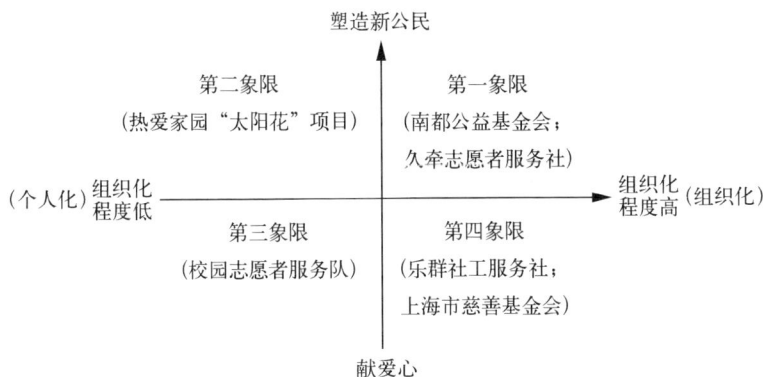

图 5-1 社会干预行动的谱系

下面我们简要介绍图 5-1 所列举的个案。

第一象限以南都公益基金会和久牵志愿服务社为代表。南都公益基金会的"新公民计划"的宗旨是改善农民工子女的成长环境。南都公益基金会成立于 2007 年，是一家经民政部批准成立的全国性非公募基金会，业务主管单位为民政部。南都基金会原始基金 1 亿元人民币，来源于上海南都集团有限公司。

随着中国城市化进程的加速，越来越多的农民工进城，农民工子女（包括"流动儿童"和"留守儿童"）的教育、心理健康、道德养成等方面存在许多困难和问题，这些问题如得不到妥善解决，不仅会对农民工子女个人的成长产生不利影响，而且对国家和社会的未来也将带来严重的后果。为改善农民工子女的成长环境，南都基金会决定实施新公民计划，以项目招标的方式，资助非营利组织开展农民工子女教育、心灵关怀的志愿服务和公益创新项目，捐建民办非营利农民工子女学校。南都基金会愿与社会各界一起，共襄义举，为农民工子女的健康成长，为和谐社会建设尽绵薄之力。①

新公民学校项目是新公民计划的子项目，是南都基金会资助的重点。2017 年"新公民计划"在北京市民政局正式注册为北京三知困难儿童救助服务中心。为了解决流动儿童的入学难问题，南都基金会决定用 5—10 年时间捐建 100 所民办公益学校。学校将以"新公民学校"命名，意寓孩子们在这里学习励志，健康成长，成为有理想、有道德、有文化、有纪律的社会主义新公民。除了新公民学校项目，南都基金会每年还出资赞助一些小额项目，譬如久牵青少年活动中心的"牵手音乐回乡之旅"、乐群社工服务社的"跨越心灵的彩虹——流动人口子女服务计划"。纵观历年"新公民计划"的中标资助项目，大多侧重于公民教育和能力培养，可见南都基金会是以塑造新公民为目标的。同时，南都基金会是由公益领域的专业人士来运作的，负责人徐永光是中国青年基金会和希望工程的创始人，基金会的组织化程度很高，不仅有理事会和监事会，还有一整套内部管理制度和项目管理流程。

　　另一个代表性的 NGO 是久牵志愿者服务社。该机构的前

---

① 《新公民计划资助手册》（内部资料），关于该机构的详情可登录南都公益基金的官方网站（http://www.nandufoundation.org/index.php）。

身是复旦大学支教团队，2001 年开始运作，2008 年注册为民办非企业组织，以塑造新公民为目标，组织化程度逐步提高，最初只有 1 个活动中心和 2 名专职人员，此后逐步壮大，到 2016 年，拥有浦东、浦西、南汇和云南四个活动中心，专职员工 11 人，为农民工子女提供免费的艺术教育、课外辅导和公民教育。

第二象限以热爱家园的"太阳花"进城务工人员子女助学项目为代表。热爱家园是志愿者自发组织的民间社会团体，全称是上海市闸北区热爱家园青年社区志愿者协会。从 2003 年开始，志愿者们于每周周日下午在某外来人口聚居区的太阳花活动室和孩子们一起活动，主要的项目有"课外知识拓展实验班""儿童图书室""益智游戏"等。该项目在《致志愿者的话》中写道：

> 一次太阳花活动，我们平均可以和二十个左右的孩子相处两个小时。在这段时间里，我们可以与孩子们分享对大自然、对社会、对生活的理解；可以和孩子们一起思考生存与发展，人与自然，今天与未来之间的种种关系……那些幼小但是敏锐的心灵会捕捉到你带去的所有善意，所有期待，所有祝福。未来的中国，是否会多一个富有自由思想和社会责任感的公民，有着今天您的一份影响！①

项目组织者为"太阳花"项目设定的最高目标是：

---

① 《太阳花志愿者手册》（内部资料）。

> 小太阳花们在活动中学会了通过民主参与、协商沟通、互相妥协等方式解决资源分配和公共事务决策，成为一个有素质的公民；小太阳花们在活动中领悟到了谦逊、自信、自强、宽容、爱心等人之美德，成长为一个顶天立地的真正的人！①

"太阳花"项目塑造新公民的意图很明显，但组织化程度较前面的南都基金会有一定差距。由于该组织特别强调志愿性和权力制衡，因此内部的组织结构一直很松散②。

第三象限是各类校园志愿者团队。在上海的许多高校都有非常活跃的志愿者群体。这些组织有的是团委领导下的青年志愿者服务队，如复旦远征青年志愿者服务队；有的则是学生社团，如华东师范大学乡土建设学社、复旦大学 TECC（国际科技教育交流协会）、上海海事大学三农服务社；还有的是以学院或专业为基础，如复旦大学社会发展与公共政策学院 2004 级本科生支教团队。这些志愿者活动大多属于"社会实践"的性质，除个别中坚力量以外，大多数志愿者都属于"一次性"的献爱心，因此很难对农民工子女的价值观产生影响。

第四象限以乐群社工服务社和上海市慈善基金会为代表。上海浦东的"乐群服务社"成立于 2003 年，是一间非营利性质的社会服务机构，乐群对农民工子女进行社会干预的主要形式是"驻校社工"，通过向浦东新区的民工子弟比较多的学校派遣专业社会工作者的形式，向民工子弟提供专业的服务。这

---

① 《太阳花志愿者手册》（内部资料）。
② 笔者 2008 年 4 月 6 日对热爱家园雷婷、万蓓蕾的访谈记录。

一活动由浦东新区社会发展局提供资金，由社会工作协会进行管理。据"简易小学"项目的负责人梅舒介绍，乐群"驻校社工"的主要工作内容是：

> 一是个案（干预），学生、老师和家长都有；二是小组活动，主要是人际交往，培养自信心；三是引进外界资源，捐资办学等；四是文艺汇演，让学生和老师展示自己的才能，邀请社会各界人士观看，然后他们就会提出帮助这帮助那，起到协调资源的作用。
>
> 孩子们都很欢迎社工，社工会带给孩子很多东西，不会很严厉，一般是鼓励你，不像老师有时候会批评你，所以孩子们觉得社工很亲切，是一种心灵的关系。所以有些孩子跟别人有矛盾不找老师找社工，因为社工与服务对象是一种平等、尊重的关系。他们很多学生都叫我们社工姐姐、社工哥哥，说："我觉得社工姐姐你比我们父母都好。"这跟我们的服务态度有关系，平等、真诚。[1]

作为一个专业的社工机构，乐群的组织化程度也很高，但"驻校社工"主要侧重于心理辅导和情感交流，目标上介于献爱心与塑造新公民之间；联谊会、笔友通信、体检和奖学金等活动更是献爱心的成分居多。

上海市慈善基金会也为农民工子女提供了一些资助项目。为了防止资金流入农民工子弟学校办学者的私人腰包，

---

[1]　笔者 2007 年 6 月 26 日对梅舒的访谈记录。

慈善基金会与农民工子女相关的项目主要集中于硬件设施的捐助，一般不进行资金捐助。从目标上看，该机构的活动倾向于献爱心。

在上述 NGOs 中，"久牵志愿者服务社"是极具典型意义的个案。笔者从 2007 年开始追踪这样一个组织，并对其学员进行了长期的跟踪调研，以下便详细介绍这个案例。

五、作为一种赋权的公民教育：
以久牵志愿者服务社为例

久牵志愿者服务社成立于 2008 年，是一家由志愿者和热心公益的人士创立的，旨在为贫困青少年尤其是来沪务工人员子女提供优质和免费课外教育的公益机构。该 NGO 拥有 100 多名专业的授课志愿者，能够提供以音乐、艺术为主的，英语、计算机等应用性课程为辅的教育培训服务，帮助孩子开发自己的潜能天赋，增强自信心，并在与同学、志愿者的学习交流中，培养团队精神、独立思考能力和社会责任感。

久牵志愿者服务社的前身是大学生支教服务队，成立于 2001 年，为复旦周边农民工子弟学校的孩子上课、补课。2002 年 7 月，久牵的创始人张轶超从复旦哲学系毕业后，继续负责这支志愿者团队的运作，除常规地在农民工子弟学校开展英语、计算机等教学活动外，还在暑假为农民工子女组织夏令营活动。2006 年 3 月，久牵成立了"放牛班的孩子"合唱队，艺术教育开始成为久牵的一项基本服务内容。2008 年 5 月，在浦东社会工作者协会的支持下，上海久牵志愿者服务社获浦东新区民政局批准，正式注册为民办非企业机构。久牵的目标是消除教育不平等，让那些外来务工人员子女享受与城市孩子同等的教育服务；同时将社会责任感、志愿者服务意识植入那些农民工子女心中。

久牵的服务对象为 10—16 岁的在沪农民工子女，服务内容是为这些农民工子女免费开设艺术、计算机、英语、自然科学等课程——这些课程往往在农民工子弟学校由于条件限制无法正常开设。除此之外，久牵还会不定期组织各种外出参观、调研、演出等活动来开拓农民工子女的视野，帮助他们更好地融入城市。

从一开始，张轶超就不满足于"献爱心"，而是把目标定位于"塑造新公民"，他说：

> 最简单的方式是放下你捐献给他们的糖果和文具，然后就挥一挥手，不带走半片云彩。这就是我们常说的献爱心，但我一直怀疑这种做法和施舍乞丐一两元钱有什么区别？某种意义上说，我们的爱心是得到了满足，甚至我们可以对自己说："我为创建和谐社会已经出了一份力了。"然而，那些孩子们的需求是否得到满足了呢？一个曾经得到过一个崭新的漂亮的小熊维尼文具盒的民工子弟，和一个从来没有得到过这种文具盒的民工子弟，他们的生活会有任何实质意义的差别吗？没有。①

① 张轶超：《我辈的骄傲，我辈的责任》，2007 年 11 月 25 日在复旦大学的演讲。

　　因此，久牵志愿者服务社的主页开宗明义地指出自身不同于慈善活动的性质：

　　　　久牵不是一个慈善项目，而是一个公民教育项目。

　　　　作为这个项目的运营者，我们始终难以忘记的，是我们初次看到这些孩子时他们的腼腆、胆怯，和现在他们面对陌生人展现出来的笑容、自信。正是这样强烈的对比支持一些志愿者持续了 6 年，从兼职到全职，去运作这样一个为一群特殊的孩子带来快乐的青少年活动中心。

　　　　我们的理念，正是要为在教育体系中处于弱势的民工子弟提供平等的教育资源，让他们除了像自己的父母一样在大城市"打工"之外，走出自己的人生道路。久牵青少年活动中心不仅仅是一个慈善意义上的辅助性教育机构，同时也是一个能够充分发掘和发挥个人天赋的优秀学园。①

　　张轶超将"久牵"计划的宗旨确定为：为那些因为贫困而无法发展其天赋的孩子提供一个属于他们的教育环境，以唤醒其作为个人的自由天性与作为公民的公共意识……培养农民工子女的公民意识和社会责任意识，减少这些孩子的自我封闭与认同危机②。久牵的教育理念是让每个人成为自己。具体的实施方式是以艺术课程（如合唱、美术、古筝、扬琴等）培养美

① 《久牵合作伙伴计划》（2008 年 5 月 4 日），http://www.jiuqian.org/html/juanzengyucanyu/20080504/3.html，最后浏览日期：2008 年 7 月 5 日。
② 参见《新公民计划牵手音乐回乡之旅宣传手册》《久牵志愿者服务社宣传手册》。

感，以应用课程（如英语、计算机、烹饪等）锻炼能力，以拓展课程（如地理、阅读、自然艺术等）开阔视野，以课外活动（如回乡之旅、夏冬令营等）树立团队精神，在一整套课程与活动的教育氛围中，提升每个孩子的思维能力和实践技能，培养他们对于知识和艺术的兴趣和热爱，树立他们的社会责任意识。久牵的教学与活动主要包括如下内容。

（1）艺术教育和常规课程。前者包括合唱、舞蹈、各类乐器演奏，后者包括作文、英语、历史、新闻、童话阅读、读者人生、计算机、实验、绘画、地理、摄影、健康与社会等。课程主要由张轶超结合孩子们的成长需要与志愿者的专长来设置，学员们可以根据自己的兴趣自由选课。张轶超试图以此来矫正传统的应试教育，对抗"机械式的操练和标准答案的淫威"。张轶超说：

> 我们现在的应试教育培养的学生，进了大学还不知道应该干什么？所以，我让他们自己选课，很早就要试错，我到底需要什么？自由选课，这是你的意志。今年我们特别强化纪律，培养他们的责任意识，选这门课，就要对此负责，付出一定的代价，你自己选的这门课，结果又不来上课，那就要接受惩罚。一个人要对自己的行为负责。而不是像学校那样，听老师、父母的话，追求好的分数就可以了。①
>
> ……如果有人不积极参加兴趣小组，就开除出小组；如果有人从不参加任何兴趣小组，就开除出合唱团。②

---

① 笔者 2008 年 3 月 5 日对张轶超的访谈记录。
② 久牵学生会会议记录，2008 年 10 月 28 日。

最初的时候，久牵开设的课程与学校教育极少重合，即便是英语课也侧重于故事性和趣味性。张轶超总是向孩子们传达这样一个信息：考试不重要，不要为考试而读书。但是，后来张轶超发现这样的做法行不通：如果久牵的孩子学业成绩不理想，家长可能就不再乐意让孩子们来这里"浪费时间"了。为了得到家长的认可与支持，久牵的课程设置不得不向学校的教育模式靠拢：

> 我感觉我们越来越像学校了。资源是少量的，如果不加选择地给别人，是一种浪费和低效。我们现在最大的问题就是有效的、适应时代的教育体系。上课如何上、如何管理，不能让学生仅仅说玩得很开心。我们的第一步是让他们快乐自信；第二步是让他们的知识和技能超过没来（久牵）的孩子。现在连在学校的成绩都差不多，别人就质疑，家长说孩子退步了，这个最头疼了。我们只能想办法，不得不应用学校的那套东西：科目标准、考试标准、教师评估等。我们开设了英语，还准备开数学。提高他们的应试能力，家长欢迎，对我们也很重要。当然，我们的英语课强调应用能力和对话，而不是做题目，这对到社会上找工作也很有用。我教他们数理逻辑，让他们处理事情更理性、更有条理。这两门课跟学校是重合的。下学期历史课不开了，效率不高，思维能力没达到那个层次。这边出来的孩子要具有同龄人不具备的素质。现在就是唱歌、跳舞，很无聊，感觉是欺骗社会，电视台只要我们亮相，不关心我们真正怎么样，长此以往，会把自己毁掉。所以

我们得在课程上动脑筋，得有真正的进步。①

此外，久牵还不定期地组织"职业与人生系列讲座"。邀请作家、音乐家、律师、记者、学者、编导、经理、医生、IT工程师等社会各界人士为孩子们做专题演讲。张轶超对讲座的要求是：围绕自己所从事的职业，可以结合该职业的特殊经历，和学生们谈以下问题：自己为何选择这一职业？这一职业为自己的人生所带来的意义/价值何在？这一职业在今天这个社会的地位/作用又如何？自己是否还有许多困惑和问题，为什么？

久牵的多位学员都提及知识理论课（theory of knowledge，TOK）对自己的影响。现在加拿大念本科的辛越（化名）说：

> 印象里最喜欢的课程是知识理论课（TOK）和阅读课。知识理论课让我学会辩论性思维的思考方式，对待每一个问题学会从多方面的角度，比较客观地去看待、分析。知识理论课打开了我对世界的想象力，挑战我对很多事情，如对文化、政治等的自我偏见。正是因为在久牵养成了这种愿意被挑战、愿意接受不同观点的思维方式，所以在国外生活以及与其他国家的人交流时没有太多的文化冲突。喜欢阅读课的理由是单纯喜欢读书。阅读也是打开我思考方式的重要元素，让我善于观察人及身边的事物。②

① 笔者2008年6月27日对张轶超的访谈记录。
② 笔者2016年10月24日对辛越的访谈记录。

（2）导师制。这是 2008 年上半年推行的制度。张轶超认为孩子们尽管参加了兴趣班，但是有些心事、烦恼、比较个性化的东西无法跟任课老师沟通，任课老师也不会关注这些，因此决定实行导师制。先由学员自主选择导师，最后由张轶超对人选进行调整，以避免分配不均，平均每位导师辅导 4—5 名学生[①]。但是据笔者观察，导师制实行半年以来的实际效果并不理想，因为志愿者投入久牵的时间精力是不稳定的，譬如一位志愿者进入研究生三年级之后，面临就业和毕业论文的双重压力，到久牵的频率就明显减少了。师生见面的机会少，导师制也就名存实亡了。从 2009 年开始，久牵逐渐将白领作为师资的主要来源，因为相比大学生和研究生，白领具有多方面的优势：首先，他们的职业稳定性较高，在上海定居，可以长期地担任志愿者，而大学生很可能去外地就业，即便留在上海，初入职场的他们也很难有时间做志愿者；其次，他们不仅接受了良好的教育，而且有更加丰富的生活阅历，除了可以对孩子们进行学业辅导，还可以为他们的人生规划提供建议；最后，他们也有较为广泛的社会关系网络和社会资源，可以为孩子们的实习、就业提供帮助。

（3）演出、音乐回乡之旅。一方面，组织专场音乐会、参与各类文艺演出是久牵筹措资金、扩大知名度的主要手段；另一方面，掌声与闪光灯也有助于提升孩子们的自信。张轶超这样诠释音乐会对于孩子们的意义：

> 我们希望孩子们能够了解，音乐最主要的目的不是站

---

① 笔者 2008 年 4 月 18 日对申海松的电话访谈记录。

在华丽的舞台上接受观众的掌声和喝彩，而是通过音乐，让人们获得欢乐与平静，懂得感受生活的美好与丰富。因此，舞台并不必须是高档的，听众也未必得是富人。只要是有人居住的地方，就应该有歌声；哪怕是飘着炊烟的农村，也应该响起动听的音乐。

所以，怀着这种信念，我们组织这些外来工子弟，回到他们的家乡，为他们的父辈们，为那些世代耕耘在土地上的人们，送去音乐，送去一份温暖与希望。

另外，对于这些早早就离开农村，随父母来到城市的孩子，我们也希望通过这次活动，能够让他们有机会去认识自己家乡，去感受那片土地的包容与博大，乃至去思考自己能为这片土地所奉献的力量与智慧。……通过在乡村进行调研活动，锻炼孩子们的交流能力和调查能力，同时培养他们的社会意识。通过与那些土生土长的农村孩子的交流，让孩子们能够看到彼此的长短，拥有更为开阔的视野。①

(4) 学生会自治。"自治"是久牵的一大特色，墙壁上张贴的各类规章制度大多是以"久牵学生自主管理委员会"名义发布的，虽然建立制度的动议大多由张轶超提出，起草制度的人选也往往由张轶超指定，但对于制度的拟订过程，张轶超等人很少插手，只是对初稿提供修改建议，并发动学生进行讨论。就笔者一年来的观察而言，制度化是久牵的一个显著倾向，墙壁上张贴的制度越来越多——《授课志愿者须知》《牵手

---

① 张轶超：《新公民计划牵手音乐回乡之旅活动总结》（内部文稿），2007 年。

之家规章》《图书借阅规则》《值日生工作须知》《敬老院活动要求》《课代表须知》《志愿者小教师须知》，诸如此类，不胜枚举。但是这些制度的执行情况并不理想：

> 违反的人太多，法不责众，惩罚措施不构成威胁，不让他们参加外出活动。他们不是以此为耻，而是算什么时候处罚到期。所以我们今年打算执行得更认真，每门课都认真做记录。[①]

（5）志愿者服务。久牵设有 6 个工作小组，分别是敬老院活动、图书管理工作、文字输入工作、值日生工作、清洁日工作和志愿者小教师，各有 1 名负责人。该项目作为"久牵课程体系"的一部分，旨在通过要求学生完成一定量的志愿者服务，培养他们的社会服务意识和责任感。孩子们每周日早上在敬老院为老人们歌唱，陪老人们聊天。张轶超希望通过这项活动给孩子们传达这样一个信念：你们不仅仅是受助者，你们也可以帮助别人。在久牵的乐谱上，《让世界充满爱》这首歌有这样一段旁白："起初我们唱这首歌的时候，人们纷纷伸出援助之手。后来我们发现，自己也能够给他人送去温暖与快乐，于是，便有了与世纪敬老院的牵手之旅。"学员杨洋在作文中写道：

> 在学校和家里是必过的日子，而在敬老院却也成为我

---

① 笔者 2008 年 3 月 5 日对张轶超的访谈记录。

生活的一小部分。

我渴望的生活也便在这里得到了好的开始！……

你要是问我在哪里最快乐，我会毫不犹豫地告诉你："我在敬老院的日子最快乐！！"

因为我已经习惯了在那里的放松，热情，尽情地展现自己，而在学校却让我封闭掩盖自己的一切。我不想引来别人对我的嘲笑、讥讽，而让我淹没了自己。

所以在敬老院是我最快乐的日子。

在学校只能让我充满知识，但却不能让我充满希望与自信。①

久牵要求小学低年级以外的每个学员至少参加一个工作小组，并根据出勤和服务的情况进行考核：

志愿者服务要求一学年至少 50 个小时，达到要求才有资格参加所有的活动和奖学金评定。这不是打工，打工是付钱的，这个是自愿的，是出自内心愿意为大家服务，至于具体做什么事情，由你自己选择。在具体的考核上面，我们有专门的志愿者活动表格，每次参加活动会给你签名，证明你做过这个事情。②

……什么叫志愿者？不是我要求你们做，而是你们自己要做，不要互相推诿责任，这才是志愿者的氛围。③

---

① 杨洋：《我与敬老院》（学生作文）。
② 笔者 2008 年 4 月 20 日对张轶超的访谈记录。
③ 久牵学生会会议记录，2008 年 10 月 28 日。

一位学员在离开久牵多年以后，这样总结志愿者活动对于自己的影响：

> 我参加过很多久牵的活动。起初对我来说是因为好玩、有趣。但我发现那些参加过的活动对我的生活产生了潜移默化的影响。通过参加志愿者活动，我有机会与各种各样的社会个体、群体接触和交流，从而开拓我的视野。在很多志愿者活动中，我最关心的是人。与不同的个体交流，聆听他们的困难、快乐、故事，对我的生活是一种启发。志愿者活动也渐渐养成我对世界、社会、人的乐观态度。我现在这种闲不住的性格，比较积极向上的生活态度，多多少少受益于之前参加过的志愿活动。生活中的很多灵感、感悟也受益于那些年的志愿者活动。当面临困难或失意时，记忆里的一个人，或者一件事都可能成为我的动力。①

"人生的成功，不在于拥有一副好牌，而是应该把一副坏牌打好。"这是久牵青少年活动中心墙报上的宣传语。

在久牵，类似的价值符号有很多。张轶超让孩子们从《南方周末》《读者》或者网络媒体上挑选出好文章，张贴在墙上，内容既包括抗震救灾、北京奥运一类的重大事件，也包括石清华为流浪儿童创办学校、贫困地区儿童"飞索求学"这样的感人故事，还有媒体上关于农民工子女和"放牛班"自身的报道。

---

① 笔者 2016 年 10 月 24 日对辛越的访谈记录。

　　久牵的"核心价值观"到底是什么？张轶超希望带给孩子们什么？张轶超为孩子们开列的这份"推荐书目及影视"或许就是最佳答案：自由、人性、成长、友谊、生命的意义、勇气和梦想。这一系列关键词是理解久牵教育实践的钥匙。

　　但是，久牵传播的这些价值究竟有多少为孩子们所接受，一时还很难判断。笔者曾经询问孩子们（$N=33$）这样一个问题：你为什么要来久牵，你在久牵最大的收获是什么？答案大致分为六类，分别是知识、才艺、友谊、快乐、做人和物质。其中，有大约七成的孩子将获取"知识"作为自己的目标或最大的收获；其次是选择"才艺"和"友谊"的人数，分别达到45.5％和39.4％；选择"快乐"的人数也有将近三成；仅有不到一成的学员认为自己最大的收获是"做人的道理"（如表5-1所示）。应该说，前五类答案都是久牵试图带给孩子们的，从这一点来讲，久牵的教育取得了一定的成功。与一般的农民工子女相比，久牵的孩子显得更加大方、自信、积极、乐观。这已然是一项值得称道的成就，但久牵更高的目标显然是塑造孩子们的人格与品质，而不仅仅是传授知识、技能与交朋友。

表5-1　你在久牵青少年活动中心最大的收获是什么

选　　项	频　　次	百分比
知识	23	69.7％
才艺（音乐舞蹈技能）	15	45.5％
友谊（结识朋友）	13	39.4％
快乐	9	27.3％

选　项	频　次	百分比
做人	3	9.1％
物质（奖品）	1	3.0％
受访者人数	33	100％

数据来源：2008 年 3 月 3 日，久牵青少年活动中心访谈记录。

对于一般的农民工子女来说，他们的日常生活接触到的大多数人都是与父母相似的农民工，而久牵则为他们提供了另一种可能性，久牵的志愿者以大学中学教师、大学生和白领为主，久牵每年还与某私立国际学校共同组织新年音乐会，而该校的学生几乎都来自富有的城市家庭，这使得他们的社会关系网络具有一定的异质性，能够接触到社会经济地位较高的人。由于这些志愿者来自各行各业，受教育程度较高，与他们的接触有助于拓宽孩子们的视野，还可以让他们获取不同类型的信息。一部分学员甚至在志愿者的帮助下，获得了实习和就业的机会。

此外，久牵还提供了优质的教育机会。2010 年，一所提供大学预科教育的学校（世界联合学院）大中华区招生负责人找到张轶超，称该校致力于将来自世界各地不同种族、宗教、政见或贫富背景的青年精英择优选拔、汇集在一起生活学习，为增进国际了解、促进人类和平作贡献。该校拥有 13 所学院，分别位于英国、意大利、挪威、荷兰、美国、加拿大、新加坡等地。每所学院平均由全球 70 多个国家（地区）择优选拔派遣数名高中生前往一起学习，好比一个小联合国。这所学校愿意为久牵的优秀学员提供全额奖学金，资助其到某一个校区学习 2 年。出国留学的名额有限，每年久牵有 1—3 名同学可能获得这样的机会。

六、公民教育、权利意识与社会流动

2016 年，久牵志愿者服务社的首批 30 余名学员已经 20 岁左右了。在他们当中，有的已经在上海工作，有的仍在出国深造，还有的在久牵志愿者服务社做起了全职员工。

第一类是在制造业和服务业工作。他们所有人都在上海念了职业学校，毕业后进入企业或自己经营小店铺。这部分学员大约在 2008—2012 年参加中考，由于农民工子女在上海无法参加中考，他们初中毕业后面临三个选择：一是直接就业；二是回到家乡继续念普通高中；三是在上海就读职业学校。据笔者的观察，那些没有加入 NGOs 的学生，他们当中约有 50%选择直接工作，20%回到老家念高中，30%左右在上海接受职业教育；而久牵的学员有 60%以上选择在上海念职业学校，大约 30%回到老家念高中，只有不到 10%选择直接工作。相比之下，久牵的学员更加重视教育和学历的重要性，很少有人选择初中毕业直接进入劳动力市场。久牵的志愿者以白领和大学生居多，他们基于对农民工子女学业成绩和教育环境的理性分析，通常会鼓励农民工子女学习应用型专业。在他们的影响下，久牵学员对职业教育的偏见较少，不少人将职业教育作为一个务实的选择，因为这样就不用与父母分离，不用从流动儿童转变为留守儿童，在劳动力市场也有一定的竞争力。与他们的父辈相比，他们接受了良好的教育，拥有更为充实的人力资本；在社会资本方面，他们拥有更多的上海本地朋友，包括同学、同事和有着相似兴趣的朋友，不少人会说流利的上海话，对上海本地社会的融入程度很高，这些都提升了他们在劳动力市场中的竞争力。在制造业和服务业工作的久牵学员，多数从事技术员或办公室文员的工作，他们中的大部分人仍然利用业余时间参加成人教育；一部分较为优秀的学员，就职于国际学校、外企和基金会，有望跻身中产阶层。在久牵的宣传手册里，优秀毕业生名录中除了辛越等八位被世界联合学院录取的同学外，还有一位先后就职于中职和高职院校的同学，该同学在 2018 年中国技能大赛——第 45 届世界技能大赛上海市选拔赛的汽车技术项目决赛中荣获冠军。

　　第二类是出国深造。2010 年，久牵创始人张轶超与一所海外教育机构建立了联系。这所学校面向全球提供国际预科学历（international baccalaureate diploma programme，IBDP）的教育机构，在全球有 15 所学院，该校主管中国地区招生的负责人非常认可久牵的教育理念，考虑到农民工子女所面临的逆境，愿意给久牵的学员提供同等条件下优先录取的机会。2011 年 4 月，张轶超最早的学生、2001 年就加入久牵的辛越，收到了该校的全奖录取通知书（免两年学费和膳宿费），获得去加拿大分校学习大学预科课程的机会。辛越来自一个普通的打工者家庭，父母需要负担三个孩子日益增长的教育支出；拿到国外学校的录取通知书之前，她就读于上海郊区一所成人中等专业学校。学校环境非常糟糕，但她没有放弃自己的梦想，在张轶超和久牵志愿者服务社的帮助下，她考托福、学音乐，最终突破了外部环境的限制。在辛越的激励下，久牵后来陆续有近十位同学被该校的不同校区录取。而今，辛越等五位同学已经在美国和加拿大读本科。

第三类是成为社会工作者，在久牵担任全职员工。第一位入职久牵的农民工子女是慧茹（化名），她生于1992年，是久牵的第一批学员，由于没法在上海参加中考，初中毕业后她回到安徽老家继续学业，后来考入安徽大学社会学系，2014年毕业后她选择重返上海，成为久牵的全职员工。虽然薪水不高，但是能够为跟自己命运相近的孩子们提供帮助，她觉得非常满足。之后，又有建文（化名）、小静（化名）两位前学员成为久牵的全职员工，李健（化名）成为久牵的兼职摄影师。

与同龄人相比，久牵的学员具有较强的权利意识和批判意识，他们对现行的政治体制有更多的反思。相比之下，老一辈农民工的权利意识较为单薄；农民工子女的公民意识比新生代农民工更为强烈；久牵学员的权利意识又比一般的农民工子女更为清晰，更接近我们通常所理解的公民人格（如表5-2所示）。

表5-2 农民工子女对个人权利来源的看法

个人权利来源	久牵学员		非久牵学员	
选 项	频数	百分比	频数	百分比
与生俱来	17	85.0%	12	60.0%
法律赋予	2	10.0%	3	15.0%
政府规定	1	5.0%	4	20.0%
不清楚	0	0%	1	5.0%

　　总体来说，年轻一代的法律意识比老一辈更强，他们认为法律不仅仅是政府管理民众的工具，政府工作人员也必须遵守法律。

　　一位久牵学员在访谈中表示：

　　　　对于我个人而言，公民和政府的关系有很多种，不同国家，不同的政治体系，公民和政府的关系也不同。公民是一个国家持有合法居住权（国籍）的人民，政府是公民共同认可的一个机构，公民赋予政府代表自己的权利。所以政府是为人民服务的机构。但是在世界上多数国家，公民被剥夺了与生俱来的权利，取而代之的是政府赋予公民权利，政府制定法律，而法律束缚公民的权利。①

　　公办学校向农民工子女开放无疑是一项以人为本、意义深远的举措；但是，这项政策能否达到促进社会融合与社会公平的预期目标，还取决于其他的配套制度和政策，尤其是要解决"初中后"教育的瓶颈问题：如果农民工子女在城市完成九年义务教育后，无法就地升学，那么这一举措对于促进社会融合与社会公平的作用将十分有限。对此，张轶超有非常精到的分析：

　　　　从制度层面说，在今天的上海，外来工子弟已经获得了相比三四年前好得多的待遇，比如许多进了公立学校，比如那些依然留在民工子弟学校的孩子也可以享受到多得

───────────

① 笔者 2016 年 10 月 24 日对辛越的访谈记录。

多的政府补贴……只是与此同时的是，公立学校的师资力量、硬件配备也在逐年上升，那些重点学校可以拥有室内游泳池、体育馆、先进的电脑房和实验室，以及最优秀的师资队伍，而普通学校则几乎没有多大变化，而且那些城郊接合部的普通学校正逐渐沦为收容民工子弟的学校，原先的本地优秀生源纷纷外逃到相对教育条件较好的公立学校。某种意义上说，如果不考虑民工子女所得到的教学条件在纵向上的改善的话，仅仅着眼于其与上海中上等学校的相对差异进行横向比较，我们会悲哀地发现，几年来的这种两级（极）分化并没有得到真正的改变，甚至可能情况更糟糕。而这种差异也将决定民工子女踏上社会后的命运，他们中的绝大多数依然只能生活在他们父辈们的社会层面上，他们无法摆脱这一群体的整体命运。①

由于现阶段农民工子女只能在城市接受九年义务教育和中等职业教育，学校教育对于促进其社会流动的作用甚微；而回到老家继续学业，农民工子女及其家庭不仅需要付出极大的经济成本，而且需要承受因分离而带来情感代价。这一切都促进他们更多地选择了直接就业或接受中职教育，从而加速了阶层再生产的流程。在笔者调研的多个农民工聚居区，鲜有就读于正规本科院校的农民工子女；在久牵志愿者服务社的历届学生中，慧茹是公认最优秀的学生之一，即便如此，她当年在老家的中学也倍感压力："学习压力实在太大了，许多同学为了提

---

①　转引自熊易寒：《底层、学校与阶级再生产》，《开放时代》2010年第1期。

高成绩每天晚上都要一两点睡，凌晨五点多就起床。可是即便这样，也未必能够考入全国重点大学。"慧茹经过多年的努力，最终考入安徽大学。但大多数回乡就读的农民工子女没有慧茹那么幸运。据北京大学中国教育财政科学研究所、中国社会科学院人口与劳动经济研究所、首都经济贸易大学劳动经济学院和哈佛大学教育学院联合课题组的调查，回流对留守儿童的影响似乎主要体现在睡眠不好、增加抑郁风险、增加外化行为、低自尊水平、降低抗逆力水平。在校园关系上，回流儿童更可能被人欺负，也更可能成为欺负者或受害者；在学业成绩上，回流儿童的阅读习惯和阅读能力显著更差。在回流儿童中，有抑郁风险的比例高达 76.01％，自尊心低下比例达到 34.71％，睡眠困难者比例达到 18.66％。在留级问题上，回流儿童留级的比率高达 22.8％，显著高于一般留守儿童和非留守儿童。换言之，从城镇地区被逼回流的儿童成为留守儿童中最弱势的群体①。

七、社会组织：社会流动的"润滑剂"

在笔者对上海地区多个 NGOs 的跟踪研究中，如下两点发现是有较大价值的。

第一，公民教育在很大程度上有助于农民工子女的社会流

---

① 汪苏：《寄宿学校霸凌严重，被逼回乡回流儿童最弱势》（2016 年 4 月 30 日），财新网，http://china.caixin.com/2016-04-30/100938772.html，最后浏览日期：2019 年 7 月 13 日。

动。NGO 通过实施公民教育，并在 NGO 内部管理中对农民工子女进行赋权，包括自我管理、民主决策、自主选课、志愿者服务等，让农民工子女认识到自身的公民权利。NGOs 的公民教育实际上构成了一种社会干预，塑造了农民工子女的公民意识，而这对于他们后续的学业和职业发展都起到了积极作用。NGOs 能够促进绝大多数服务对象实现短程社会流动，但对中长程的社会流动的作用仍有待观察，因为实现中长程社会流动的周期往往长达 20 年以上。从目前来看，在海外学习的久牵学员以及在上海的小私营业主具备了中长程社会流动的潜力。如果说学校教育是实现社会流动的"第一引擎"，那么社会组织就构成社会流动的"润滑剂"。

第二，并不是所有的 NGOs 都能有效地促进农民工子女的社会流动。除了需要有塑造新公民的教育理念之外，还需要有良好的组织能力，最重要的是，能够持续地对农民工子女施加影响，也就是说，NGOs 必须能够保持学员的稳定性，让农民工子女长期地参与 NGOs 的活动。久牵志愿者服务社之所以一枝独秀就在于其服务对象相对稳定，多数学员从小学一直坚持到职业学校毕业，一部分核心成员工作后仍然在久牵做志愿者甚至成为全职员工。久牵的成功之道在于：中产阶层志愿者与稳定的学员相结合，不少志愿者和学员都在久牵待了十年以上。长期的联系使得久牵可以持续地对学员产生影响；而大部分的 NGOs 的志愿者和学员流动性比较大[1]。

---

[1] Yihan Xiong and Miao Li，"Citizenship Education as NGO Intervention：Turning Migrant Youth in Shanghai into 'New Citizens'"，*Citizenship Studies*，2017，21（7），pp. 792-808.

　　我们还必须承认上海有如下特殊性。首先，上海的农民工子女教育政策相对比较友好，超过 70％的农民工子女就读于公办学校，他们所接受的基础教育相对优良，上海早在 2008 年就向农民工子女开放了免费的职业教育，这些都有利于他们的社会流动，NGO 的介入为他们创造了更好的发展机会。其次，由于上海劳动力市场的竞争十分激烈，在上海定居的农民工总体上素质较高，他们愿意主动寻求外界的资源，为子女的发展提供帮助。据笔者的观察，接受 NGOs 服务的农民工子女与其他农民工子女相比，家庭背景上不存在显著差异，社会经济地位大致相同，但是，他们的父母的社会关系网络较为发达，更愿意接受外界的帮助。最后，上海拥有高素质的白领和中产阶层，他们具有很强的公民意识和奉献精神，愿意为改变不公正的社会状况贡献力量。

第六章
**从业主福利到公民权利：
一个中产阶层移民社区的
政治参与**

移民往往是一个社会中最具活力的群体。他们不仅在空间上流向发展机会更多的城市或地区，他们也在努力实现社会位置的向上流动。在前面的章节里，本书主要讨论农民工这一低技能移民群体；而在本章，笔者将目光转向受过良好教育、拥有体面收入的中产阶层移民。作为中产阶层的一分子，他们对城市社会的融入度更高，也拥有更多的社会资源；作为移民，他们对城市里的新生活有着更高的期待。

一、作为中产阶层的外来人口

20 世纪 90 年代以来，"流动人口"和"中产阶层"先后成为中国社会科学界的研究热点。回顾以往的研究文献，不难发现，这两个领域几乎是风马牛不相及的。学界对流动人口的研究主要集中于农民工、农民工子女，他们因为流动而丧失了部分依附于户籍的权利，成为所谓的"弱势群体"[①]；而对中

---

① 李培林、李炜：《农民工在中国转型中的经济地位和社会态度》，《社会学研究》2007 年第 3 期；蔡禾、刘林平、万向东：《城市化进程中的农民工：来自珠江三角洲的研究》，社会科学文献出版社 2009 年版；李强：《农民工与中国社会分层》，社会科学文献出版社 2004 年版；钱文荣、黄祖辉：　　（转下页）

产阶层的研究主要聚焦于城市社会的管理人员、专业技术人员
和企业白领，这些社会阶层在很大程度上是中国改革开放的受
益者，属于社会的精英群体[①]。以往关于外来人口政治参与的
研究指出，户籍制度限制了流动人口/移民的政治权利和政治
参与机会[②]。但这些研究要么以社会经济地位较低的农民工代
替流动人口的整体，要么侧重移民与本地居民在政治参与方面
的差异[③]，都忽视了流动人口/移民的内部多样性。而关于中
产阶层政治倾向的研究，虽对中产阶层进行了分类，但大多关
注中产阶层的职业差异及其与体制的关系，譬如将中国的中产
阶层分为以个体户为主的老中产阶层和由知识分子、技术人
员、管理人员等组成的以领取薪酬为主的新中产阶层两类，后
者又包括以传统体制内职工为主的内源型中产阶层和以私企、

（接上页）《转型时期的中国农民工——长江三角洲十六城市农民工市民化问题调查》，中国社会科学出版社 2007 年版；王春光：《农村流动人口的"半城市化"问题研究》，《社会学研究》2006 年第 5 期；王小章：《走向承认——浙江城市农民工公民权发展的社会学研究》，浙江大学出版社 2009 年版；熊易寒：《城市化的孩子：农民工子女的身份生产与政治社会化》，上海人民出版社 2010 年版。

① 张翼：《当前中国中产阶层的政治态度》，《中国社会科学》2008 年第 2 期；周晓虹：《中国中产阶级：虚幻抑或现实》，《天津社会科学》2006 年第 3 期；李友梅：《社会结构中的"白领"及其社会功能——以 20 世纪 90 年代以来的上海为例》，《社会学研究》2005 年第 6 期；李路路、李升：《殊途异类：当代中国城镇中产阶级的类型化分析》，《社会学研究》2007 年第 6 期；李春玲主编：《比较视野下的中产阶层形成》，社会科学文献出版社 2009 年版。

② 李景治、熊光清：《中国城市新移民的政治排斥问题分析》，《文史哲》2007 年第 4 期；［美］苏黛瑞：《在中国城市中争取公民权》，王春光、单丽卿译，浙江人民出版社 2009 年版；Dorothy J. Solinger, "Citizenship Issues in China's Internal Migration: Comparisons with Germany and Japan", *Political Science Quarterly*, 1999, 144 (3), pp. 455-478。

③ 孙秀林：《城市移民的政治参与：一个社会网络的分析视角》，《社会》2010 年第 1 期。

外企白领为主的市场化中产阶层①，而鲜有研究者专门探讨户籍或流动对于中产阶层的政治参与的影响。

事实上，外来人口与中产阶层是存在交集的。在中国的流动人口中，不仅有社会经济地位较低的劳动力移民（农民工），还有中高收入、受过良好教育的技术移民和投资移民。由于北京、上海、广州等大城市的户籍门槛较高②，导致一部分高学历、高收入群体虽然在当地就业、购房、定居，但无法获得本地户籍。从社会分层的角度看，他们属于典型的中产阶层，拥有稳定职业、体面收入和较高的社会地位；从社会融入的角度看，他们又受到一定的制度性排斥，在子女的教育问题上与农民工面临类似的困境。那么，这样一个特殊的中产阶层群体，在政治参与方面会有什么样的独特性？财富能否突破户籍制度为流动人口的政治参与设置的障碍？当这样一个移民群体聚居在一起的时候，会产生什么样的"集群效应"③？

为了回答上述问题，笔者选取了上海市城乡接合部的 J 镇 A 花园小区作为个案。J 镇位于上海市的西部，S 区的东北部，

---

① 齐杏发：《当前中国中产阶层政治态度的实证研究》，《社会科学》2010 年第 8 期。

② 吴开亚、张力：《发展主义政府与城市落户门槛：关于户籍制度改革的反思》，《社会学研究》2010 年第 6 期。

③ 学界对移民聚居区的研究，主要有对温州商人聚居区"浙江村"的研究、对农民工聚居区的研究，以及对外国人社区的研究。参见项飙：《跨越边界的社区——北京"浙江村"的生活史》，生活·读书·新知三联书店 2000 年版；王春光：《社会流动和社会重构——京城"浙江村"研究》，浙江人民出版社 1995 年；魏立华、阎小培：《中国经济发达地区城市非正式移民聚居区："城中村"的形成与演进——以珠江三角洲诸城市为例》，《管理世界》2005 年第 8 期；赵晔琴：《农民工：日常生活中的身份建构与空间型构》，《社会》2007 年第 6 期；国云丹：《国家嵌入与治理结构内部的摩擦——一个浦东国际社区的社区治理》，复旦大学社会学专业硕士学位论文，2004 年。

为三个郊区的交汇处。最近十年来，由于 J 镇离市区较近，又开通了地铁，交通便利，受到众多房产地开发商的青睐，楼盘开发迅猛，常住人口迅速由两三万人增至三十余万人。截至2012 年 7 月，该镇户籍人口 4.06 万人，而登记在册的外来人口多达 20.69 万人，境外人员 0.47 万人。据镇人口管理部门估计，J 镇的实有人口接近 35 万。

A 花园小区是由体育系统内的某国企开发的，在 J 镇属于高档小区，第一期于 2002 年开盘，"运动就在家门口""科学运动，健康生活"的中产阶层生活理念吸引了大批年轻人入住，2012 年的房价在 1.7 万—2 万/平方米。A 居委会于 2005 年 6 月正式成立，管辖范围是 A 花园小区，规划面积 1000 亩，分为一期、二期、三期，总户数 6000 户，截至 2012 年 3 月，入住的居民有 5300 户，楼栋 310 个，小区入住居民 12000 人左右。小区居民一部分来自徐汇、黄浦、长宁、静安等中心城区，以中老年为主，为了改善居住条件而移居 A 花园小区；更多的业主则是来自外地的年轻人，大多属于首次购房，看中的是 J 镇的地理位置、小区的优雅环境以及相对适中的房价。

截至 2011 年年底，A 小区有常住人口 12 409 人，5 309 户居民，其中户籍人口 2 273 人（户籍所在地为 J 镇），户籍在上海其他地区的人口 3 255 人，外来人口 6 535 人，境外人员 346人。从人口结构来看，小区的外来人口已经超过了本地人口，是一个移民社区；从社会结构来看，小区居民大多属于有房有车的中等收入群体（小区有 2 000 多辆私家车，平均两个家庭拥有一辆小车）。因此，我们将 A 花园小区界定为一个"中产阶层移民社区"（政府文件称之为"导入人口小区"）。A 小区的案例可以有效地联结"流动人口"与"中产阶层"两个研究领域，弥补以往研究的不足之处，即忽视了流动人口的内部分层。在城市外来人口当中，既有社会经济地位较低的农民工，他们在市场体系和再分配体系当中都处于不利地位；也有社会经济地位较高的中产阶层移民，他们在市场体系中处于优势，同时又在以户籍制度为基础的再分配体系中处于劣势。而学界缺乏对中产阶层移民的政治态度和政治参与的专门细致的研究。

2012年3月中旬，笔者开始进入J镇调研，在分管副镇长的协调下，与教育、城市管理、派出所、交警中队、社区管理、人口管理、社会事业管理等相关职能部门负责人进行了座谈或个别访谈，并到A小区和另一个"村改居"居委会进行调研。2012年6月到9月初，笔者的团队对A小区居委会换届选举工作进行了跟踪调查，研究助理每周在J镇选举工作办公室实习一天，了解J镇选举工作推进的总体状况；同时根据选举工作进度，笔者和研究助理对A小区选举工作的各个环节（如候选人提名、选举委员会会议等）进行了参与式观察，对小区的居委会和业委会成员、楼组长、党员积极分子、业主论坛版主、不满现任居委会的上访者以及普通居民进行了正式或非正式的访谈。在7月15日选举结束之后，课题组一方面对新一届居委会的工作进行了跟踪调查，另一方面也通过对部分居民的深度访谈，以"口述史"的方式重构A小区近十年来的政治参与图景。在笔者看来，A小区当前的政治参与必须置于这样一个时空背景中才能被真正理解：在时间上，它是A小区以往公共生活的延续和发展，社区参与是一种互动、学习的过程，行动者会基于以往的经验不断地调整行动策略；在空间上，它是 J 镇基层政治生活的一个组成部分，社区不是一个孤立、封闭的空间，一方面居委会作为基层政府的神经末梢，嵌入在基层治理网络①，另一方面小区居民的消费、出行、就学、就医等需求只有在镇一级的市场和公共服务体系中才能得到满足。

二、静悄悄的选举：中产阶层
真的政治冷漠吗？

在进入 A 小区进行田野观察之前，笔者的研究设想是：在这样一座"睡城"（大部分居民都在市区工作，晚上才回到小区），选举委员会/居委会如何对选民进行动员？外来人口有动力参与选举吗？选举动机是什么？以何种方式参与？居委会如何在这样一个大规模的陌生人社区贯彻组织意图？

然而，当笔者真正进入社区，近距离观察选举工作的各个环节时，才发现原先的设想不切实际。与中心城区的高登记率（通常在 70％以上）不同②，A 小区的选民登记率低得出奇，1.2 万人的小区，规模数倍于中心城区的居民区，却仅仅登记了 400 名选民，也就是说只有 3％的居民参与了换届选举，即使只考虑户籍人口，18 周岁以上、户籍在小区的居民也多达

---

① 桂勇：《邻里政治：城市基层的权力操作策略与国家-社会的粘连模式》，《社会》2007 年第 6 期。
② 刘春荣：《国家介入与邻里社会资本的生成》，《社会学研究》2007 年第 2 期；熊易寒：《社区选举：在政治冷漠与高投票率之间》，《社会》2008 年第 3 期。

1 848 人。况且，根据上海市居委会换届选举的政策，对本市"人户分离"的选民，实行以居住地登记为主的原则；对持有上海市居住证、在本居住地连续居住满一年、有稳定居住和稳定工作的来沪人员，如本人提出申请，经居民选举委员会同意，可登记参选。保守估计，A 小区具备选民资格的居民至少在 4 000 人以上。

2012 年 7 月 15 日上午，A 小区举行了居委会换届选举大会，采取选民直接选举的方式，设一个中心会场，两个投票站。中心会场设在居委会二楼的居民活动中心，前来投票的居民几乎清一色是 50—80 岁的中老年人。主任候选人 2 名，副主任候选人 3 名，委员候选人 6 名，11 个人竞争 8 个职位。经过两小时的选举，产生了新一届居委会。登记选民 400 人，有效选票 352 张，投票率为 88%，其中亲自到中心会场投票的选民 134 人。最后，居委会主任以 314 票的高票获得连任，同时产生了 2 名副主任和 5 名委员，其中 3 名委员是小区居民。有趣的是，3 名属地化的委员均为退休老人，而其余的居委会成员都是"80 后"的年轻人。

笔者问选举委员会主任、支部书记韦女士："为什么小区这么大，登记的选民只有 400 人？"韦书记解释说："400 人已经不少了，这是我们小区第一次直接选举，我们挨家挨户都送达了书面通知。我们小区虽然人多，但参加选举的还是以户籍人口为主，能来这么多人就不错了。"

纵观选举过程，A 小区的选举完全是一场"静悄悄的选举"，没有发动积极分子进行广泛动员，选民人数无论是绝对数量还是相对数量都远远少于中心城区的居委会选举的参与人数，投票时间也更短。那么，这是不是意味着：这里的中产阶层居民对政治或者社区公共事务不感兴趣呢？

答案是否定的。进入小区调研之后，我们便发现，支书和主任对选举事务高度紧张，生怕有什么意外发生。在投票现场，有几位居民见我是新面孔，便询问我的身份，当得知我是受市民政局委托前来观察社区选举时，居民顾先生开始低声地向我反映问题，譬如：A小区已经成了培养后备干部的跳板，十年间换了六任书记，镇政府多名正科级干部都是在小区短暂任职即获升迁，导致社区公共事务决策缺乏连续性；小区公共事业收费不透明，上千万的巨额资金被物业管理公司截留；物业服务质量欠佳，业主委员会不能有效监督。

顺着顾先生提供的线索，笔者在网上找到了A小区的业主论坛，发现小区业主在网上非常活跃，就如何改善社区管理、妥善使用公共维修资金等公共事务进行讨论和协商。通过业主论坛，笔者进而发现了J镇的志愿者联合会。这是一个由热心业主组成的志愿者团队，也是一个跨社区的网络平台，有自己的博客、微博和QQ群。笔者发现，包括A小区在内的J镇中产阶层并非对政治事务漠不关心，相反，他们曾经积极参与居委会换届选举，筹划业主委员会的成立，并通过各种方式影响基层政府的公共决策。

在A小区实际上存在两个政治参与平台。一个是传统的居民委员会，老年居民主要通过居委会参与，社区积极分子在党支部的组织下完成了"静悄悄的选举"[1]，但老年居民也并

---

① 李辉：《社会报酬与中国城市社区积极分子——上海市S社区楼组长群体的个案研究》，《社会》2008年第1期。

非是消极被动的"动员对象"，2006 年小区首次居委会选举曾出现过一次选举风波，居民强烈要求居委会成员"属地化"，为此到区政府、市政府上访，当时上访的骨干人员都是老年人。值得注意的是，有一部分外来人口也参与到居委会的选举和日常治理中。在 2012 年的换届选举中，有十几名外地户籍的居民登记为选民。他们也都是清一色的老人，在小区居住时间较长，不少人都是积极分子，担任舞蹈队队长、合唱队教师、楼组长等职务，对小区的认同度较高。选举时，他们就打电话回老家，让亲友代办选举资格转移手续，再用挂号信将相关证明寄来，以参加居委会选举。

另一个则是新兴的网络平台，年轻人通过业主论坛和跨社区的网络平台"J 镇志愿者联合会"，积极影响基层政府的公共决策与公共服务，并参加基层人大代表的选举，颇有"网络问政"的味道。在这些版主和网民中，既有上海人，也有外地人，大约各占一半，版主们说："大家平时也不在意你的户口是哪儿的，志同道合就可以了。不论是哪里来的，作为新 J 镇人，共同推动社会的发展。"

由此可见，年龄是比户籍更为重要的分野：无论本地居民还是外来人口，老年人更倾向于通过居委会参与公共生活，而年轻人更倾向于通过网络平台影响政府决策。

三、政治参与：公共服务的洼地效应

关于 J 镇尴尬的地理区位，志愿者联合会的版主们有一个经典的概括："S区是上海的郊区，J镇是S区的郊区。"J镇虽然隶属于S区，但处于近郊与远郊的结合地带，实际上更加接近市区，而不是区政府所在地S新城。市区的公共服务设施是成熟、完善的，而S新城作为上海的卫星城，本身就是一座功能完整的中等城市，基础设施相对完备。这样一来，从公共服务设施的配套来看，J镇就成了市区与郊区之间的一块"洼地"，一方面远远落后于市区，另一方面又超出了S新城公共服务体系的辐射范围。近年来J镇人口的迅猛增长，更加大了公共管理和公共服务的难度。

首先是公共资源的配置与分配问题。虽然外来人口已经占城乡接合部地区的多数，但地方政府对于该地区公共物品的提供却是以户籍人口为依据的，譬如，警力的配备，公务员的数量，学校、医院等公共设施、公共财政的投入都是与户籍人口挂钩的。大量人口的涌入导致如下公共资源的紧张。一是教育资源短缺。截至2012年3月，J镇只有3所公办幼儿园和6个办学点，可接纳2 350名儿童，民办幼儿园11所，在园儿童3 000人，无证的学前幼儿教育点多达41所，接纳了4 000多名儿童。当时的适龄幼童与幼儿园学位数差额多达1 100名。面对无证幼儿教学点，教育行政部门陷入两难处境，若贸然取缔，会导致大量儿童无法入园；若听之任之，又存在火灾、食物中毒等安全隐患。中小学的教育资源也同样紧张，当前公办小学和民办小学各3所，公办中学和民办中学各1所，均已人满为患。二是社区医疗资源不足。根据上海市的规定，人口超过10万人的镇，每新增5万—10万人口就应增设1所社区卫生服务中心，但人口超过30万人的J镇，虽然实际规模接近一座中等城市，却只有 1 所二级乙等医院和 1 所社区卫生服务中心。三是公共交通设施配套滞后。公交站点到居民小区的"最后一公里"交通配套无法满足社会需求，车辆非法经营问题严重；通往中心城区的道路经常发生交通拥堵，此外还存在大量低等级公路，无证摊贩占道经营，给市民出行造成了极大不便。

其次是城市管理问题。一是市容环境脏乱差。由于制造业企业用工需求大，来沪人口大量聚集，原有的生活废弃物收集、垃圾处理设施难以满足需求。二是城市管理人员存在巨大缺口。S 区常住人口约 35 万人，面积 32.92 平方千米，而城市管理在编执法人员仅有 25 人，其中队员 19 人，平均每名执法人员需要负责 1.7 平方千米的区域。三是违章建筑泛滥。城乡接合部的村民几乎每家都有违章搭建，少则十几间，多则四五十间，大多用于出租，出租房约占实有房屋的 50% 左右。

最后是公共安全问题。一是社会治安问题突出。城乡接合部的治安案件和刑事案件总量往往在所属区名列前茅。J 镇平均每天 110 报警电话约 120—130 个，其中大多属违法犯罪类案件；仅该镇一年的社会治安案件就相当于某些远郊区县一年的案件。然而，J 镇派出所仅有 106 人，其中社区民警 47 人，警民比例远远低于中心城区。二是安全隐患较多。城乡接合部的不少农民私房对外群租，天然气、液化气罐违规合用，存在爆炸隐患；违章建筑密度极高，消防车无法进入；无证诊所、"黑车"、地下食品加工厂、无证幼儿园等，都构成了公共安全隐患。三是群体性突发事件频发。仅 2011 年就发生两起大规模堵路事件：4 月 13 日下午一名骑摩托车的男子与同方向行驶的城管执法车上的人员发生口角和肢体冲突，后骑车男子躺在路中央并且拒绝就医，迅速引起人群围堵，导致J镇两条主干道拥堵近6个小时；11月13日晚上6点多，J镇一辆电瓶车与小汽车碰撞，由于小汽车司机的不当处理导致双方产生肢体冲突，有人谣传小汽车司机为政府工作人员，引发近千人围堵公路，交通瘫痪达两个多小时。

　　一方面，这些社会问题都令J镇居民，尤其是中产阶层心生不满，有居民在业主论坛撰文称：

> 　　J镇地区原本有许多优秀的高档楼盘，均价都在两万左右，各小区入驻的居民也多为文化素养较高的群体，但是这种道路偶发事件为何可以迅速变成群体堵路事件并多次出现，实在值得思考！J镇已经是上海最大的人口流入地，外来人口达到六位数，各种人口的综合素质层次不齐，管理上更可谓现代文明遇到丛林法则。仅仅夜间沿街设摊就已经是顽症难除，每当夜幕降临，各种地摊、排挡将主干道人行道全部挤满，各种商贩无惧各类执法人员，居民无数次呼吁政府职能部门清理乱设摊等具有安全隐患的违法行为但是收效甚微。各类抢夺案件时有发生，小区群租现象更是让人一筹莫展，此类报道多次见诸各大媒体。作为J镇居民，需要的是稳定的生活环境和可靠的出入安全……①

---

① 《主题：多发人群堵路　11·13事件透射九亭流动人口管理危机》（2011年11月14日），房天下网站论坛，http://hubinguojijc. soufun. com/bbs/1210094120～1～3506/137161106_137161106. htm，最后浏览日期：2019年7月13日。

　　另一方面，J 镇公共服务的现状也激发了居民的参与热情。A 小区党支部韦书记过去长期在村委会任职，她认为："A 社区居民自我管理意识强，参与社区管理的意愿强烈，而'村改居'居民注重个人利益和福利，对公共事务不太关心。由于 A 社区的居民自身素质高，提的要求也高，不但对环境、卫生、治安有要求，对我们居委会干部素质的要求也高。我们现在有些力不从心，居民对居委会干部素质期望高，拿市区的水平跟这里比，很容易形成落差，产生矛盾。"①

　　在城乡接合部，中产阶层的参与热情要高于中心城区。在很大程度上，该地区公共服务体系的发展滞后为中产阶层提供了跨社区的公共议题，激发了他们的参与积极性。由于社区公共服务的水平不仅关系中产阶层的生活质量，也影响他们的房产价值，因此，中产阶层试图通过政治参与来改善公共服务供给不足的状况。笔者将这种现象称为"公共服务的洼地效应"。与来自市区和外地的中产阶层形成鲜明对比的是，J 镇"村改居"居民的参与积极性较低。这一方面是他们居住的 J 镇南部地区属于老城区，公共服务设施相对完善；另一方面则是因为他们是城市化的显著受益者，也没有为房产支付高昂的价格。

四、"属地化"风波：老年业主的依法抗争

　　在 J 镇，各"导入人口"居委会的主任通常由当地村委会

---

① 2012 年 8 月 2 日访谈记录。

或"村改居"居委会的副职或委员调任，委员则多是当地户籍的大学毕业生。A 小区也不例外，第一届（2006—2009 年）的居委会全体成员、第二届（2009—2012 年）的全职委员（坐班委员）都不是本小区的，"属地化"的程度很低。而根据民政部和上海市的有关规定，居委会成员应在本居住地区有选举权和被选举权的居民中产生。这就引发了居民与居委会的矛盾。A 小区的相当一部分居民（尤其是老年人）是从市区搬迁过来的，他们不自觉地会用市区的标准来衡量居委会的工作。须知，上海市区的不少居委会干部原系纺织系统、冶金系统的政工干部（工会主席、组织部长、宣传部长、妇联主任等），因国企改革而"下岗分流"；黄菊担任上海市委书记期间，将这批干部派往社区，担任居民区支书、居委会主任等职务，他们的文化素养、工作能力远胜老一辈的"婆婆妈妈"，为上海的社区建设注入了一股新鲜力量。而郊区的 J 镇，21 世纪以来才开始进入城市化的快车道，社区干部多是"洗脚上岸"的农民，在文化程度、工作方法上与市区的精锐干部自是存在一定差距。有居民告诉笔者："我们的居委会干部是'乡下人'，水平太差，差到不能理解，开会也讲不出个名堂，做事没有方法，但是对上面有一套。"有的居民跟居委会发生矛盾，甚至会说："你们这帮乡下人凭什么管我们上海人！"矛盾的尖锐性可见一斑。2006 年的选举风波就是在这种背景下发生的。居民赵先生退休前是冶金系统某国有企业的党委书记，后因企业倒闭赋闲在家。2004 年，J 镇政府向社会招聘居委会干部，他被聘为坐班委员。他回忆说：

2006 年是我们小区第一次居委会选举，之前的居委会干部都是镇政府聘任的，我当时也是居委会干部，看到选举文件很高兴，因为市里的政策是居委会干部属地化。聘任的干部都住在别的小区，朝九晚五，晚上有事也找不到人。属地化就方便了。我就自告奋勇，做居委会筹备组成员，在会上解释文件，提出属地化的问题。居委会干部感觉（职位）受威胁，与我们针锋相对，就导致了一场风波。小区的一批骨干分子到镇政府上访，到市政府信访办上访，强烈要求属地化。①

具有法律工作背景的龙先生是要求属地化的核心人物之一。2006 年选举期间，以龙先生为首的几位居民先后给 S 区区长、上海市民政局、市人大法工委写信，并到市政府信访办上访。围绕属地化问题，龙先生等人质疑居委会换届选举的程序合法性：

（1）违法剥夺居民的选举权。本小区选民登记、选民资格认定于法不合，有效选民和有效推选票不符合本次应登记确认选民的实际情况。以采样的 77—82 号居民小组为例：该小组住户为 60 户，推选票上打钩同意指定小组长名单的仅 4 户，自荐的 1 户；同意指定居民代表名单的仅 3 户，自荐的 3 户，对此推选结果尚有 90％ 的居民是自愿放弃还是被剥夺了选举权利？

---

① 2012 年 7 月 25 日访谈记录。

（2）违法产生居民代表。依据《中华人民共和国城市居民委员会组织法》规定，居民代表应由每个居民小组选举产生。任何组织和个人不得指定、委派或随意更换、取消居民代表。本次选举居民代表采取指定代表名单上门要求打钩签名的方式，从未召开一次居民小组会议选举；……在居民代表法定人数经公布未达到法律规定、居民代表名单尚未正式确认并公布的情况下，"选举"产生了居委会班子，严重违反了法律规定和选举程序。

（3）违法指定居委会成员。上级 J 镇有关领导指派了 3 名农村选民任职居委会干部不符合"本居住地区居民"和"自治组织"的法律规定，不具备属地条件又无特殊原因和相关手续，从未被居民认可并推选为居民代表，受到居民代表的质疑。由于镇有关领导的指派人选并违规操纵，选举结果在 5 人组成的居委会中占据了一正二副的主任要职，居民群众担心的"村委会"终成现实。

（4）违法选举居委会成员候选人。根据选举程序规定，居民代表选举（注：2006 年采用间接选举），应先由过半数的有选举权的居民代表（3 人以上）联合提名候选人。本次选举未按法规程序民主协商和民主选举的方式产生候选人，而是按照事先制定名单、事先印好简历、事先划分编组、事先认定对象的程序，由支部书记一手指定 5 名候选人和预先指定陪衬的差额候选人，通过"指定人选，等额提名"的方式产生。①

---

① 摘自《致市人大法工委领导的申诉信》，2006 年 8 月 27 日。

信中的四个"违法"表明居民的抗争带有"依法抗争"①
的性质，即以中央政府的政策或国家的法律法规向基层政府施
加压力。在写给市人大法工委主任的这封申诉信中，龙先生等
人还明确地指出"区民政局对认定选举结果应承担主要责任"，
并呼吁"依法重新选举"。龙先生等人去市政府上访之后，市
民政局派了三名处级干部一行六人跟上访居民进行对话。民政
局官员解释：属地化是方向，但 A 小区的条件还不成熟，居民
要听从当地政府的安排。

经过选举风波之后，龙、赵等人由"呼吁"转向"退出"，
不再参与居委会事务。龙先生说："居委会没啥意思，我现在
主要关心业委会。业委会掌握经济资源，关系到我们大家的切
身利益。当务之急是把业委会工作落到实处，让业委会有效监
督物业公司，管理好公共资金。"②但多数老年业主选择了
"忠诚"，继续参与居委会的各项活动③。社区积极分子邵女士
表示："居委会的工作是不太令人满意，不过呢，如果不参加
居委会组织的活动，我们上哪儿参加活动去？J 镇不比市区，
可以上老年大学什么的。再说，在居委会当志愿者，还可以服
务社会，同时也锻炼身体。何乐而不为呢？"④

2006 年的"属地化"诉求虽然没有实现，但也并非完全

---

① See Kevin J. O'Brien and Lianjiang Li, *Rightful Resistance in Rural China*, Cambridge University Press，2006.

② 2012 年 7 月 25 日访谈记录。

③ Albert O. Hirschman, *Exit, Voice, and Loyalty: Responses to Decline in Firms, Organizations, and States*, Harvard University Press，1970；刘春荣、桂勇、陈周旺：《争议政治的行为逻辑：对中国城市业主利益表达的实证分析》，《中国社会科学辑刊》2010 年夏季卷。

④ 2012 年 8 月 9 日访谈记录。

没有成果。J 镇领导开始考虑逐步推进属地化进程。2009 年换届选举，各个"导入人口"小区首次有了属地化的兼职委员，A 小区有 3 位居民进入居委会。2012 年，依然是 3 位属地化委员，但由兼职变成了全职。如此一来，属地化委员与非属地化委员的磨合问题便成了社区政治的新焦点。属地化委员之一的郭先生这样描述自己与"80 后"同事的区别：

> 他们（指非属地化的委员）做居委会工作，8 点半上班，4 点半回家，就是上班而已。我们属地化的不一样，我早上 5 点半在小区跑步，以前每天 7 000 步，现在不行了，因为居民们都拉着你说话，反映情况。晚上也可以来找我。我觉得，他们 J 镇的小青年不懂得珍惜，大学刚毕业，二十几岁的年纪，不是主任就是副主任，每个月好几千的收入，在社区干了两年就是党员。这些都是谁给你的？都是我们"导入人口"捧你出来的。J 镇本地居民才 2 万人啊，现在是 2 万人领导 28 万人，所以他们才能这么好啊。①

五、志愿者联合会：青年业主的理性维权

2008 年年初，为解决"出行难"问题，J 镇北面多个小区的热心业主（多为 40 岁以下的年轻人）聚集在一起，自发成

---

① 2012 年 8 月 18 日访谈记录。

立了"镇北联席会议"，不断向各级政府部门反映问题。2008
年 4 月，"镇北联席会议"的论坛版主和热心业主联合签名向
市政府发了《J 镇居民致人民政府的求助信》。2008 年 7 月，
沈骏副市长在信访办会见了联席会议版主强先生、薛先生。
2008 年秋，薛先生又参加了由韩正市长主持的网民代表见面
会，再次反映了 J 镇城乡接合部的管理问题。

　　2008 年年底，副镇长华女士调到 J 镇，分管社区事务，
上任之初，她感觉压力不小，因为 2006 年 A 小区的"选举风
波"在市里面"挂了号"，成了区里的"典型"；青年业主的
"镇北联席会议"更是让她头疼。以省道为界，J 镇被划分为
南北两个区域，"镇南"是老城区，公共设施配套较为完善，
"镇北"则是新开发的住宅区，高层建筑居多，人口密度大，
道路狭窄拥挤，商场、医院、学校等生活服务设施远不能满足
居民需求。如果说 J 镇是一个公共服务的"洼地"，那么镇北
地区就是这个"洼地"的底部。在这种情况下，镇北地区居民
的参与意识越来越强烈，各小区纷纷要求成立业委会。

　　上任之初，华镇长感觉自己就像一个救火员一样，疲于奔
命，但群众的意见依然很大。有一天晚上，华镇长和另一位分
管信访的镇领导到社区接待群众，来了 200 多个居民，你一言
我一语，镇长说一句，群众会说十句。两位镇领导有参加批斗
会的感觉，十分狼狈。但华镇长同时也很感动：

　　　　这说明他们对自己的小区非常关心，但关心他们的人
　　太少了，听他们说话的人太少了……我个人特别不喜欢一
　　个字，就是"被"字，当时他们北面的老百姓都说，我们

"被"骗了，"被"代表了，"被"怎么样了。他们始终处在一个间接、被动的位置，不能听到政府的声音，也没办法让政府听到他们的声音。老百姓想参与，愿望很强烈，但不知道怎么去参与，该怎么去做，建立什么样的渠道去沟通。我觉得必须改变这种状况。①

华镇长让居委会将各自小区业主论坛的网址和主要的版主信息上报给她，安排社区办两名工作人员每天关注网上动态，并要求居委会成员进入论坛，多与网民接触，提供信息，引导舆论；与此同时，她也开始邀请网民参与公共事务的讨论。2009年，在涉及住宅区配套公共建筑等主要事项时，华镇长开始邀请相关的网民、版主，听取他们的意见，一周以内给予答复。此时，这种见面会是不定期的，也没有固定的人员。经过一年的磨合，华镇长和70后、80后的网民代表逐渐打破隔阂，相互信任。

2010年，J镇的网民见面会步入正轨，定期举行，讨论的时间、主题和议事规则逐步成型，版主和网民采用罗伯特议事规则，自发维持会议秩序，规定每人发言时间不超过5分钟，内容不能重复，简明扼要。与此同时，见面会不再由社会管理办公事（简称"社区办"）唱独角戏，华镇长只负责召集，根据会议主题邀请相关职能部门负责人与网民见面，现场答复。

2011年，镇政府不再被动地听网民讲，而是主动将政府

---

① 2012年8月15日访谈记录。

未来的工作计划告知网民。每次开会之前，镇政府都会通过电话、短信和网络发布"召集令"，征集业主网民报名参加会议，每次人数控制在 15—20 人。J 镇志愿者联合会的成员是每次会议的主力。见面会基本保持每月一次，遇特殊情况就两个月开一次。主题围绕 J 镇的卫生、治安、交通道路建设等公共服务。开会之前，社区办先通过居委会的网管员对社区论坛上的热点问题进行分析，了解网民关心的话题；而网民也会事先搜集资料，酝酿想法。双方提前做好"功课"，在见面会上进行讨论。表 6-1 是 2011—2012 年网民见面会的议题。

表 6-1　网民见面会的讨论主题（2011—2012 年）

会议时间	会 议 主 题
2011 年 3 月	电价暴涨，向市民宣传政府官方微博、业委会、公交线路
2011 年 4 月	交通管理、村镇建设、城市管理执法
2011 年 5 月	道路交通管理
2011 年 6 月	城市综合管理"大联动"、动拆迁、城市管理执法、交通管理
2011 年 7 月	派出所工作、治安
2011 年 8 月	交警体验日活动（志愿者当一天交通警察，体验交警的生活）
2011 年 9 月	居委会建设
2011 年 10 月	公交车与地铁对接问题、社区巴士、地沟油、黑车
2011 年 12 月	回顾全年工作、城管与派出所负责人汇报工作
2012 年 3 月	村镇道路建设问题、社区管理、城市管理执法、交通管理、治安

会议时间	会 议 主 题
2012 年 4 月	交通管理、治安管理
2012 年 6 月	物业管理及业主大会相关知识的培训交流
2012 年 8 月	教育与城市管理

2011 年，华镇长调到邻镇任职，镇里安排党委宣传委员和社区办主任继续负责这一平台的工作。社区办尤主任这样评价网民见面会的效果：

> 虽然很多问题是网民见面会解决不了的，但是，这一机制改变了网民对政府的态度。网民一开始跟政府是对立的，等他们真正参与进来，就认识到，与其指责政府，不如群策群力、出谋划策。现在通过网民见面会，他们开始理解政府的难处、问题的复杂性。①

2012 年 5 月，"镇北联席会议"的版主们富有智慧地将联席会议更名为"志愿者联合会"，"志愿者"显然是官方更能接受的名称，并打破"镇北"与"镇南"的藩篱，吸收一部分镇南地区的热心业主加入，成立代表性更加广泛的"J 镇志愿者联合会"。四年间，志愿者联合会定期召开政府和网民圆桌会议，87 条有效建议和意见中有 63 条得到采纳和解决。

不难发现，镇政府与青年网民之间已经形成了一种良性互

---

① 2012 年 7 月 26 日访谈记录。

动关系。这种关系的形成，除了得益于开明的领导华镇长，在
很大程度上是由于中产阶层的"政治成熟"。志愿者联合会的
三位骨干成员强先生（40 多岁，民营企业家）、容女士（30 多
岁，法学硕士，司法系统事业单位干部）和武先生（30 来岁，
IT 从业人员）这样总结他们的成功经验：

> 一是政绩，我们也在推动你们（政府）的政绩；二是
> 守法，我们不做触动法律的事情，有的业主堵马路、砸物
> 业，我们不做这样的事情；三是遇到了开明的领导华镇
> 长；四是老百姓一直在坚持，上面的领导也给了压力，市
> 领导多次接见了我们的代表，我们也同时听两方面的意
> 见，既说出老百姓的心声，也听政府的声音；五是不只提
> 意见，而且提专业的意见，我们强调"理性沟通"的理
> 念。我们跟沈骏副市长见面的时候，做了详细的 PPT，
> 让市长大吃一惊，说是第一次见到这么"专业"的（上访
> 者），跟我们详谈了 2 个小时。[1]

在笔者看来，志愿者联合会的成功之道在于，他们采取了
具有妥协性和灵活性的结盟策略。志愿者联合会的版主们与镇
政府建立了一种非正式的结盟关系，这主要体现为如下两点。
一是针对网上的激进言论，版主们坚决进行抵制。在 J 镇
的业主论坛上，曾有一些网民为了物业管理的事情，要组织业
主"集体散步"，约定了游行时间和路线。版主主动与华镇长

---

[1]　2012 年 7 月 29 日访谈记录。

联系，询问如何处理。华镇长让版主删帖，版主答应了，但表示要增加一个说明，解释删帖的原因，以避免网民的误解和谩骂。版主的说明在经过华镇长审核之后发布。武先生说："我们在网络上与言论过激者进行斗争、辩论，有些 ID 在我们论坛上挑不起事，就只能跑到别的论坛去了。我们特别反感那些一味抱怨，却从不提建设性意见的人。"华镇长高度评价版主的工作："版主们很有社会责任感，他们提出网上要有规矩，什么话不能说，碰到什么事情怎么处理。正是因为他们的工作，网络才能做到风清气正。"

二是共同向上级政府呼吁，争取政策倾斜或资源投放。譬如，通往市区的公交线路的规划安排超出了镇政府的能力范围，需要市级政府职能部门的介入。在这种情况下，志愿者联合会可以发挥整合民意、代表民意的功能，从外部向上级政府施加适当的压力。2012 年 5 月，志愿者联合会发起"一条路，一条线，齐签名，畅 J 镇"的签名活动，希望可以开辟 J 镇连接虹桥交通枢纽和地铁 9 号线的三条公交线。之前志愿者曾与镇政府协商此事，但镇政府感到为难，因为这是跨区的交通规划。当志愿者提出在线下组织签名活动时，镇政府没有表示反对意见。签名活动得到 15 个居委会和物业公司的全力支持，物业公司在显著位置张贴活动海报，居委会周末在小区门口设摊、组织居民现场签名，在短短的两周时间里征集到 5 698 个居民签名。一个月后，上海市交通运输和港口管理局对居民的建议给予了积极回应，公布了改善 J 镇交通状况的具体工作计划。

在志愿者联合会的运作中，版主们刻意淡化"组织"色彩，强调大家是一个团队，没有领导人，也没有具体分工，彼此以网名相称；他们在行动中也不针对任何特定组织和个人，"不是向后看，而是往前看"，从建设性的角度探讨如何改变现状。此外，志愿者联合会内部的讨论和决策也力求民主，每一个重大事项的决议，都采用民主投票，一人一票，少数服从多数。2009年，镇内公交线路设置问题，各小区的业主代表都希望对自己的小区有利，最后以民主投票方式妥善解决了内部分歧。为了维系团队的凝聚力，志愿者联合会还经常在线下组织聚餐、自驾游等活动。

笔者问志愿者联合会的负责人：为什么青年网民不愿意参加居委会的选举和治理？他们的部分答复是：年轻人认为选举结果都是内定的，是"居委会干部和老头老太的游戏"，自己的参与对结果毫无影响，与其关心选举，不如关心公共服务和公共事业。

六、"选个邻居当代表"：
业主公民意识的发轫

不得不承认，虽然网民见面会取得了不俗的成绩，但这种对话平台的非制度化特征也蕴含了一定的不确定性。譬如，在华镇长调离之后，网民见面会的频率有所下降，从一个月一次变成两个月一次。更让网民代表不快的是，由于缺乏镇级领导的直接协调，见面会的沟通效果似乎在下降。今后是不是还存在其他的变数？如果将来主政的领导对这种沟通方式不认可，见面会很可能会流于形式。有网民代表在见面会上表示："假如政府能对民众的合理建议采纳并改进，那才是良性的互动。如果总是议而不决，那么只能另辟蹊径。"志愿者联合会开始寻求进入体制内来直接参与政策的重大决策。

2011 年，上海市基层人大换届选举，志愿者联合会积极宣传并参与了区、镇两级人大代表选举。以下是志愿者联合会写给居民的选举动员信《选个邻居当代表！登记选民了么?》。

各位 J 镇邻居：

想不想有连通 9 号线和 2 号线的公交？想不想小又挤的社区巴士优惠换乘？想不想肠梗阻的公路畅通无阻？……

改善的机会来了！2011 年 11 月 16 日，我们一起参加 S 区和 J 镇人大代表换届选举吧！我们希望：用我们的一张张选票在 J 镇选区选出代表居民利益的 11 位 S 区人大代表和 53 位 J 镇人大代表，为我们说话，为我们争取权益！

我们是镇北联谊会！我们居住在 J 镇；我们是 60 后、70 后和 80 后；我们走路、骑车、搭公交、乘地铁、驾私车；我们在八号桥买菜，我们孩子在 J 镇上学，我们父母在 J 镇医院看病！……

J 镇需要改善。我们真正行动：我们和镇政府月月座谈，苦口婆心提建议，直言不讳道不足。或许有些改善，但我们期望更多。所以，我们要参选 S 区和 J 镇人大代表！

我们向大家呼吁：请在 10 月 25 日前登记为 S 区选
民！我们将在 11 月揭晓推荐的人大代表候选人。请在 11
月 16 日投票给我们的候选人！选个邻居当代表！我们需
要大家的支持！……

去登记！去投票！选个邻居当代表！①

这份热情洋溢的动员信大大激发了 J 镇居民尤其是中青年
业主的参与积极性，"我们希望有自己的代表，不希望总是被
代表"。一部分外地户籍的业主甚至专门回到老家办理选民资
格转移手续，以获得 J 镇人大代表选举资格。当时镇北地区一
共有 8 位代表候选人，其中 2 位居委会干部，其余的候选人都
是自主参选，版主强先生、容小姐和薛先生名列其中。最后，
在网民和居委会的全力支持下，曾经被韩正市长接见的版主薛
先生（40 岁，硕士学历，跨国企业高层管理人员）成功当选 J
镇人大代表。网民在业主论坛上兴奋地表示，这是"居民担任
镇人大代表 0 的突破"！

当选镇人大代表后，薛先生认真履职，通过网络随时向网
民汇报工作进展，并向网民公开了自己的工作手机、电子邮箱
和接待时间。薛先生大学毕业之后，曾在上海市委机关报工作
多年，后在多家跨国企业任职，负责公共关系事务。他认为：

中国政府的服务意识和服务水准是有的，最主要的问

---

① 《选个邻居当代表！登记选民了么？》（2011 年 10 月 18 日），九亭志愿者联合
会的博客，http://blog.sina.com.cn/s/blog_8f93e7860100wsg1.html，最后
浏览日期：2019 年 7 月 13 日。

题是沟通。政府习惯于单向沟通，老百姓则诉求无门，应该更多地构建与社区民情沟通的渠道。现在我们很多老百姓完全不了解政府的运作，还是有拦轿喊冤的想法，希望碰到一个一言九鼎的好领导，毕其功于一役。我觉得，作为老百姓跟政府沟通，或者作为人大代表干好工作，道理都是一样的，关键有三点：一是要提前做好 homework（功课），诉求要正当、合理、合法；二是要了解政府运作的模式、规则和特点，把我们想要干的事情变成政府要干的事情；三是有全局的观点，不能抱着对抗的心理，有理有据有节，既要对政府进行监督，也要对政府表示认可、提出建议。①

虽然在担任人大代表期间，薛先生提出的两个涉及市容卫生的提案都不了了之，但他依然对镇政府的工作表示理解：

> 有些想法想和大家说一下，也许大家觉得政府速度慢等，我沟通接触的感觉是，政府其实一直在推进，而且有很多信息非常让人鼓舞，关键是沟通不够，书记要求下阶段要加强沟通，比如我们的抢救性规划，如果规划部门同意，应该尽快公开。此外，我希望大家不要说风凉话，不要不信任，因为我们除了政府，我们没有任何别的路可以走；此外说风凉话、不信任、在这里发发牢骚，不解决我们的任何问题，真正如果大家觉得有问题，就拿起手中的电话，甚至包括法律武器，维护自己的利益，恳请大家不

---

① 2012 年 9 月 4 日访谈记录。

要在网上发牢骚，没用。此外，政府公务员一直在努力，只是很多事很多困难我们不知道而已，他们也都上网，都在看，所以我在这里呼吁，我们提出的，一定是有建设性的意见和建议，而不是谩骂，谩骂和牢骚对我们社区的建设没有直接好处，我们一起努力！①

2012 年 7 月，薛先生购置了新的房产，搬离了 J 镇，他的镇人大代表之路也戛然而止。但是，J 镇青年的公民意识和公共精神已经悄然扎根，笔者接触的多名年轻业主都表示未来要参加区、镇两级人大代表的竞选。

七、从业主到公民

与我们的理论预期不同，户籍并没有对中产阶层的政治参与造成显著的影响。年龄是比户籍更为重要的分野：无论本地居民还是外来人口，老年人更倾向于通过居委会参与公共生活，而年轻人更倾向于通过网络平台影响政府决策。由于在居委会选举当中，外来人口要获得选民资格需要办理一定的手续，其参与积极性在一定程度上受到户籍的制约；而在网络空间中，中产阶层移民完全突破了户籍的限制，他们的参与行为与本地居民并无二致。

中产阶层在进行政治参与的过程中，其首要的身份是业

---

① 2012 年 8 月 15 日访谈记录。

主，其政治参与具有"业主能动主义"的特征，即主要围绕物业管理、公共设施和公共服务等"业主福利"展开。只不过老年业主关心的议题主要是小区的物业管理、居委会属地化程度、业委会运作等，而青年业主除了关心小区事务之外，将更多的精力用于关注交通、医院、学校、幼儿园等公共设施。正是由于J镇地处城乡接合部，公共服务体系远远落后于市区和郊区中心镇，从而为中产阶层的政治参与提供了一个跨社区的公共议题，激发了他们的参与热情，笔者将这种现象概括为公共服务的"洼地效应"。李骏认为：在中国城市基层社会，住房产权对政治积极性的促进作用目前仅局限于特定的社区情境，即新型商品房住宅小区；住房所有者在社区政治事务中所具有的积极性很难外溢出特定的社区边界[①]。而笔者发现，在Web2.0时代，存在共同利益的相邻社区，借助网络传播工具，是可能实现跨社区联合的。J镇志愿者联合会就由"线上"交流发展为"线下"政治参与，并形成长期稳定的跨社区集体行动。由于公共服务的改善并非一朝一夕的事情，而是一项系统的工程，长期存在的"焦点问题"为中产阶层的参与提供了持续的动力。而在中心城区，中产阶层业主的社区参与往往具有"一事一议"的特征，譬如，为了保护小区的绿地，为了不在小区附近建造变电站或垃圾站，一旦事情得到解决，集体行动即告终止[②]。

---

① 李骏：《住房产权与政治参与：中国城市的基层社区民主》，《社会学研究》2009年第5期。
② 石发勇：《关系网络与当代中国基层社会运动——以一个街区环保运动个案为例》，《学海》2005年第3期；朱健刚：《以理抗争：都市集体行动的策略——以广州南园的业主维权为例》，《社会》2011年第3期。

　　有学者提出，当下中国城市基层社会中大量的业主集体维权行动事件，不但是基层社会成员自治力的体现，也是其"民主意识"觉醒的征兆①。笔者认为这种判断从长远来看是成立的，就当下的现实而言则有"拔高"之嫌。至少在现阶段，无论是老年人还是年轻人，他们的业主意识都要强于他们的公民意识，其参与的首要动机是改善城乡接合部的公共服务，是为了争取业主福利而不是行使民主权利。为维护业主福利，老年业主以社区为基础，采取了回旋余地较小的"依法抗争"，就选举中的程序性问题向基层政府和职能部门问责，以失败告终；而年轻一代业主则以网络为平台，采取更具妥协性的"结盟策略"，与政府达成合作默契，就事论事，提出建设性意见，不针对具体的组织和个人，政府与网民的对话机制得以建立，并取得一定的合作成果。

　　老年业主的参与渠道是传统的，有法律与程序至上的倾向，一定要区分是非曲直，对基层政府而言，其方式显得激进。正如刘子曦所言：法律在业主维权运动中具有两重属性，它既是"维权的武器"又是"维权的瓶颈"②。年轻业主的参与渠道是新潮的，方式更富策略性和妥协性，避免了直接冲突，政治技巧更加成熟。基层政府出于维护街居体制的需要，不愿让居民的"属地化"诉求影响自己的人事安排和政治权威；而网络参与作为一种新生事物，并未直接冲击基层政府的

①　王星：《利益分化与居民参与——转型期中国城市基层社会管理的困境及其理论转向》，《社会学研究》2012年第2期。
②　刘子曦：《激励与扩展：B市业主维权运动中的法律与社会关系》，《社会学研究》2010年第5期。

治理架构，因而政府采取了相对开明的策略，通过对话机制将网民吸纳到政府决策过程之中。以往关于虚拟社区的研究，更多是考察"基于互联网的抗争"①，而 J 镇网民见面会的案例则揭示了"基于互联网的官民合作"。在当代中国，网络不仅仅可以作为一种抗争手法，在一定的条件下也可以发展成为网络公民社会或虚拟公共空间，推动国家与社会的良性互动。需要说明的是，老年业主和青年业主在参与渠道上的差异并不是绝对的，两者是存在交叉的，以 2012 年 8 月的网民见面会为例，一共有 11 名代表出席，年轻人占大多数，但也有 4 位 50 岁以上老人出席，其中就有 A 小区的居委会委员郭先生。

青年网民发起的"选个邻居当代表"运动标志着他们的诉求由业主福利向公民权利拓展。他们意识到不仅要关注自己的直接利益，还要通过制度化的方式进入决策体系。这是值得关注的转变，表明青年业主在政治上更加成熟，同时也给基层人大工作带来机遇和挑战。一方面，青年人的加入给基层人大注入了新鲜血液；另一方面，为适应社会发展的要求，基层人大的议事方式和工作机制面临如何改善的境况。

在以往对于业主维权的研究中，以沈原为代表的"权利模式"、以李静君为代表的"阶级模式"和以裴宜理为代表的"规则模式"被认为是三种相互冲突的解释框架②。沈原、陈

---

① 桂勇、黄荣桂：《互联网与业主集体抗争：一项基于定性比较分析方法的研究》，《社会学研究》2009 年第 5 期；张磊：《业主维权运动：产生原因及动员机制——对北京市几个小区个案的考查》，《社会学研究》2005 年第 6 期；Luigi Tomba, "Residential Space and Collective Interest Formation in Beijing's Housing Disputes", *The China Quarterly*, 2005, No. 184, pp. 934–951。
② 陈鹏：《当代中国城市业主的法权抗争——关于业主维权活动的一个分析框架》，《社会学研究》2010 年第 1 期。

鹏、郭于华将业主维权视为一种公民运动，是一个从产权走向公民权的实践过程，在维权过程中，业主重建了自身与国家的关系，从而变成了公民①；李静君则认为中国民众的维权行动只是在表面上与公民权话语相契合，本质上缘于日益扩大的阶级分化②；西方学者裴宜理指出，中国以"权利"语言构建起来的道义经济式抗议，往往要求撤换不受欢迎的低级官员，极少质疑国家及其意识形态的权威，并按照国家的规则采取行动，她将这种倾向称为"规则意识"（rules consciousness），区别于西方的"权利意识"（rights consciousness）③。而实际上，这三种研究取向并非不可调和。马歇尔的公民权理论已经揭示了公民权与工人运动/阶级斗争的内在关联性：一方面，公民权的广度和深度取决于阶级力量的对比；另一方面，公民权可以在一定程度上降低阶级差异的显著性④。笔者发现中产阶层移民的财富在很大程度上突破了户籍制度对外来人口政治参与的限制。这说明阶层的作用要大于有关权利的制度安排（户籍本质上是地方性的公民权）。社会经济地位越高，越有可能克服基于户籍的制度性歧视；权利意识的增长与中产阶层的

① 沈原：《走向公民权——业主维权作为当代中国的一种公民运动》，载沈原：《市场、阶级与社会：转型社会学的关键议题》，社会科学文献出版社 2007 年版，第 325—352 页；陈鹏：《从"产权"走向"公民权"——当前中国城市业主维权研究》，《开放时代》2009 年第 4 期；郭于华、沈原：《居住的政治——B 市业主维权与社区建设的实证研究》，《开放时代》2012 年第 2 期。

② Ching Kwan Lee, *Against the Law: Labor Protests in China's Rustbelt and Sunbelt*, University of California Press, 2007.

③ Elizabeth J. Perry, "A New Rights Consciousness?", *Journal of Democracy*, 2009, 20 (3), pp. 17-20.

④ 参见［英］T. H. 马歇尔等：《公民身份与社会阶级》，郭忠华、刘训练译，江苏人民出版社 2007 年版。

形成密不可分。正如沈原所言，业主维权运动的实质是中产阶层缔造公民权的运动①。公民权利的实践在很大程度上是阶级政治的后果。权利意识与规则意识也并非是截然对立的，尤其是在年轻的中产阶层网民身上，既有对西方意义上公民权利的追求，又有基于国情的规则意识，他们在规则设定的框架内策略性地争取权利。

此外，在 J 镇的案例中我们发现：对于中产阶层而言，户籍/非户籍的边界并不显著，在志愿者联合会中，人们并不在意彼此的户籍身份，并共同参与社区公共事务。而我们对底层群体的研究发现：农民工与城市其他低收入群体几乎不存在联合的集体行动，两者之间泾渭分明。这一发现正好与本书第四章相互呼应，农民工的社会关系网络高度同质化，他们很难与本地市民形成人格化社会交往，双方处在分割的二元劳动力市场之中，在居住空间上彼此隔离，两者间既无共同利益，又没有共同关心的话题。中产阶层移民则不然，他们在工作上、生活上与本地市民存在更多的交集，相似的社会经济地位、价值取向，以及基于空间相邻性的频繁社会互动，这使得他们可以突破户籍差异，在涉及共同利益或价值目标的议题上采取一致行动。

上述研究发现弥补了以往研究的不足，即忽视外来人口内部的分层。结合笔者之前对新生代农民工的研究，似乎可以得出这样一个结论：户籍对中产阶层移民（技术移民、投资移

---

① 沈原：《走向公民权——业主维权作为当代中国的一种公民运动》，载沈原：《市场、阶级与社会：转型社会学的关键议题》，社会科学文献出版社 2007 年版，第 325—352 页。

民）和底层移民（劳动力移民）的影响是不同的。农民工的政治参与更多地受到户籍制度的抑制[①]，根据笔者 2011 年在上海的抽样调查，大部分农民工未参加过各种形式和层次的选举。95％的受访者未参加过居住地居委会选举，98％的受访者未参加过人大代表选举，86％的受访者未参加过企业内部选举，85％的人未在家乡参加过村委会选举[②]。而中产阶层可以基于财产权进行政治参与，较高的社会经济地位、文化程度也赋予他们更多的话语权，具有比较强的行动能力，拥有较丰富的可动员资源[③]，可以更有效地影响基层政府的决策和治理。

[①] Jieh-min Wu, "Rural Migrant Workers and China's Differential Citizenship： A Comparative-Institutional Analysis", in Martin King Whyte, ed., *One Country, Two Societies: Rural-Urban Inequality in Contemporary China*, Harvard University Press, 2010.

[②] 熊易寒：《新生代农民工的权利意识》，《文化纵横》2012 年第 1 期。

[③] 陈映芳：《行动力与制度限制：都市运动中的中产阶层》，《社会学研究》2006 年第 4 期；陈鹏：《当代中国城市业主的法权抗争——关于业主维权活动的一个分析框架》，《社会学研究》2010 年第 1 期。

第七章

命运的政治学：
人口流动与社会流动的二重奏

政治影响我们每一个人的命运。然而长期以来，命运却游离于主流政治学的视野之外。群体的命运在很大程度上是由权力结构设定的；国家、市场、社会与家庭是命运的主要塑造者；命运的政治学追问的是一个最基本的正义问题——如果我们的命运具有某种外部性，那么我们应该做些什么？

在当代中国，有两种流动特别引人瞩目：一是人口流动的加速，二是社会流动的趋缓。人口流动为中国社会经济发展注入了活力，部分地打破了中国的城乡二元结构；人口流动也在一定程度上促进了中国的社会流动，农村的精英进入城市，内地的精英流向沿海，带来了社会阶层的分化组合。但是，随着中国社会的成熟，各种上升通道的门槛变得越来越高，社会流动机会变得越来越稀缺。

移民对于每一个人、每一个家庭来说，都是生命历程中的重要事件。与留在中西部农村地区的农民相比，外出的农民工总体上获得了一定的福利改进——相对高的收入，更开阔的眼界，更多的向上流动机会。

一、人生的岔路口

1999 年 9 月，某个阳光灿烂的日子，我乘坐姑父的小车，进入了我的大学。差不多同一时间，以两分之差落榜的同桌兄弟搭上了南下深圳的火车，在那里开始了他的打工生涯。那是一个平凡的日子，以至于我忘掉了日期。在多年以后，我才意识到，那是我人生的一个岔路口。在那一天，我和同桌兄弟一起告别了农村，不同的是，我办理了户口迁移手续，而他的户口还留在原地。

大学一年级的时候，我和同桌兄弟保持着密切联系。我跟他讲述大学里的逸闻趣事，丰富多彩的校园生活；他跟我诉说工厂劳动的酸甜苦辣，在那里，再没有人欣赏他漂亮的钢笔字，再没有人崇拜他丰富的历史知识，才华在忙碌的流水线上找不到位置，尤其让他感到挫败的是，高中毕业的他不得不接受一个初中毕业生的管理。我们的生活大相径庭，唯一的共同点是我们都会抱怨食堂的糟糕伙食。大约一年以后，随着他工作地点的频繁变动，随着我们共同话题的日益减少，我们渐渐失去了联系。

直到 2009 年的春节，我们在老家的街头不期而遇。他抱着一个襁褓中的孩子，他的妻子牵着一个背书包的小女孩。他们夫妇现在东莞打工，哺乳期的小儿子跟在身边，上学的女儿交由老家的父母照看。我们激动地寒暄着，多数时候都是我在发问，而他最关心的问题是我一个月赚多少钱，穷追不舍，让我不知所措。临别握手的时候，我才发现他的右手失去了两根手指！我猛然想起，在多年前通电话的时候，他曾经告诉我，一个工友不小心轧断了手指，这让他忧心忡忡：有一天我的手指会不会也被机器轧断？

他留给我一个手机号码，几天后我打过去却是空号。在那一天，我忍不住热泪盈眶，我想起十年前的九月，从那时起，我们便分道扬镳了，一个向左，一个向右，只是当时我们没有意识到而已。十年以后，我成为一名大学教师、一名政治学学者，而他和他的孩子则成为我的研究对象——农民工及其子女。命运让我们看起来如此不同，而我知道，我们曾经多么地相似。

即便是现在，我们依然有一个共同的身份，那就是移民。不同的是，我在接受了高等教育之后，获得了体制内的工作岗位和上海户籍；而他尽管常年在广东打工，却无法成为一个户籍意义上的广东人。

二、命定的博士论文

现在想起来，我的博士论文以农民工子女的身份认同与政治社会化为主题，似乎是命中注定的。2007 年的春节联欢晚会，一首题为《心里话》的朗诵诗，在一瞬间击倒了我。

要问我是谁
过去我总羞于回答
因为我怕
我怕城里的孩子笑话

他们的爸爸妈妈
送他们上学

不是开着本田

就是开着捷达

而我

坐的三轮大板车

甚至没有装马达……

孩子们的声音在我的脑海里久久萦绕，挥之不去。三个月后，我终于下定决心，放弃已经执行了一年的博士论文计划，重新选题，写这样一群"城市化的孩子"。当时，我和身边的朋友一样，无法理解自己为什么会那么决绝，那么冒险。直到写博士论文后记的时候，我才逐渐理解自己的选择。

倾听和叙述他们的故事，其实也是在体验我自己的生命。我的命运曾经与他们如此接近：我出生在一个亦工亦农的家庭，父亲是国企职工、母亲在家务农，而我自幼随外公外婆居住在县城边上；在农村念完小学后，我转入质量较好的城镇中学寄读，为了让每学期一百元的寄读费有所减免，外婆不得不托教育局的亲戚帮忙，然后拿着领导的条子去敲开校长的办公室，这曾经深深刺痛我的心灵；我这个农村小学的尖子生、班长，在那里成绩一落千丈，上课犹如梦游，直到多年以后我依然不知明白，为什么自己会突然间变得懵懂；但我清楚地知道，作为一个农村孩子，我没有成为农民工的一员，纯属偶然。念高中那年，母亲携弟弟妹妹进城，一家五口蜗居在父亲厂里的单身宿舍，母亲在厂里做临时工补贴家用，现在想起来，原来自己也是农民工子女！这或许可以解释：为什么在多年以后，我会选择这样一个博士论文题目。

　　我不只是在书写他们，我也是在寻找自己。一个从中部农村走进大上海的青年，虽然只是一介穷书生，每月拿着微薄的津贴，不得不四处兼课以求温饱，为什么却会与这些孩子及其父辈有着完全不同的生命体验？这就是阶层政治与身份政治的奥秘。不管我与底层有多么亲近，我还是逐渐地脱离了这个阶层。我走上了一条通往城市中产阶层的康庄大道（尽管只是"慢车道"），而通过博士论文的研究，我试图回到那个决定我命运的岔路口，去看看，如果我走的是另外一条道路，我的人生将会怎样。

三、城市化的孩子

　　当我把新出版的博士论文《城市化的孩子：农民工子女的身份生产与政治社会化》[①] 送给一位朋友时，她脱口而出："城市化的孩子？应该是城市化的私生子吧？"这句犀利的玩笑话让我在错愕之余倍感贴切。

　　我之所以将进城农民工子女称为"城市化的孩子"，是因为：首先，他们都是在当代中国高歌猛进的城市化浪潮中出生和成长的，如此多的"放牛娃"涌入城市在中国是史无前例的；其次，他们自身也在经历一个城市化的过程，乡土性逐渐地从他们的心性中剥离，与此同时城市以自己特定的方式塑造

---

① 熊易寒：《城市化的孩子：农民工子女的身份生产与政治社会化》，上海人民出版社 2010 年版。

他们心智、观念、气质和认同，李强称之为"日常生活的城市化"[1]；最后，他们所经历的痛苦、彷徨、迷失是由城市化——更准确地说，是经济上吸纳、社会上排斥的"半城市化"[2]——带来的，最终也必须通过城市化来得到解决。要研究这样一个群体，就必须把他们放到城市化的时间脉络与城市的空间格局当中来思考，而不是把他们悬置在一个空洞的、无差别的、没有质感的时空之中。

"城市化的私生子"这个说法虽然刻薄，却也道出了部分真相。一方面，我们的城市化离不开农民工及其子女，他们不仅为中国制造提供了强大的价格优势，也是城市化比例中的光鲜亮丽的数字；另一方面，他们却存在于一个半合法的灰色空间里，仿佛私生子一般见不得光，他们不是官方承认的移民或市民，常常被视为挤占城市公共资源的"搭便车者"，甚或潜在的犯罪者和不稳定因素，就如同私生子构成家产和家庭团结的威胁一样。

这一群体同时兼具三个特征：一是，跨越城乡边界，城乡二元结构深深嵌入其心智结构和生活历程当中；二是，生活在城市，但缺乏地方性公民身份/市民资格；三是，绝大多数生

---

[1]　李强：《中国大陆城市农民工的职业流动》，《社会学研究》1999 年第 3 期。

[2]　在王春光那里，"半城市化"指的是一种介于回归农村与彻底城市化之间的状态，它表现为各系统之间的不衔接、社会生活和行动层面的不融合，以及在社会认同上的"内卷化"（参见王春光：《农村流动人口的"半城市化"问题研究》，《社会学研究》2006 年第 5 期）。本书所说的"半城市化"有所不同，主要着眼于政治、政策层面，即城市把乡城迁移者作为劳动主体、消费主体而不是政治主体、权利主体，用"流动人口"而不是"城市新移民"来指代这一群体，这种对乡城迁移者经济上吸纳、社会上排斥的城市化道路，笔者称为"半城市化"。

活在城市底层。在他们身上，地域政治、身份政治与阶级政治交汇在一起。城乡对立、身份政治与阶层政治三者相混合，会产生什么样的"化学反应"？这样一个群体对于当代中国政治而言，意味着什么？而其中至关重要的因素又在于：其一，农民工子女如何定位其自身（我是谁），即身份认同的问题；其二，农民工子女在与政治系统的互动中，形成了什么样的政治倾向，他们的独特经历将会造就什么样的政治心理和政治人格？也即政治社会化的问题。

我的博士论文试图解决这样一系列问题。首先，在政治社会化的过程中，农民工子女的身份认同是通过什么方式形成的？不同的政治社会化媒介在其中发挥了什么作用？其次，农民工子女的政治态度与行为模式与他们的身份认同是什么关系？最后，如果农民工子女的身份认同会对他们政治观念与行为产生重大影响，那么，围绕身份差异而形成的政治态度与行为模式的分化究竟有多大？农民工子女是主流意识形态的接受者，抑或形成了一套相对自主的底层文化吗？如此一来，看似后现代的"认同政治"就与政治学的传统议题——政治文化、政治社会化、阶级再生产——紧密地勾连在一起。

这些农民工子女背负着一个沉重的命运。一方面，他们是"回不去的一代"。他们大多生于城市，长于城市，没有务农经历，与乡土社会缺乏文化纽带和情感联系[1]，他们不可能像父辈那样往返于城乡之间，而倾向于定居城市，不可能将农村的土地作为最后的退路或"社会保障"。另一方面，虽然他们在

---

[1]　熊易寒：《城市化的孩子：农民工子女的城乡认知与身份意识》，《中国农村观察》2009 年第 2 期。

事实上构成了第二代移民，然而在政策上却仍然被界定为流动人口。在城乡二元分割的体制下，农民工子女无法像城市的同龄人那样享有各种权利和福利。长期以来，大多数农民工子女只能就读于校舍简陋、师资薄弱的农民工子弟学校，而这些学校不仅无法提供优质的教育，而且时刻面临被城市教育行政部门取缔的命运。现行的教育制度、高考制度以户籍制度为基础，导致农民工子女在初中毕业时进退失据，处于就学就业的两难境地。如果选择在上海升学，目前只能进入中专、技校或职高。如果回到家乡念高中，一方面，农民工子女将不得不与父母分离，寄居于亲戚朋友家，不仅需要付出极大的经济成本，而且需要承受因分离而带来的情感代价；另一方面，上海的教材和教学方式与家乡的学校存在较大差异，这些学生回去之后也存在学业不适应的问题。由于升学困难，大部分农民工子女在初中毕业之后选择直接打工，一部分人甚至沦为街头混混。

四、相交的平行线

如果说我研究农民工子女是依着身份转换过程中的一种惯性，那么，张轶超投身农民工子女的艺术教育，则似乎是被一种不可名状的持久激情所支配，与身份无关。出身上海知识分子家庭的张轶超，与农民工子女的生活轨迹原本是两条平行的直线；然而，却偏偏相遇了。

2001年，尚在复旦大学哲学系攻读硕士学位的张轶超偶然看到一则关于北京农民工子弟学校的报道，有办报经验的他

（张时任复旦学生报《常识》的主编），敏锐地意识到上海肯定也有这样的学校。于是他骑着自行车，在复旦周边地区调查起来，不到二十分钟的车程便发现了一片民工聚集区和四五所农民工子弟学校。张轶超回忆说：

> 在杨浦区江湾新城民工聚居区里，有两样东西总是那么突兀地出现在来访者面前。一是这里白天黑夜从不间断的集装箱大卡车——晴天，它们意味着尘土飞扬；雨天，它们意味着泥浆四溅。二是这里随处可见的堆成一座座小山似的垃圾堆，或盘踞在路边散发臭味，或漂浮在水面染黑溪流。四年来，这些始终没有变过。
>
> 六年前，我第一次踏进江湾新城，目睹这一切的同时，我也认识了生活在这里的孩子。当时我带着一丝歉疚的心情问一个孩子。"你长大后想做什么？""我要当老师。""当老师干吗呢？""我要教出一群医生、歌星、作家、博士和老师，为祖国作贡献。"天啊，我在心里想，可怜的孩子！
>
> 可是当我的目光接触到孩子那清澈的眼睛和坚定的神情时，我突然意识到自己身上的那点自私来，意识到他给我带来的希望和勇气，于是便有了持续到今天的"久牵"……①

---

① 指久牵志愿者服务社，是一所以在沪农民工子弟为服务对象的非营利机构，主要致力于为外来农民工子女提供优质和免费的课外教育，创办人为张轶超。关于久牵的事迹，参见熊易寒：《底层、学校与阶级再生产》，《开放时代》2010 年第 1 期以及本书第五章。

随后，张轶超与《常识》的同事开始到民工子弟学校进行采访、调查，发现这些学校的教学质量很差，五年级的孩子大半 ABCD 都背不好，由于历史课没有胜任的老师就让孩子们自修。张轶超等人很快在复旦大学拉起了一支志愿者服务队，服务对象是复旦周边地区农民工子弟学校的学生，承担英语、自然、计算机、体育等科目的教学。

2002 年 7 月，张轶超从复旦哲学系毕业后，继续负责这支志愿者团队的运作，除正常的在农民工子弟学校开展英语、计算机等教学活动外，还在暑假为农民工子女组织夏令营活动。2006 年 3 月，在上海根与芽青少年活动中心和来自美国的志愿者柯慧婕的协助下，久牵成立了"放牛班的孩子"合唱队，艺术教育开始成为久牵的一项基本服务内容。2008 年 5 月，在浦东社会工作者协会的支持下，上海久牵志愿者服务社获浦东新区民政局批准，正式注册为民办非企业机构。久牵的目标是消除教育不平等，让那些外来工子弟享受到与城市孩子同等的教育服务；同时将社会责任感、志愿者服务意识植入那些农民工子女心中。

从一开始，张轶超就不满足于"献爱心"，而是把目标定位于"塑造新公民"。所谓"献爱心"，就是侧重于物质层面和情感层面，譬如通过捐款、捐物和慰问来表达社会或个人对农民工子女的关怀，大多数献爱心活动都是一次性的；所谓"塑造新公民"，就是侧重于价值层面和理性层面，向农民工子女传播知识和价值观，将其塑造为具有现代公民人格的新一代。在久牵志愿者服务社的主页上，开宗明义地指出了自身不同于慈善活动的性质（详见本书第 218 页。）

张轶超试图尽自己最大的努力改变"久牵"孩子们的命运。他每年组织"音乐回乡之旅"，带着放牛班的孩子们到农村地区巡回演出，从帮助孩子们"寻根"，到"寻找幸福的青鸟"，张轶超带着放牛班的孩子不断地寻找着；他让孩子们自由地选课，在给予他们自由的同时要求他们对自己的选择负责；在企业的资助下，他领着孩子们办了一份名为《小草要唱歌》的报纸，编辑、记者和撰稿人都是这帮孩子，他试图让孩子们发出自己的声音，确立自己的主体性。

张轶超的理念是为改变而教育（education for change）。虽然有时我也能感觉到他骨子的悲观和失望，但那是一种"不妥协的悲观主义"（uncompromising pessimism）[1]。

我们现在还无法确定张轶超是否改变了孩子们的命运，但孩子们改变了张轶超的命运，却是一个不争的事实。因为与农民工子女的相遇，因为久牵这项事业，他没有按照父母的设定，考取公务员，然后进入规范而安稳的生活角色——立业、买房、娶妻、生子。十年前的张轶超是家族里学校最好、学历最高者，父母乐此不疲以此作为亲友间的谈资，而现在两位老人却时常回避小区邻里的询问。"最害怕被问到现在儿子在做什么。"[2] 有人说张轶超是一个理想主义者，也有人说他是疯子。

张轶超试图通过教育方式的改变，最终实现对农民工子女

---

[1]　Michael Burawoy, "From Polanyi to Pollyanna: The False Optimism of Global Labor Studies", *Global Labour Journal*, 2010, Vol. 1, Iss. 2, pp. 301-313.

[2]　赵一海：《张轶超：让白天懂得夜的黑》，《南方周末》，2009 年 12 月 31 日。

灵魂的改造。但张轶超也意识到，这种改变必须得到精英阶层的支持，他将希望寄托于精英的自尊、自信与自觉：

> 你应该有这样一种骄傲，你的自尊心要求这个世界的每个人都能够得到同等的教育机会，从而你可以和他们进行公平的竞争。因为如果没有这一前提，那么你所取得的一切成功将失去其重量。……我辈的骄傲与尊严就在于，要让我们的子子孙孙都可以诚实地生活在这片土地上，并能够自信地跟自己的孩子说："这是我所取得的成就，这一切都是用我的努力与拼搏换来的，没有一分一毫是牺牲了他人的机会而得到的。"①

与张轶超相比，我总是有一种道德上的自卑感。他为农民工子女付出甚多，得到甚少；我为农民工子女付出甚少，却得到甚多。我对农民工子女的研究，让我得到博士学位、大学教职、学术声誉、科研经费，似乎我的好运气正是建立在他们的不幸之上。

五、命运的共同体

长久以来，命运一直是文学家、哲学家和艺术家青睐的主题。在主流政治学的分析框架里，我们找不到"命运"二字。

---

① 张轶超：《我辈的骄傲，我辈的责任》，2007年11月25日在复旦大学的演讲。

也许是"命运"这个词太抽象，太模糊，太过于情绪化，与社会科学所强调的精确性和价值中立格格不入。

人们以为命运就像手心的掌纹一样专属于自己，其实不然，我们的命运或多或少具有外部性：我们的好运气或许会给别人带来坏运气；反之亦然。正因为如此，政治共同体同时也是命运共同体，我们都在以这样或那样的方式分享/分担着彼此的命运。不理解政治，我们就莫论真正理解命运；不关注命运，政治学就缺乏震撼人心的力量。

命运不是理所当然的，也不是由一个超验的神秘力量所决定的。如果说个体的命运带有太多的偶然性和随机性，那么，群体的命运在很大程度上则是由权力结构设定的。国家、市场、社会与家庭是命运的主要塑造者。

首先，国家通过制度和政策来塑造我们的命运。国家不仅对有形的资源进行再分配，也在对无形的机会进行再分配。从上山下乡到恢复高考、从"文革"到改革开放、从计划经济到市场化改革、从统招统分到教育产业化，国家行为对我们命运的影响何其巨大。国家对机会的再分配不是以个体为单位，而是以群体或社会类属（social category）为单位，譬如城市居民、流动人口、高收入群体。国家的再分配必须避免制度性歧视，即对特定社会群体的不公正待遇。

其次，市场包括物质市场和地位市场，前者通过产权、后者通过社会流动渠道为我们的行为提供激励，从而影响我们的命运。唐世平指出，在地位市场中，个人为社会地位而竞争；和物质市场中的情况相比，地位市场中的竞争是纵向的、零和的，而且地位性商品的供应是内在有限的[①]。简言之，我们通过物质市场获得财富，通过地位市场获得社会地位和外部承认。

再次，社会通过自由结社、社会运动、公共舆论、社会资本、关系网络来影响人们的命运。这对于一个社会中的弱势群体尤其重要，显而易见，劳工运动、民权运动、妇女运动在很大程度上改变了工人、黑人、女性的地位和命运。

最后，家庭是阶级再生产的一个重要环节，所谓"龙生龙凤生凤，老鼠生儿打地洞"固然是旧时代的说法，如今时代不同了，但我们每个个体的人生轨迹仍不可避免地受到家庭出身的影响。

以上四种力量与个人能动性的互动过程共同决定着我们的命运，每一种力量都不是绝对的。家庭是相对保守的力量，而市场、社会和国家都扮演了双重角色，既有保守的一面，也有变革的一面。在一个健康的社会系统中，这四种力量应当是相对平衡的，在自由与平等、效率与公平、社会流动与阶级再生产之间找到一个均衡点，让社会成员各得其所，从而避免社会的过度僵化或无序。

而在农民工身上，我们却看到这四种力量惊人地一致：从国家的角度看，囿于现有的制度他们是"非市民"，无法在城市获得权利资格和公共服务；从市场的角度看，他们被限制在次级劳动力市场，同工不同酬；从社会的角度看，农民工特别是新生代农民工缺乏社会支持网；从家庭的角度看，他们的经

---

① 唐世平：《社会流动、地位市场和经济增长》，《中国社会科学》2006 年第 3 期。

济资本和文化资本都相对匮乏。这四种力量的叠加效应，客观上使农民工面临比常人更大的重力加速度，重重地跌落到城市底层。

六、正义的成本

为什么我要讨论命运的问题，是因为它关乎正义。命运的政治学追问的是一个最基本的正义问题——如果我们的命运具有某种外部性，那么我们应该做些什么？

迈克尔·桑德尔（Michael Sandel）在《正义——该如何做是好？》一书中讲述了一个叫欧麦拉的城市。这是一个拥有幸福感和公民荣誉感的城市，没有国王和奴隶，没有广告和股票交易，也没有原子弹。人们过着幸福的生活，只有一个人例外。在欧麦拉的一栋漂亮的公共建筑的地下室里，或者是在那些宽敞的私人住宅的地窖里，有一扇房间，它有一道锁着的门，没有窗户。房间里坐着一个孩子，有些弱智，营养不良，并且被人们所忽视。他在极度痛苦中勉强维生。所有的欧麦拉人都知道，他就在那里；他们都知道，他得待在那里。他们明白，整座城市的幸福和美好都是因为这个孩子所遭受的痛苦。因此，没有人来拯救他，他们不愿意牺牲自己的幸福①。

在我看来，这个故事告诉我们：其一，命运是有外部性的，在一个社会当中，每个人或每个群体并不是孤立的，而是

① ［美］迈克尔·桑德尔：《公正：该如何做是好？》，朱慧玲译，中信出版社2011年版。

高度相关的，正如欧麦拉市民的幸福生活便是地下室孤儿痛苦的"溢出效应"；其二，正义是需要成本的，如果不愿意分担正义的成本，那么对于正义的呼吁就是叶公好龙；其三，我们不能用一个人（或多数人）的快乐去抵消另一个人（或少数人）的痛苦。

我们当然不能把中国农民工及其家庭的处境完全等同于欧麦拉的地下室孤儿，但我们每个人都清楚地知道：没有他们的付出，城市的繁荣便不可想象；没有他们作为廉价劳动力，中国制造的比较优势便无从实现；没有他们，就没有所谓的"中国奇迹"。"中国奇迹"不是魔法师的作品，毋宁说一场超大型魔术，人们只看到舞台上潇洒自如的魔术师，却看不到后台紧张忙碌的农民工。改革开放四十年，就这样同时创造着财富与贫穷①。我们既要看到日新月异的深圳速度，也应该关怀因赶超进度而缺乏劳动保护的风钻工，他们因此而罹患尘肺病②。

2009 年，有两条关于农民工的新闻格外引人瞩目。一条是河南农民工张海超开胸验肺，证明自己得了"尘肺病"而非肺结核；另一条是中国农民工当选《时代》周刊年度人物亚军。表面上看，这两则消息似乎风马牛不相及，在第一个故事里，农民工扮演了一个受害者的角色，张海超胸前的绷带是最有力也最无力的控诉；而在后一个故事里，中国农民工则成了对抗金融危机的平民英雄，6 张青春快乐的面孔，成了美国版"劳动光荣"的最佳注脚。

---

① Deborah Davis and Wang Feng, eds., *Creating Wealth and Poverty in Post-Socialist China*, Stanford University Press, 2009.
② 蓝方：《职业病防治：监管不如赋权》，《新世纪》2011 年第 26 期。

其实，这不过一枚硬币的两面。长期以来，农民工为中国奇迹和世界工厂承担了过多的代价，现在，他们开始为权利和正义而呼喊，他们开始主动地提出权利诉求。

我们不能像欧麦拉的人们那样，对农民工的苦难和维权行动无动于衷。多少年来，我们一直在呼唤善待农民工，但这不能掩饰我们内心的害怕：我们害怕开放户籍，会让他们涌入城市，挤占我们的工作岗位，增加我们的财政负担，危及我们的美好生活；我们害怕提高他们的工资待遇，会让资本外流到其他城市或者国家，阻碍我们的 GDP 增长。所以，我们更愿意让农民工作为弱者接受我们的帮助，而不愿意让他们成为我们的一分子。而事实上，他们不是弱者，他们只是缺少基本的权利。

命运的外部性一方面使我们连为一体，另一方面也可以使我们的社会陷入分裂，既得利益蒙住了我们的眼睛，让我们对他者的苦难视而不见。不要将责任完全推给体制，也要反思我们自身，因为我们在一定程度上也是体制的受益者。

为改变而教育，行动就意味着改变。在上海久牵志愿者服务社的帮助下，一些农民工子女得以出国深造，一些农民工子女在上海接受职业教育并扎根城市，拥有了比其父辈更好的生活。张轶超以一己之力，十年之功，可以创造这样的传奇；如果整个城市社会都愿意分担正义的成本，出一把力，共同推动制度的变迁，那么，将会有多少孩子因此而改变命运呢？

衡量一个社会的物质文明，要看它的穷人过得怎么样；衡量一个社会的精神文明，要看它的富人做得怎么样。如果一个社会的穷人尚且能够过上体面的生活，那么这一定是一个丰裕社会；如果一个社会的富人乐善好施、知书达礼，那么这一定是个礼仪之邦。相反，不管一个社会的 GDP 总量如何之大，只要有一部分民众仍然衣食无着、低人一等，这个社会在本质上还是贫困的，只不过有一部分人先富起来而已；不管一个社会的文化产业多么发达，高等教育如何普及，只要大多数富人过着醉生梦死、为富不仁的生活，那么，这个社会的道德水准必然是低下的。从这个意义上讲，农民工及其子女的命运，是摆在我们全社会面前的一道考题，它考验着我们对于正义的看法和道德的底线。

七、人口流动与移民的权利资格问题

人口流动是改革开放以来影响中国社会变迁的一股重要力量。一个健康的社会必然是一个流动的社会。这种流动既包括横向的人口迁徙与流动，也包括纵向的社会流动。

在人民公社的体制下，中国农民实际上是没有退出权的。林毅夫指出：从 1958 年的人民公社化运动开始，这种退出权被剥夺，农业集体组织的性质因而演化为一次性博弈，自我实施的协议无法继续维持，集体组织中的勤勉的成员无法通过行使退出权遏制其他成员的偷懒行为，惩罚变成不可置信的威胁，结果必然是农民劳动积极性下降，农业生产率大幅度滑坡[①]。除了退出权，另一个重要问题在于中国农业经

---

① 　林毅夫：《再论制度、技术与中国农业的发展》，北京大学出版社 2000 年版。

济的过密化①，农民在人口压力下不断增加农作物种植过程中的劳动投入，以获得较高的产量，但劳动的超密集投入并未带来产出的成比例增长，出现了单位劳动边际报酬的递减。此外，农业劳动具有很强的季节性，在多数情况下，农村并不需要太多的劳动力。这就产生了所谓的"剩余劳动力"问题。但实际上，流向城市的剩余劳动力恰恰是农村社会的精英，他们大多年轻、健康，接受过相对好的教育，对未来有较高的期望。

人口流动不仅拯救了中国的农村和农业，也为 20 世纪 80 年代启动的工业化和城市化提供了源源不断的动力。可以毫不夸张地说，没有人口流动，就没有中国经济的起飞。

但是，在户籍制度下，任何非体制安排的人口流动（譬如升学、转业、工作调动），都会造成（地方性）公民权利的部分丧失。一方面，我们的市场经济需要劳动力在全国范围内的自由流动；另一方面，我们的户籍制度将个人的权利资格严格限定在特定区域。这不仅对流动人口是不公平的，也降低了人力资源配置的效率，因为制度性歧视的存在，劳动力的流动实际上是不自由的。

八、中短程社会流动的意义

社会流动是一种选择，也是一种被选择；是个人奋斗的结

---

① 黄宗智：《华北的小农经济与社会变迁》，中华书局 2000 年版。

果，也是社会竞争的结果。社会流动让社会充满活力，让底层的青年看到希望，并赋予社会精英一定的多样性和代表性。作为一种选拔机制，社会流动可以为体制注入新鲜血液，延缓体制的僵化，从而提高社会的包容性与稳定性；作为一种激励机制，社会流动可以激发人们向上的动力，促进地位市场的竞争，提升人力资本的质量，从而有利于经济增长。

在某种程度上，一个国家越是走向现代化，越是走向成熟，固化是不可避免的。阶层固化和社会流动都是相对的概念，共存于几乎所有的人类社会，区别仅在于两者的比重。我们甚至不能简单地说社会流动是"好"的，阶级再生产是"坏"的；毋宁说，阶级再生产代表了稳定的一面，社会流动代表了活力的一面，两者的适度平衡才能保证社会的健康运行。阶层固化让底层的孩子们失去希望，可是一个完全流动、父辈地位无法继承的社会（事实上也不可能存在），又会让中上层的父母失去念想。穷孩子渴望社会流动，富爸爸期待地位延续，两者都有其合理性。最重要的，不是社会流动究竟有多大，而是我们为社会流动所设置的游戏规则是否达到底线公平。也许我们无法让每一个孩子站在同一条起跑线上，但我们不应该为那些输在起跑线上的孩子设置障碍，并且对这些完成 110 米跨栏的孩子说："别人的百米跑成绩比你们快多了！"

在全国层面而非地方层面进行公民权利的配置，就是要消除制度性歧视，减少社会流动的体制性障碍，让那些落后于"起跑线"的孩子可以自由地奔跑。这既是愿景，也是底线。

九、地方性公民权的双重属性

地方性公民权具有双重属性，一是治理分类系统，二是公共资源的准入资格。户籍制度是地方性公民权的主要载体。

作为治理分类系统，户籍制度/地方性公民权保持了高度的稳定性，自 20 世纪 50 年代以来没有发生重大变动。通过户籍/非户籍的身份差异，国家的人事管理、人口管理、治安管理、公共事务管理体系可以相对低成本地运作。以户籍为基础的"一刀切"虽然存在逻辑简单的弊端，但也大大降低了国家进行信息搜寻、需求识别和资格认定的成本。尽管户籍制度作为基础性制度安排的现实合理性仍需商榷，但这种等级化的权利配置在长期的运行中已获得了某种程度上的"历史合理性"。

作为公共资源的准入资格，户籍制度又保持了一定程度的弹性。这种弹性表现在两个方面。一方面，户籍制度的"改革"（严格意义上讲是微调）从未停止。"蓝印户口"、居住证制度都是在不动摇户籍制度的前提下，使以户籍制度为基础的城市管理体制变得更为灵活，以适应市场经济的需要。另一方面，户籍作为享受公共资源的准入条件，在执行层面具有相当的弹性。城市政府可以综合中央政策和地方实际，将户籍作为一种政策工具，提高或降低公共资源/服务的可及性和受益范围。譬如，2006—2012 年，上海市政府大幅度降低了农民工子女进入公办学校的门槛，在 2013 年以后又逐步提高了这一门槛。也就是说，地方政府可以在不改变户籍制度的前提下，改变制度执行的力度和后果。

主要参考文献

[1] Aida Hurtado, Patricia Gurin and Timonthy Peng, "Social Identities—A Framework for Studying the Adaptations of Immigrants and Ethnics: The Adaptations of Mexicans in the United States", *Social Problems*, 1994, 41 (1).

[2] Albert O. Hirschman, *Exit, Voice, and Loyalty: Responses to Decline in Firms, Organizations, and States*, Harvard University Press, 1970.

[3] Alejandro Portes and Min Zhou, "The New Second Generation: Segmented Assimilation and Its Variants", *The Annals of the American Academy of Political and Social Science*, 1993, 530 (1).

[4] Alejandro Portes and Rubén G. Rumbaut, *Immigrant America: A Portrait*, University of California Press, 2006.

[5] Alejandro Portes and Rubén G. Rumbaut, *Legacies: The Story of the Immigrant Second Generation*, University of California Press, 2001.

[6] Beverly J. Silver, *Forces of Labor: Workers' Movements and Globalization since 1870*, Cambridge University Press, 2003.

［7］Caitlin Killian and Cathryn Johnson，" 'I'm Not an Immigrant!'：Resistance，Redefinition，and the Role of Resources in Identity Work"，*Social Psychology Quarterly*，2006，69 (1).

［8］Ching Kwan Lee，*Against the Law: Labor Protests in China's Rustbelt and Sunbelt*，University of California Press，2007.

［9］Deborah Davis and Wang Feng，eds.，*Creating Wealth and Poverty in Post-Socialist China*，Stanford University Press，2009.

［10］Dorothy J. Solinger，"Citizenship Issues in China's Internal Migration：Comparisons with Germany and Japan"，*Political Science Quarterly*，1999，144 (3).

［11］Doug Saunders，*Arrival City: How the Largest Migration in History Is Reshaping Our World*，Pantheon，2011.

［12］Drew Nesdale and Anita S. Mak，"Immigrant Acculturation Attitudes and Host Country Identification"，*Journal of Community & Applied Social Psychology*，2000，10 (6).

［13］Elizabeth J. Perry，"A New Rights Consciousness?"，*Journal of Democracy*，2009，20 (3).

［14］Erik Olin Wright，*Class Counts*，Cambridge University Press，2000.

［15］Eugeen E. Roosens，*Creating Ethnicity: The*

Process of Ethnogenesis, Sage Publications, Inc. , 1989.

[16] Fan Cindy, *China on the Move: Migration, the State, and the Household*, Routledge, 2008.

[17] Gerald D. Berreman, *Power and Privilege: A Theory of Social Stratification*, McGraw-Hill, 1966.

[18] Henri Tajfel, *Differentiation between Social Groups: Studies in the Social Psychology of Intergroup Relations*, Academic Press, 1978.

[19] Henri Tajfel, *Human Groups and Social Categories: Studies in Social Psychology*, Cambridge University Press, 1981.

[20] Inna Altschul, Daphna Oyserman and Deborah Bybee, "Racial-Ethnic Self-Schemas and Segmented Assimilation: Identity and the Academic Achievement of Hispanic Youth", *Social Psychology Quarterly*, 2008, 71 (3).

[21] Jane Jenson and Martin Papillon, "Challenging the Citizenship Regime: James Bay Cree and Transnational Action", *Politics and Society*, 2000, 28 (2).

[22] Jean C. Oi and Scott Rozelle, "Elections and Power: The Locus of Decision Making in Chinese Villages", *The China Quarterly*, 2000, No. 162.

[23] Jieh-min Wu, *Rural Migrant Workers and China's Differential Citizenship: A Comparative-Institutional Analysis*, Martin, 2010.

[24] John W. Berry, "Immigration, Acculturation, and Adaptation", *Journal of Cross-Cultural Psychology*, 1997,

46 (1).

[25] Kam-wing Chan, *Cities with Invisible Walls*, Oxford University Press, 1994.

[26] Kevin J. O'Brien and Lianjiang Li, *Rightful Resistance in Rural China*, Cambridge University Press, 2006.

[27] Lianjiang Li, "Rights Consciousness and Rules Consciousness in Contemporary China", *The China Journal*, 2010, No. 64.

[28] Luigi Tomba, "Residential Space and Collective Interest Formation in Beijing's Housing Disputes", *The China Quarterly*, 2005, No. 184.

[29] Mark Cleveland, Michel Laroche, Frank Pons, and Rony Kastoun, "Acculturation and Consumption: Textures of Cultural Adaptation", *International Journal of Intercultural Relations*, 2009, 33 (3).

[30] Miao Li and Yihan Xiong, "Producing the Morally Captive Guest: Discourse and Power in Gratitude Education of Migrant Children in Beijing", *The China Quarterly*, 2009, DOI: 10. 1017/S0305741019000304.

[31] Miao Li, *Citizenship Education and Migrant Youth in China*, Routledge, 2015.

[32] Michael Burawoy, *The Politics of Production: Factory Regimes Under Capitalism and Socialism*, Verso, 1985.

［33］Milton M. Gordon, *Assimilation in American Life: The Role of Race, Religion, and National Origins*, Oxford University Press, 1964.

［34］Minhua Ling, " 'Bad Students Go to Vocational Schools!': Education, Social Reproduction and Migrant Youth in Urban China", *The China Journal*, 2015, No. 73.

［35］Motkal Hisham Abu-Rayya, "Acculturation and Its Determinants among Adult Immigrants in France", *International Journal of Psychology*, 2009, 44 (3).

［36］Orit Ichilov, ed., *Citizenship and Citizenship Education in a Changing World*, Woburn Press, 1998.

［37］Philip Kasinitz, John H. Mollenkopf, Mary Waters, and Jennifer Holdaway, *Inheriting the City: The Children of Immigrants Come of Age*, Russell Sage Foundation Publications, 2009.

［38］Richard G. Niemi and Jane Junn, *Civic Education*, Yale University Press, 1996.

［39］Richard N. Lalonde, Donald M. Taylor and Fahtali M. Moghaddam, "The Process of Social Identification for Visible Immigrant Women in a Multicultural Context", *Journal of Cross-Cultural Psychology*, 1992, 23 (1).

［40］Roy F. Baumeister and Mark Muraven, "Identity as Adaptation to Social, Cultural, and Historical Context", *Journal of Adolescence*, 1996, 19 (5).

［41］Ruud Koopmans, *Contested Citizenship: Immigration*

And Cultural Diversity in Europe, University of Minnesota Press, 2005.

[42] Samuel P. Huntington, *Who Are We? The Challenges to America's National Identity*, Simon & Schuster, 2004.

[43] Seth J. Schwartz and Byron L. Zamboanga, "Testing Berry's Model of Acculturation: A Confirmatory Latent Class Approach", *Cultural Diversity and Ethnic Minority Psychology*, 2008, 14 (4).

[44] Seth J. Schwartz, Jennifer B. Unger, Byron L. Zamboanga and José Szapocznik, "Rethinking the Concept of Acculturation: Implications for Theory and Research", *American Psychologist*, 2010, 65 (4).

[45] Tuba Üstüner and Douglas B. Holt, "Dominated Consumer Acculturation: The Social Construction of Poor Migrant Women's Consumer Identity Projects in a Turkish Squatter", *Journal of Consumer Research*, 2007, 34 (1).

[46] Yihan Xiong and Miao Li, "Citizenship Education as NGO Intervention: Turning Migrant Youth in Shanghai into 'New Citizens' ", *Citizenship Studies*, 2017, 21 (7).

[47] Yihan Xiong, "Challenges of 'Semi-Urbanization' to Village Democracy in China", *Fudan Journal of the Humanities and Social Sciences*, 2012, 5 (1).

[48] Yihan Xiong, "The Broken Ladder: Why Education Provides No Upward Mobility for Migrant Children in China",

The China Quarterly，2015，No. 221.

[49] Yongxia Gui，John W. Berry and Yong Zheng，"Migrant Worker Acculturation in China"，*International Journal of Intercultural Relations*，2012，36（4）.

[50]［英］T. H. 马歇尔等：《公民身份与社会阶级》，郭忠华、刘训练译，江苏人民出版社 2007 年版。

[51]［美］爱德华·格莱泽：《城市的胜利》，刘润泉译，上海社会科学院出版社 2012 年版。

[52]［美］爱丁顿：《休闲：一种转变的力量》，陈彼得、李一译，浙江大学出版社 2009 年版。

[53]［法］迪尔凯姆：《自杀论》，冯韵文译，商务印书馆 2008 年版。

[54]［美］加布里埃尔·阿尔蒙德、［美］宾厄姆·鲍威尔：《比较政治学：体系、过程和政策》，曹沛霖等译，上海译文出版社 1987 年版，第 109 页。

[55]［美］加布里埃尔·A. 阿尔蒙德、［美］西德尼·维巴：《公民文化：五国的政治态度与民主》，马殿君等译，浙江人民出版社 1989 年版。

[56]［匈牙利］卡尔·波兰尼：《大转型：我们时代的政治与经济起源》，冯钢、刘阳译，浙江人民出版社 2007 年版。

[57]［美］理查德·佛罗里达：《创意阶层的崛起》，司徒爱勤译，中信出版社 2010 年版。

[58]［美］罗伯特·帕特南：《使民主运转起来：现代意大利的公民传统》，王列、赖海榕译，江西人民出版社 2001 年版。

[59]［美］迈克尔·桑德尔：《公正：该如何做是好?》，朱慧玲译，中信出版社 2011 年版。

[60]［爱尔兰］瑞雪·墨菲：《农民工改变中国农村》，黄涛、王静译，浙江人民出版社 2009 年版。

[61]［美］萨拉·邦焦尔尼：《离开中国制造的一年：一个美国家庭的生活历险》，闫佳译，机械工业出版社 2008 年版。

[62]［美］苏黛瑞：《在中国城市中争取公民权》，王春光、单丽卿译，浙江人民出版社 2009 年版。

[63] 蔡禾、刘林平、万向东：《城市化进程中的农民工：来自珠江三角洲的研究》，社会科学文献出版社 2009 年版。

[64] 蔡禾、王进：《"农民工"永久迁移意愿研究》，《社会学研究》2007 年第 6 期。

[65] 蔡禾、李超海、冯建华：《利益受损农民工的利益抗争行为研究——基于珠三角企业的调查》，《社会学研究》2009 年第 1 期。

[66] 陈鹏：《从"产权"走向"公民权"——当前中国城市业主维权研究》，《开放时代》2009 年第 4 期。

[67] 陈鹏：《当代中国城市业主的法权抗争——关于业主维权活动的一个分析框架》，《社会学研究》2010 年第 1 期。

[68] 陈水生：《责任政府的两难——以民工子弟学校取缔政策为例》，《理论界》2009 年第 4 期。

[69] 陈映芳：《"农民工"：制度安排与身份认同》，《社会学研究》2005 年第 3 期。

[70] 陈映芳：《行动力与制度限制：都市运动中的中产阶

层》，《社会学研究》2006 年第 4 期。

[71] 褚荣伟、肖志国、张晓冬：《农民工城市融合概念及对城市感知关系的影响——基于上海农民工的调查研究》，《公共管理学报》2012 年第 1 期。

[72] 崔岩：《流动人口心理层面的社会融入和身份认同问题研究》，《社会学研究》2012 年第 5 期。

[73] 杜润生：《〈小城镇四记〉序言》，《瞭望》1985 年第 10 期。

[74] 费孝通：《费孝通论小城镇问题》，群言出版社 2000 年版。

[75] 冯帅章、陈媛媛、金嘉捷：《城市的未来：流动儿童教育的上海模式》，上海财经大学出版社 2017 年版。

[76] 桂勇：《邻里政治：城市基层的权力操作策略与国家-社会的粘连模式》，《社会》2007 年第 6 期。

[77] 桂勇、黄荣桂：《互联网与业主集体抗争：一项基于定性比较分析方法的研究》，《社会学研究》2009 年第 5 期。

[78] 郭星华、姜华：《农民工城市适应研究的几种理论视角》，《探索与争鸣》2009 年第 1 期。

[79] 国家人口和计划生育委员会流动人口服务管理司：《中国流动人口发展报告（2010）》，中国人口出版社 2010 年版。

[80] 国家卫生和计划生育委员会流动人口司：《中国流动人口发展报告（2016）》，中国人口出版社 2016 年版。

[81] 韩嘉玲：《北京市流动儿童义务教育状况调查报告》，《青年研究》2001 年第 8 期。

［82］黄宗智：《华北的小农经济与社会变迁》，中华书局 2000 年版。

［83］李春玲主编：《比较视野下的中产阶层形成》，中国社会科学文献出版社 2009 年版。

［84］李辉：《社会报酬与中国城市社区积极分子——上海市 S 社区楼组长群体的个案研究》，《社会》2008 年第 1 期。

［85］李景治、熊光清：《中国城市新移民的政治排斥问题分析》，《文史哲》2007 年第 4 期。

［86］李骏：《住房产权与政治参与：中国城市的基层社区民主》，《社会学研究》2009 年第 5 期。

［87］李路路、李升：《殊途异类：当代中国城镇中产阶级的类型化分析》，《社会学研究》2007 年第 6 期。

［88］李培林、李炜：《农民工在中国转型中的经济地位和社会态度》，《社会学研究》2007 年第 3 期。

［89］李培林、田丰：《中国农民工社会融入的代际比较》，《社会》2012 年第 5 期。

［90］李强：《农民工与中国社会分层》，社会科学文献出版社 2004 年版。

［91］李强：《中国外出农民工及其汇款之研究》，《社会学研究》2001 年第 4 期。

［92］李友梅：《社会结构中的“白领”及其社会功能——以 20 世纪 90 年代以来的上海为例》，《社会学研究》2005 年第 6 期。

［93］廉思：《蚁族：大学毕业生聚居区实录》，广西师范大学出版社 2009 年版。

[94] 林毅夫：《再论制度、技术与中国农业的发展》，北京大学出版社 2000 年版。

[95] 刘春荣、桂勇、陈周旺：《争议政治的行为逻辑：对中国城市业主利益表达的实证分析》，《中国社会科学辑刊》2010 年夏季卷。

[96] 刘春荣：《国家介入与邻里社会资本的生成》，《社会学研究》2007 年第 2 期。

[97] 刘建洲：《农民工的抗争行动及其对阶级形成的意义》，《青年研究》2011 年第 1 期。

[98] 刘林平、郑广怀、孙中伟：《劳动权益与精神健康：基于对长三角和珠三角外来工的问卷调查》，《社会学研究》2011 年第 4 期。

[99] 刘守英：《地方政府为何难以践行科学发展观?》，《中国改革》2010 年第 11 期。

[100] 刘子曦：《激励与扩展：B 市业主维权运动中的法律与社会关系》，《社会学研究》2010 年第 5 期。

[101] 陆铭：《空间的力量：地理、政治和城市发展》，格致出版社、上海人民出版社 2013 年版。

[102] 陆益龙：《户口还起作用吗——户籍制度与社会分层和流动》，《中国社会科学》2008 年第 1 期。

[103] 孟颖颖、邓大松：《民工城市融合中的"收入悖论"》，《中国人口科学》2011 年第 1 期。

[104] 潘毅、卢晖临、严海蓉、陈佩华等：《农民工：未完成的无产阶级化》，《开放时代》2009 年第 6 期。

[105] 潘毅、任焰：《宿舍劳动体制：劳动控制与抗争的

另类空间》，《开放时代》2006 年第 3 期。

[106] 彭希哲、赵德余、郭秀云：《户籍制度改革的政治经济学思考》，《复旦学报（社会科学版）》2009 年第 3 期。

[107] 齐杏发：《当前中国中产阶层政治态度的实证研究》，《社会科学》2010 年第 8 期。

[108] 钱文荣、黄祖辉：《转型时期的中国农民工——长江三角洲十六城市农民工市民化问题调查》，中国社会科学出版社 2007 年版。

[109] 秦待见：《走中国特色城镇化道路要充分发挥小城镇的作用》，《中国特色社会主义研究》2008 年第 3 期。

[110] 秦昕、张翠莲、马力、徐敏亚、邓世翔：《从农村到城市：农民工的城市融合影响模型》，《管理世界》2011 年第 10 期。

[111] 全国总工会新生代农民工问题课题组：《关于新生代农民工问题的研究报告》，《中国职工教育》2010 年第 17 期。

[112] 任远、乔楠：《城市流动人口社会融合的过程、测量及影响因素》，《人口研究》2010 年第 2 期。

[113] 任远、邬民乐：《城市流动人口的社会融合：文献述评》，《人口研究》2006 年第 6 期。

[114] 沈原：《市场、阶级与社会：转型社会学的关键议题》，社会科学文献出版社 2007 年版。

[115] 沈原：《社会转型与工人阶级的再形成》，《社会学研究》2006 年第 2 期。

[116] 石发勇：《关系网络与当代中国基层社会运动——

以一个街区环保运动个案为例》，《学海》2005 年第 3 期。

[117] 史柏年：《城市边缘人：进城农民工家庭及其子女问题研究》，社会科学文献出版社 2005 年版。

[118] 孙秀林：《城市移民的政治参与：一个社会网络的分析视角》，《社会》2010 年第 1 期。

[119] 唐世平：《社会流动、地位市场和经济增长》，《中国社会科学》2006 年第 3 期。

[120] 田丰：《城市工人与农民工的收入差距研究》，《社会学研究》2010 年第 2 期。

[121] 汪建华、孟泉：《新生代农民工的集体抗争模式：从生产政治到生活政治》，《开放时代》2013 年第 1 期。

[122] 王春光：《社会流动和社会重构——京城"浙江村"研究》，浙江人民出版社 1995 年版。

[123] 王春光：《农村流动人口的"半城市化"问题研究》，《社会学研究》2006 年第 5 期。

[124] 王春光：《城市化中的"撤并村庄"与行政社会的实践逻辑》，《社会学研究》2013 年第 3 期。

[125] 王磊光：《呼喊在风中：一个博士生的返乡笔记》，复旦大学出版社 2016 年版。

[126] 王绍光：《私人时间与政治：中国城市闲暇模式的变化》，《中国社会科学辑刊》1995 年夏季卷。

[127] 王太元：《户籍改革——剥落附着利益》，《瞭望新闻周刊》2005 年第 20 期。

[128] 王小鲁、夏小林：《优化城市规模推动经济增长》，《经济研究》1999 年第 9 期。

[129] 王小章：《走向承认——浙江城市农民工公民权发展的社会学研究》，浙江大学出版社 2009 年版。

[130] 王星：《利益分化与居民参与——转型期中国城市基层社会管理的困境及其理论转向》，《社会学研究》2012 年第 2 期。

[131] 王燕华、张大勇：《城市化进程中农民工群体的"再社会化"问题》，《中国农业大学学报》2004 年第 1 期。

[132] 吴开亚、张力：《发展主义政府与城市落户门槛：关于户籍制度改革的反思》，《社会学研究》2010 年第 6 期。

[133] 项飚：《跨越边界的社区——北京"浙江村"的生活史》，生活·读书·新知三联书店 2000 年版。

[134] 肖金成：《我国城市群的发展阶段与十大城市群的功能定位》，《改革》2009 年第 9 期。

[135] 熊易寒：《城市化的孩子：农民工子女的身份生产与政治社会化》，上海人民出版社 2010 年版。

[136] 熊易寒：《平衡木上的中国》，中信出版社 2016 年版。

[137] 熊易寒：《社区选举：在政治冷漠与高投票率之间》，《社会》2008 年第 3 期。

[138] 熊易寒：《城市化的孩子：农民工子女的城乡认知与身份意识》，《中国农村观察》2009 年第 2 期。

[139] 熊易寒：《底层、学校与阶级再生产》，《开放时代》2010 年第 1 期。

[140] 熊易寒：《命运的政治学》，《开放时代》2011 年第 10 期。

［141］熊易寒：《半城市化对中国乡村民主的挑战》，《华中师范大学学报》2012 年第 1 期。

［142］熊易寒：《新生代农民工的权利意识》，《文化纵横》2012 年第 1 期。

［143］熊易寒：《让更多农民工迈进中等收入门槛》，《人民日报》，2016 年 8 月 9 日。

［144］徐勇、徐增阳：《流动中的乡村治理》，中国社会科学出版社 2003 年版。

［145］杨菊华：《从隔离，选择融入到融合：流动人口社会融入问题的理论思考》，《人口研究》2009 年第 1 期。

［146］张文宏、雷开春：《城市新移民社会融合的结构、现状与影响因素分析》，《社会学研究》2008 年第 5 期。

［147］张文宏、雷开春：《城市新移民社会认同的结构模型》，《社会学研究》2009 年第 4 期。

［148］张翼：《当前中国中产阶层的政治态度》，《中国社会科学》2008 年第 2 期。

［149］张卓妮、吴晓刚：《农村劳动力迁移与中国工资收入不平等的地区差异：来自 2005 年全国人口抽样调查的证据》，《人口与发展》2010 年第 1 期。

［150］赵树凯：《纵横城乡——农民流动的观察与研究》，中国农业出版社 1998 年版。

［151］赵晔琴：《农民工：日常生活中的身份建构与空间型构》，《社会》2007 年第 6 期。

［152］郑广怀：《劳工权益与安抚型国家——以珠江三角洲农民工为例》，《开放时代》2010 年第 5 期。

［153］中国人民大学"中国宏观经济分析与预测"课题：《试论低端劳动力工资形成机制的变革及其经济效应》，《财贸经济》2011年第7期。

［154］周皓：《流动人口社会融合的测量及理论思考》，《人口研究》2012年第3期。

［155］周晓虹：《中国中产阶级：虚幻抑或现实》，《天津社会科学》2006年第3期。

［156］朱健刚：《以理抗争：都市集体行动的策略——以广州南园的业主维权为例》，《社会》2011年第3期。

［157］朱选功：《城市化与小城镇建设的利弊分析》，《理论导刊》2000年第4期。

［158］朱宇：《中国的就地城镇化：理论与实证》，科学出版社2012年版。

后记

早在2010年，复旦大学出版社邬红伟老师通过刘建军教授联系我，邀请我将国家社科基金课题成果出版。2015年，国家社科基金项目虽然顺利结项，但文本并不尽如人意，于是又在抽屉里压了一年。直到2017年3月，我才重新拾起笔，在国家社科基金结项报告的基础上写成了本书。

复旦大学国际关系与公共事务学院是一个可遇不可求的学术集体。我在学院求学和任教的十多年来得到学院众多老师的关怀和提携，特别是陈志敏副校长、刘季平书记、苏长和院长，政治学系历任系主任臧志军、陈明明和刘建军三位教授。臧志军教授是我的授业恩师，他对政治社会现象有一种洞若观火的悟性，为人谦和却不失原则；陈明明教授秉承君子之风，令人既感亲切又生敬重；刘建军教授亦师亦友，兼具才情与豪气。在我看来，一个学院的风气如何，关键是看青年教师的生存状况。如果青年教师在学术生涯的起步阶段，得到了前辈们的无私扶持，那么这一定是一个充满正能量的学院；如果青年教师之间形成了相互砥砺、共同进步的氛围，那么这一定是一个充满凝聚力的学院。很幸运，我所在的国务学院就是这样一个充满正能量和凝聚力的学术机构，曹沛霖、孙关宏、樊勇明、浦兴祖、林尚立、桑玉成、邱柏生、竺乾威、徐以骅、郭定平、唐亚林、唐贤兴、唐世平、朱春奎、顾丽梅、陈周旺、敬乂嘉、苟燕楠、任军锋、李春成、李瑞昌、顾莺、方明等老师对我颇多关照。

学术研究离不开学术共同体的支持。我要特别感谢以下师友：复旦大学基层社会与政权建设研究中心的陈周旺、刘春荣、桂勇、冯筱才、耿曙、李辉、郦菁，复旦大学跨学科讨论群——"为社"的陆铭、陈钊、李辉、褚荣伟、邹怡、林曦、肖志国、马建标、孙国东、郝前进、章可，加州大学圣地亚哥分校谢淑丽（Susan Shirk）、光磊，哈佛大学简·曼斯布里奇（Jane Mansbridge），比较政治学研究团队的唐世平、唐敏、呼和那日松、郑宇、王正绪、耿曙、包刚升、唐睿、王凯，劳工研究界的李静君、潘毅、沈原、卢晖临、刘建洲、陈敬慈、王星、符平、吴同、黄岩、范璐璐、刘乐明、姚建华、苏熠慧、贾文娟，移民研究界的李淼、冯帅章、陈媛媛、凌旻华、蓝佩嘉、刘玉照、任远、陈金永、康岚、唐晓杰、韩嘉玲、马丽，抗争研究界的陈峰、谢岳、李连江，城市问题研究界的陈映芳、彭勃、李煜、易承志、孙哲、韩志明、余敏江、陈水生、唐有财，质性研究方法团队的朱天飚、刘骥、黄琪轩、张长东、罗祎楠、何力武，还有杨肖光、陈硕、胡湛、孙明、刘伟、田雪梅等经常讨论问题的朋友，以及《开放时代》的吴重庆、《中国社会科学》的舒建军、刘亚秋，《社会》的肖瑛、《华中师范大学学报》的王敬尧、《社会学研究》的闻翔（现已调任中国人民大学）、《复旦学报》的刘慧、《文化纵横》的余盛峰。上海市农民工子女教育专业委员会主任周纪平、久牵志愿者服务社的张轶超、太阳花社区儿童服务中心刘伟伟、新公民计划魏佳羽为本人的研究提供了重要帮助。

本书第五章由本人和好友褚荣伟、邹怡共同完成，感谢他们的辛勤与慷慨。

最近三年，我担任 MPA 教育中心的副主任，行政工作较为繁重，之所以还有余力开展学术研究，离不开中心工作团队的大力帮助，包括顾丽梅、郑磊、张平，还有中心办公室的姑娘们。

本课题结项之时，我人在美国访学，所有结项相关手续皆由师弟刘乐明、学院科研秘书赵欣代劳。文科科研处的葛宏波、肖卫民、左昌柱等老师也提供了许多方便。

黄振乾、袁千里、徐拓倩、朱苏畅、范文菁、徐昱冯、孙林等同学作为研究助理，参与了部分访谈和数据整理工作。我的研究生王巍、张传正对书稿进行了精心校对。此外，还要感谢复旦大学出版社的宽容和理解，感谢复旦大学出版社邬红伟、孙程姣老师的精心劳动。孙程姣老师的专业能力和敬业精神令我感佩。

最后，我要感谢我的家人，感谢他们对我的支持和对家庭的付出，特别是我的妻子和岳父岳母，他们承担了大部分的家务和育儿责任，让我得以心无旁骛地从事学术研究和行政工作。感谢我可爱的儿女，他们总是给我带来无以言表的快乐。

熊易寒

2017 年 9 月初稿

2019 年 6 月定稿

图书在版编目(CIP)数据

移民政治:当代中国的城市化道路与群体命运/熊易寒著. —上海：复旦大学出版社，
2019.11(2021.9 重印)
ISBN 978-7-309-14584-7

Ⅰ.①移⋯ Ⅱ.①熊⋯ Ⅲ.①民工-城市化-研究-中国 Ⅳ.①D422.64

中国版本图书馆 CIP 数据核字(2019)第 238389 号

移民政治:当代中国的城市化道路与群体命运
YIMIN ZHENGZHI: DANGDAI ZHONGGUO DE CHENGSHIHUA DAOLU YU QUNTI
MINGYUN
熊易寒 著
责任编辑/孙程姣

复旦大学出版社有限公司出版发行
上海市国权路 579 号 邮编：200433
网址：fupnet@ fudanpress. com http://www. fudanpress. com
门市零售：86-21-65102580 团体订购：86-21-65104505
出版部电话：86-21-65642845
江阴市机关印刷服务有限公司

开本 890×1240 1/32 印张 10.25 字数 210 千
2021 年 9 月第 1 版第 2 次印刷

ISBN 978-7-309-14584-7/D·1004
定价：59.00 元